KB253703

문예신서
243

행복해지기 위해 무엇을 배워야 하는가?

알랭 우지오 [기획]

김교신 옮김

東文選

행복해지기 위해 무엇을 배워야 하는가?

행복해지기 위해 무엇을 배워야 하는가?

Alain Houziaux
direcion

Peut-on apprendre à être heureux?

차 례

머리말

지난 가을 행복을 찾아나서는 내용의 많은 책들이 나왔고, 그 중 세 권은 확실한 성공을 거두었다. 장 루이 세르방 슈레베르의 《만족하고 사는 법》, 철학자이며 교육성 장관인 뤼크 페리의 《성공적인 삶》과 현대판 《캉디드》라 할 수 있는 작은 소설인 프랑수아 를로르의 《엑토르의 여행 또는 행복의 비밀》이 그것이다. 이런 종류의 출판계의 유행은 책을 만드는 직업 안에서는 흔한 일로 확인되고 있으며, 항상 사회의 깊이 있는 요구를 증언한다. 왜냐하면 분명히 발행인들이나 저자들이나 아무도 서로 의논하지 않는데도 같은 주제를 다룬 많은 책들이 동시에 쏟아져 나오기 때문이다. 이런 종류의 현상, 특히 이번 현상은 과연 무엇을 의미할까?

내가 보기에 이것은 우선 불안의 징후인 것 같다. 새로운 밀레니엄과 새로운 세기의 시작에 있는 지금, 우리는 진보의 유토피아에 의해 꿈꾸어지는 완벽한 세상이 역사에 나타날 가능성이 전혀 없음을 눈치 채고 상당히 겁을 먹고 있는 상태이다. 물론 의학·과학·소비재의 생산에 의해 어마어마한 진보들이 이루어진 것은 사실이다! 하지만 이러한 진보들과 함께 들이닥친 피해들이 얼마나 많은가! 도시와 농촌을 가리지 않고 침범하는 공해로 인해 황폐해진 지구, 전반적인 공격성과 만성적인 폭력의 증가, 늘어난 실업, 경제 제도의 부분적 붕괴, 거기에 특히 가난한 나라들, 아직도 그 말을 믿기를 바라면서 말하듯 '개발도상에 있는' 나라들에 영향을 미치기 때문에 그만큼 더 무서운 인구 과밀로 인해 앞으로 닥칠 피해도 잊어서는 안 된다. 지난 1970년대에 로마 클럽에서 이미 말한 바 있는 그 유명한 P 폭탄, 시한 폭탄도 바로 그것이다. 게다가 운송과 커뮤니케이션 수단의 신속함이 우리의 지구 공간을 마셜 맥루언에게 친숙한 지구촌의 공간으로 좁혀 놓은 이상 피할 수 없게 된 세계화는 남반구와 북반구의 차이와 욕구불만을 증가시켰다.

결국 저지하기 어렵게 슬금슬금 기어오르는 어떤 효과적인 테러리즘의 존재는, 견자 르네 게농이 '현대 세계의 위기'라고 부른 것을 관리할 수 없는 우리 사회의 허약함을 입증하고 있다. 그가 점점 더 커져만 가는 이 위기에서 발견한 이유들 가운데 하나는——그리고 사실이 그의 말을 인정한다——방향의 상실 안에 존재한다. 오늘날 유토피아는 어디에 있는가? 소비의 증가 안에? 공간의 점령 안에? 우리가 제안하는 거울 함정에 실망한 아랍 대중을 선동하는 빈 라덴의 미친 이데올로기 안에? 아니다. 그것은 공해를 반대하는 전면적 투쟁 안에 존재할지 모른다. 하지만 경제 압력 단체들에 종속된 대다수 통치자들의 악의로 인해 리오·도쿄·요하네스버그에 모인 지구촌 정상들은 그들의 결합에도 불구하고 보잘것없는 결과만을 낳고 있다.

그렇다면 무슨 일이 벌어지고 있는 것일까? 사람들은 알랭 우지오의 '자신의 삶을 뜨개질하다'라는 아름다운 표현을 따르면서 그들의 해결책을 찾아다니고 있다. 그들은 그들 자신의 유토피아, 그들 자신의 행복과 지혜의 탐색을 만들어 내고, 타인과 공유할 수도 있고 아닐 수도 있지만 어쨌든 현실적인 개인적 윤리학을 확립하고, 그들의 정신과 도덕을 강화하며, 구조 기관에 등록하고, 그들의 집이나 집과 가까운 거리에서 할 수 있는 것을 한다. 그들은 자신들의 구역을 청소하고, 그럭저럭 그들이 기대하고 전진해야 하는 이유를 발견하려고 노력한다. 그리고 그들의 수는 많다. 왜냐하면 아름다운 면을 보면 인생은 여전히 아름답기 때문이고, 한번의 미소가 그래도 한 시간이나 하루의 양상을 바꿀 것이기 때문이며, 창조물이 무수한──그리고 때로는 의심할 수 없는──자연의 아름다움과 인간미의 풍부함을 내포하고 있기 때문이다.

자, 여기 책이 아닌 잡지로 남은 한 호가 있다──우리가 집단 서적(!)을 만드는 것으로 간주한 출판물 노사조정위원회의 부당한 결정에도 불구하고 우리는 법령을 거부하는 바이다. 이것은 만족하는 법에 관심을 기울인 호이다. 이 책에서 나는 쾌락주의적(인생의 좋은 쪽을 이용하지 못할 까닭이 무엇인가?)이면서도 금욕주의적(지속적으로 차분하게 행동하기 위해 불행에 대해 내면적으로 무장하는 것)인 태도를 발견한다.

그리고 삶의 행복, 그것은 날마다 새로 만들어지는 것이고, 단련되는 것이며, 조각되는 것이다. 앞을 바라보자!

마르크 드 스메드

소개말

알랭 우지오

이것은 에투알 교회의 회의록 그 아홉번째 권이다. 이것은 심리학·윤리학, 그리고 영성의 합류 지점에 있는 주제들을 대상으로 하고 있다. 이 세 개의 전체적 주제의 결합(오늘날 우리가 말하는 것처럼)은 매우 풍부하며, 우리들 각자에게 깊은 내면의 울림을 불러일으키고 있다.

여덟 개의 각각의 주제마다 우리는 판이하게 다른 신념과 스타일의 연사들을 한자리에 모았다. 그리고 그 토론들은 너무나 풍요로웠다고 말할 수 있다. 우리가 이 책 속에 그것들을 소개했으므로 독자가 그것을 판단할 수 있을 것이다.

이 논집을 구성하는 데 기여한 사람들에게서 내가 놀란 것은 그들의 심오한 휴머니티(인간성)이다. 휴머니티, 이 얼마나 신비한 단어인가! 우리가 때로는 인간이 창조의 절정이고 자랑거리라 생각하는 반면, 인간이 자랑거리로 삼는 것을 지적하는 것과는 거리가 먼 '휴머니티'라는 단어는 오히려 연약함과 그 연약함의 수용이라는 특징을 나타낸다. 시몬 베유는 말했다. "죄는 인간의 비참함을 모르는 것이다. 그리고 신성함은 인간의 비참함을 이해하고, 심지어 사랑하는 것이다." 그것이 사실이라면 물론 이 책의 다양한 저자들은 휴머니티뿐 아니라 진정한 신성함도 증언한 셈이 된다!

그리고 이 논집에서 내가 또 놀란 것은 신학자들, 특히 여성 신학자들의 목소리가 완성되었다는 점이다. 그들의 목소리 또한 너무나 인간적이고 관대하다. 마치 하느님의 계율을 알리는(그것의 모든 요구·금지와 함께) 사자들이기를 포기하고 오직 어떤 미지수, 즉 하느님의 미지수와 어떤 긍휼, 즉 그리스도의 긍휼의 증인들이 되려는 것처럼.

그렇다, 하느님은 아마 수학자들이 계산할 때 사용하는 미지수(x로 표현되는)에 비교할 수 있는 하나의 미지수로 간주될 수 있을 것이다. x가 계산을 전개하고 증명하기 위해 없어서는 안 되는 것처럼 하느님도 인간의 비극·희망·진리를 이야기할 수 있게 해주는 유일한 미지수일 것이다. 진리는 존재한다. 하지만 그것은 하느님만이 비밀을 쥐고 계신 하나의 미지수처럼 존재할 뿐이다.

그리고 빅토르 위고의 말처럼 예수 그리스도는 아마 비통한 축복 속에서 십자가에 못 박혀 순교한 대가로 세상을 끌어안는, 팔다리가 달린 미지수 x일 것이다. 그는 우리에게 누구 할 것 없이 모든 인간에게는 일체의 판단·분석·비난을 초월하는 어떤 미지수가 있다는 것을 상기시켜 준다.

이 논집에 기꺼이 참여하여 우리에게 그들의 참여한 바를 발표할 수 있게 해준 연사들에게 깊이 감사드리는 바이다.

1

실패로부터
이익을 끌어낼 수 있을까?

실패할 기회

알랭 우지오

우리가 처한 상황으로 인한 실패들

유익한 실패들이 있다. 욕망으로 인한 불만의 경우일 때에만 그렇다. 우리가 "하고 싶은 것을 항상 할 수는 없어"라고 말하고 싶을 때, 그때가 실패한 것이다. 이것은 전적으로 유익하다.

우리가 원하는 것을 실현시키는 데 실패하는 건 참 안된 일이지만 동시에 참 잘된 일이기도 하다. 사실 우리는 우리의 뜻과 다르게 새로운 상황에 이렇게 놓이게 된다. 그리고 그때 우리는 '불행한 뭔가에도 좋은 것이 있다는 것'을 발견하게 된다. 우리는 다른 곳으로 가야 하고, 그것은 잘된 일이다.

이렇듯 갑자기 예상치 못한 상황에 놓였을 때 우리는 기뻐해야 한다. 설령 우리가 예상한 것과 비교해, 우리가 욕망하고 바라던 것과 비교해 그것이 실패로 간주되더라도 말이다. 설령 그것이 우리를 화나게 하더라도, 새로운 상황에 놓이는 것은 새로운 사람으로 거듭날 수 있는 상황에 놓이는 것이다.

인간을 변화하게 하는 것은 그가 놓인 상황의 변화이다. 인간은 상황이나 구조를 변화시킬 수 없다. 구조나 상황이 변하고 달라지고 새롭게 되어서 인간을 변화시키고 달라지게 하고 새롭게 만드는 것이다.

유익한 실패의 두번째 형태가 있다. 그것은 사실 우리에게 맞지 않는 어떤 상황에 놓이기를 원했을 때 닥치는 실패다. 이때 실패는 은인이다. 그런 경우 우리는 "불행한 뭔가에도 좋은 것이 있다"고 말할 수조차 없는데, 왜냐하면 사실 거기에는 불행이 없기 때문이다. 게다가 모든 것이 최고의 상태로 존재한다는 것을 확실히 증명하는 것은 그것이 진척되지 않았다는 사실에 우리가 안심한다는 것이다. 직장 생활에서(우리에게 맞지 않는 일에서 실패하는 것은 잘된 일이다), 심지어는 연애 생활 안에서도 이와 같은 일은 아주 흔히 일어난다. 그것은 우리에게 교훈을 준다. 다음번에는 이런 경솔한 짓을 하지 말아야지 하는.

자기 자신으로 인한 실패들

이처럼 우리가 우리를 위해 만들어지지 않았고, 우리에게 맞지 않는 어떤 상황으로부터 '떠나야' 할 때 그 실패는 유익하다.

하지만 우리가 잘 알고 있듯이 우리는 우리가 처한 상황에 기인하는 것이 아니라 단순히 우리 자신에게 기인하는 실패도 겪는다. 그렇기 때문에 아주 다른 상황들에서도 우리는 실패들을 겪는다. 그리고 그 실패들은 서로 닮았다. 그것들은 상황에서 기인하는 것이 아니라 우리의 성격, 즉 우리 고유의 특성에 기인하는 것이다.

따라서 만일 어떤 사람이 질투하고 소유하려는 기질의 소유자라면 그 질투와 소유욕은 아주 다른 상황들, 즉 직장 생활, 부모와의 관계, 남성 또는 여성 동료와의 관계, 자식들과의 관계, 친구들과의 관계에서 실패를 야기할 수 있다. 그리고 설령 상황의 유형이 아주 다르다고 해도 문제들과 실패들은 비슷하다.

우리는 우리의 성격에서 기인하는 실패들을 이용할 수 있을까? 이상적인 것은 우리가 스스로 변할 수 있다고 생각하는 것이리라. 하지만 나는 그것이 가능하다고 생각지 않는다. 그와는 반대로 어떤 형태의 반복 강박이라는 것이 있어서 성격으로 인한 실패들이 연속적으로 발생하고 반복됨에 따라 성격적 특성을 더 악화시킬 수도 있다.

미덕은 학습될 수 있을까? 우리는 학습에 의해, 다시 말해 자기 자신에 의해, 자신의 노력에 의해, 그리고 어떤 형태의 훈련에 의해 새로운 남자, 새로운 여자가 될 수 있을까? 문제는 바로 이것이다.

나는 이 점에 관해 회의적이다. 물론 우리는 어떤 형태의 규율에 의해 덕성스러워진 것처럼 꾸밀 수는 있다. 이를테면 질투와 소유욕을 더 이상 드러내지 않도록 훈련할 수 있다. 하지만 자기 자신 안에서는 여전히 질투가 심하고 소유욕이 많은 사람으로 남아 있다.

이처럼 설령 우리가 더 이상 질투하지 않도록 훈련한다고 해서 질투하지 않음을 배우는 것은 아니다.

하지만 '배운다'는 말에는 사실 두 가지 의미가 있다는 것에 유의할 필요가 있다. 능동적인 의미(이를테면 '독일어를 배운다')와 수동적인 의미('선생님이 내게 독일어를 배워(가르쳐) 준다'). 따라서 설령 우리가 미덕을 배울 수 없다 해도 삶, 경험 또는 실패가 당신에게 미덕을 배워 줄 수는 있다. 우리가 '이번 일로 철 좀 들겠군!'이라고 할 때의 의미로 말이다.

이때 제기되는 질문은 이런 것이다. 자기 자신의 결함에 대해 명철하다는 사실이 우리를 그것으로부터 해방시켜 줄 수 있을까? 자신의 결점을 알고 있다는 사실이 우리로 하여금 그것의 노예가 되지 않도록 해줄 수 있을까?

대답은 간단하지가 않다. 그것은 정신분석 요법의 목적이기도 하다. 정신분석을 받다 보면 우리는 흔히 우리 자신에 관해 더 명철해진다. 하지만 이런 결점에 관한 이런 명철함이 그 힘을 약화시켜 줄까? 그 결점들을 제거해 줄까? 그건 확실치 않다. 다만 적어도 그것을 자각하고 있다는 사실은 우리로 하여금 잘못을 남들 탓으로 돌리지 않게 해준다. 그것만으로도 이미 대단한 것이며, 그것은 타인을 더 잘 받아들이고 더 잘 사랑하게 하는 데 확실히 도움을 준다. 자기 자신의 결점을 자각할 때 타인을 더 많이 사랑하게 되는데, 그것은 그가 나의 결점을 견딜 수 있다는 사실로 인하여 그에게 고마운 마음이 들기 때문이다.

실패가 우리에게 겸손을 가르쳐 줄 수 있을까?

그러면 실패가 우리에게 가르쳐 줄 수 있는 미덕이 존재할까? 우리는 그렇다라고 말하고 싶어진다. 실패가 우리에게 가르쳐 줄 수 있는 미덕은 바로 겸허함이다. 자신의 실패로부터 이익을 끌어내는 것, 그것은 겸허함을 배우는(수동적 의미에서) 것이다.

하지만 그것이 확실한가? 실패는 우리를 창피하게 만든다. 하지만 그렇다고 우리를 겸허하게 만들어 줄까? 창피가 겸허함으로 변화하는 것이 가능한 일일까?

성 베르나르는 그렇다고 생각했다. "겸허한 사람은 창피를 겸허함으로 변화시킨다."[1] 하지만 성 베르나르가 적은 말에 유의하라. 그는 겸허한 사람(이미 겸허한 사람인 것이다)은 창피를 겸허함으로 변화시

킨다라고 썼다. 그것은 창피를 당한 사람이 창피를 겸허함으로 바꿀
수 있다는 말은 아닌 것이다.

1) 《Sermones in cantica》, 34, 블라디미르 얀켈레비치 안에서 인용됨. 《미덕론》 (보르다스 출판사, 1949년), 361쪽.

낡은 세상, 새로운 세상,
그리고 한쪽에서 다른쪽으로 건너가기

자크 아르누

1996년 6월 4일, 유럽의 새 로켓 아리안 5호의 첫번째 발사가 실패했다. 나는 툴루즈 우주센터의 카페에서 텔레비전으로 그 사건을 지켜보았다. 내 주위의 직원들, 요컨대 비서들과 인터뷰를 맡은 직원들의 실망과 슬픔은 컸다. 파리의 한 커다란 호텔에 모여 있던 주요 관리들의 실망과 슬픔보다 더 커보였다. 엔지니어의 문화 속에서 훈련된 그들이 보기에 실패는 인정되고 받아들여진 위험의 일부가 되기가 더 쉬웠다.

어쨌든 조사위원회가 선정됐다. 501번째의 비행 이후 아리안 5호에게 미래를 약속하려면 실패의 원인을 찾아야 했다. 그런 걱정거리는 아마 성공했더라면 존재하지 않았을 것이다…….

나는 알랭 우지오 목사가 이 우주 모험의 일화를 독자에게 알리라고 나를 초대했다고는 생각지 않는다! 아마도 그는 오히려 신학자, 어떤 전통의 대표라는 나의 신분을 염두에 두었을 것이다. 그 전통에서는 실패에 관한 모든 반성, 모든 명상이 또 다른 이야기, 한 인간, 동시대인들이 예수라고 부른 사람, 신자들이 하느님의 아들 그리스도라는 호칭을 부여한 사람의 죽음 이야기와 불가피하게 마주친다.

게다가 이와 상당히 유사한 어떤 관점에서는 '아우슈비츠 이후에 하느님을 생각하는 것'(한스 요나스의 책 제목을 풀이하자면)의 도전에 직면해 있는 유대인 공동체의 한 구성원에게 호소할 수도 있었을 것이다.

아리안에서 골고다를 거쳐 아우슈비츠에 이르는 이 세 개의 실패는 제각기 자신의 한도 안에서 지금은 사라진 하나의 세계관을 다시 문제삼고 있다. 유럽의 '인공위성 발사용 로켓'의 경우는 막강하고 때로는 거만한 기술의 실패이다. 두 개의 종교적 '체험들'에 관한 것은 전능하신 하느님의 실패다. "이제부터 어떤 실패에 관해 계속 말하기로 하자. 세상은 더 이상 전과 같지 않을 것이다." 이것이 정확한 발언이다.

그때부터 이익이란 표현을 써서 말하는 것은 손해라는 표현을 써서 말하는 것과 마찬가지로 금융 계통 사람들에게 익숙한 셈하기에만 국한되지 않는다. 저울이 어느쪽으로 기우는가를 관찰하는 것으로는 충분치 않으며(다빈치는 그의 《수첩》에서 이렇게 썼다. "레오나르도, 왜 그렇게 괴로워하는 거지?"), 한 세상이 멀리 가버리면 다른 세상, 새로운 세상이 나타날 수 있는지 생각해 보아야 한다.

낡은 것과 새로운 것이라는 주제에 접근하는 방법은 무수히 많다! 내가 두 개의 **계약**, 또는 두 개의 **언약**이라는 주제를 언급하는 것은 아직 나의 능력(내가 요구하는 능력이 아니라 내가 맡은 능력)의 분야 안에 있기 때문이다.

내가 그 또한 훑어보기 좋아하는 생명의 진화 영역에서는, 적어도 오늘날 그의 편이 된 패러다임 안에서는 이런 용어를 직접적으로 사용하지 않는 편이 이롭다고 소개하고 있다. 왜냐하면 〈창세기〉에서 이야기되는 유명한 **홍수**와 유사한 현상들에 의해 화석층 안에서 발견된 유기체의 실종을 설명하던 지각격변설의 시대는 끝났기 때문이다. 나는 그렇다고 낡은 세상과 새로운 세상이라는 두 개의 세상도 잊지 않고 있다. 왜냐하면 필그림 파더스[1]의 눈에 이쪽에서 저쪽으로 가는 것은 개종의 길, 교리 전수의 도정처럼 보였기 때문이다.

이 세 가지 예는 그들의 다양성(역사적 · 학문적 진실에 대한 다양성을 포함하여) 안에서 실패를 경험하고, 경우에 따라 거기서 이익을 끌어내는 방식에서 중요한 점을 내세우고 있다. 그것은 즉 낡은 세상의 실종 뒤에 나타나는 새로운 세상의 현실과 마찬가지로 중요한 것은 낡은 세상으로부터 새로운 세상으로 건너가는 과정이라는 것이다. 평화스러운 횡단 또는 함정이 많은 여행, 단절 없는 지속 또는 천재지변 현상, 느린 각성 또는 전격적인 재융기. 선험적으로 선택하는 어려움밖에 없으며, 아마 어떤 출구도 다른 출구보다 낫지 않을 것이다. 그때 불확실한 이익을 판단하기 위해 우리에게 남은 것이 무엇인가? 내가 보기에는 가능한 '건너기' 라는 유일한 현실이 남은 듯하다. 지금부터 그 이유를 설명해 보겠다.

나는 나의 지적인 편력 안에서 어느 날 **MEP**, 즉 **거대 공학 계획**이라는 개념을 만났다. 이 계획은 전문 지식과 그것들의 시간적 자원의 한계에 위치한다. 그것들의 실현은 복잡하고 길며 비용이 많이 든다. 그것들은 투시력을 가진 견자들이나 정열가들의 행동일 때가 많다. 따라서 우리는 (전설상의) 바벨 탑, 이집트의 피라미드, 중국의 만리

---

1) **Pilgrim Fathers**: 1620년 미국의 뉴잉글랜드에 처음 이주한 1백20명의 청교도. 영국의 종교적 탄압을 피해 범선 메이플라워호를 타고 갔다. 〔역주〕

장성, 타이태닉호 등을 **MEP**들이라고 부를 수 있다. 이 계획들이 항상 목표를 달성한 것은 아니며, 대개는 실패에 부딪쳤다는 것을 인정해야 한다. 왜일까? 그건 그들이 스스로에게 부여한 경계, 한계를 건너뛰고 통과하지 못했기 때문이다. 그리고 그건 당연한 일이다. 하늘의 문, 또는 죽음의 문에 무사히 도착하는 것, 침략자들을 시공의 무한대까지 쫓아내는 것, 지구의 표면에서 점점 더 빨리 이동하는 것이 가능하겠는가? 그것은 지평선의 모습을 한 경계들, 한계들이다. 그것들은 우리가 다가갈수록 멀어진다. 따라서 실패는 거의 불가피하며, 신중함의 교훈이라는 이익 외 어떤 이익도 실현될 수 없다.

하지만 내게 말할 자격이 있다면 인간의 모든 시도들이 그런 건널 수 없는 지평선에 부딪치는 것은 아니다. 낡은 세상으로부터 새로운 세상으로 건너가는 것은 가능하다. 적어도 충동, 역동성, **적절한** 에너지만 존재한다면.

그러므로 나는 실패로부터 이익을 끌어내는 것은 필연적으로 미덕의 실천을 초래한다고 말하고 싶다. 여기서 도덕적 차원을 도입하는 계획은 나와는 거리가 멀다! 내가 여기서 감히 도입하려는 미덕은 플라톤이 정의한 의미에서의 그것이다. 플라톤은 미덕을 걸음걸이의 편안함, 그 다음엔 선한 영혼의 언제나 자유로운 항해, 요컨대 거리낌 없고 장애물 없이 흘러가는 모든 것, 모든 것들 중에서 가장 바람직한 경향이라고 정의했다. 그런 의미에서의 미덕은 선하게, 아마도 가장 선하게 행동하려는 노력·긴장·용기일 것이다. 미덕은 결코 끝이나 완성에 도달한 것으로 간주되지 않으며, 그보다는 오히려 항상 가능한 새로움의 시작·시초에 있는 것으로 간주된다. 신학적 미덕[2]은 이런 관점에서 이해될 수 있다.

따라서 믿음은 관계의 실패를 극복하도록 이끈다. 실제로 믿음은 항상 만남에서 싹트며, 만남으로 인도한다고 어떤 신학자는 썼다. 누군가를 믿는다는 것은 그를 만나 그에게 맡기고 그를 신뢰하는 것이다. 내가 믿기 때문에, 나는 나 자신으로부터 벗어나 나 자신의 밖에서 존재하며 타인을 돌아볼 수 있고, 그러면 그는 내게 새로운 세상이 된다. 신앙은 그냥 신뢰가 아니라 누군가에 대한 신뢰이다.

소망도 여기서 언급될 수 있다. 사람들은 가끔 내게 희망과 소망의 차이가 무엇이냐고 묻는다. 그럴 때 나는 트리스탕 베르나르가 게슈타포에게 체포됐을 때 그의 아내에게 한 말을 인용하기를 좋아한다. "두려움의 시간은 끝나고 이제 희망의 시간이 시작됐소." 두려움은 새로움, 지평선이 없는 것이다. 다시 말해 언제라도 닥칠 수 있는 불행, 실패의 영향으로 삶이 저지되고 차단된 것을 말한다. 희망은 역사를 (다시) 시작하는 것이다. 다시 또는 새롭게 내일이 가능해지고, 모든 것이 최종적으로 상실되거나 굳어지지 않는 것이다. 소망은 근거가 있는 희망이다. 다시 말해 미래가 열렸을 뿐만 아니라 그것이 어떤 것, 그보다 훨씬 좋게 누군가를 향해 열린 것이다. 참된 소망은 다른 곳에서 온 약속에서만 싹틀 수 있다. 그리고 기독교인에게 소망은 결코 헛된 것이 아니며, 심지어 어떤 얼굴을 갖고 있기도 한데 그것이 바로 예수 그리스도의 얼굴이다. 항상 꿈꾸게 만들거나 현실을 잊게 만들기 좋은 하나의 망령, 환상으로 전락할 우려가 있는 유토피아와는 아무런 상관이 없는 것이다. 다시 한 번 말하지만 '실패로부터 이익을 끌어내려면' 현실, 시간적·공간적 현실을 망각해서는 안 되며, 대신 그것을 통과해야 한다.

---

2) 즉 믿음·소망·사랑(신앙·희망·애덕).

결론은 사랑이다. 사도 바울은 고린도인들에게 보내는 그의 첫번째 편지에 이렇게 썼다. "믿음·소망·사랑만이 남습니다. 하지만 이 중에 가장 위대한 것은 사랑입니다." 사랑 자체가 흘러가는 것은 아니지만, 사랑은 낡은 것에서 새로운 것으로 끊임없이 흘러가게 만든다. 여러분이 허락한다면 나는 사랑에 관해 지나치게 많이 말하거나 잘못 말하는 걸 피하기 위해 하나의 모습을 소개하겠다. 그리스도의 모습, 《구약성서》의 〈아가(雅歌)〉에 나오는 사랑하는 여인의 모습이 그것이다. 여인은 가만히 있지를 않는다! 여인은 도시의 거리를 가로질러 그의 애인(그리스도)을 찾아 끊임없이 달린다. 사랑은 제자리에 가만히 있는 것, 이것 없이는 결국 늙게 돼 있는, 그리고 실패의 벽을 만나게 돼 있는 어떤 세상 안에 고정되는 것을 방해한다.

그렇다면 우리는 자신의 실패로부터 이익을 끌어낼 수 있을까? 아마 그럴 수 있을 것이다. 만일 그렇지 않다면 우리가 그것을 말하기 위해 여기 모였겠는가? 그것을 잊지 말자. 우리는 생물계에서도 특별한 종에 속해 있다는 것. 미래에 자신을 내던질 수 있고, 다른 세상, 다른 시간을 상상할 수 있는 종. 말하자면 실패는 우리의 현재, 내가 생물학적으로 규정할 수 있는 것, 우리가 다른 생명들과 공유하고 있는 것을 중단시킬 우려만 있는 것이 아니다. 실패는 또한 **사피엔스 사피엔스**로서 우리가 아는 것과 알지 못하는 것으로부터 출발하여 우리가 만들어 온 가능성들의 세계와도 관계가 있다. 하지만 수천 년, 어쩌면 수백만 년 전부터 인간은 실패를 거치면서 오늘의 인간이 되었다. 미덕을 지키면서 그렇게 했다고 나는 덧붙이고 싶다.

내가 강연을 시작하면서 참고한 그리스도의 강생·수난·부활의 신비는 인간 조건의 이 토양 속에 뿌리를 내리고 있다. 그리고 아마 다른 어느곳에서도 가능하지 않을 것이다. 오직 이곳에서만, 나는 지나치게 두려워하지 않고 말할 수 있다. **우리에게 구세주를 안겨 준 행복한 실수, 행복한 실패라고!** 신앙의 미덕은 이런 고백 안에서 그 완성과 기원을 발견한다.

제라르 밀레르: 당신은 새로운 세상이 도래할 가능성을 언급했는데, 그것이 신앙인으로서 최소한의 신념인 내세에서의 일이 아니라 현세 자체의 일이라고 했다. 이때 당신은 신앙적 측면에 있지 않고 그보다는 오히려 희망의 측면에 있었다. 그렇지만 인간 속에서 끊임없이 고집을 부리는 바로 그것 때문에라도 인간은 태초 이래 변하지 않은 세상에서 살았고, 이 세상은 항상 같은 상태로 있으라는 잔인한 선고를 받았다는 느낌을 가진 적이 한번도 없나?

자크 아르누: 신학자로서 대답하겠다. 나 자신이 속해 있는 어떤 종의 새로움을 판단할 수 있는 나는 누구인가? 나는 햄릿처럼 내 머릿속을 들여다보는 사람이 아니다!

그렇지만 당신의 질문은 이 시대의 신학자들뿐 아니라 우리 신앙인들에게도 중요하고, 또 무시할 수 없는 것이다. 왜냐하면 그것은 우리 자신의 위치를 오늘의 세상 속으로 끌어들이기 때문이다. 우리는 사실 이 세상 한가운데에서 새로움의 가능성을 다시 생각해 보라는 권유를 받았다. 20세기까지 신앙인들은 새로움을 생각하기가 무척 힘들었다. 마치 유일한 새로움은 새로운 근본적인 창조 같은 것으로, 인류가 몸담고 있는 세상과의 전적인 불연속성 안에서 오직 하느님으로부터만 올 수 있는 것처럼, 그리고 그에 관해 아무것도 달라지지 않는다고 말할 수 있었다. 우리가 마주치는 것은 항상 똑같은 사람이 아닌가? 그런 사람을 정의하기 위해 우리는 즉시 근접한 정의들을 선택하는 만큼 그것은 더 분명하다.

그러다가 몇십 년 전부터 이 세상에 다음과 같은 하나의 질문이 고집스럽게 등장하고 있다. 하느님이 약속한 새로운 천지창조는 대홍수의 결과만을 뜻할까, 아니면 어떤 연속성 안에 기재될까? 그것은 결국 어떻게 이루어질까? 물론 이에 관한 토론은 오래전부터 있었고, 이미 랍비들이 질문을 제기했다. 우리에게 이 질문이 중요한 것은 이것이 우리가 이 세상에 몰두하는 방식에 영향을 미치기 때문이다. 만일 내가 하느님으로부터 모든 것을 기대한다면, 나는 어떤 형태의 정적주의[3]에 빠질 수 있다. 만일 반대로 내가 행동하는 것은 나라고 생각한다면 나는 행동주의로 전향할 수 있다.

제라르 밀레르: 내가 보기에 인간은 기독교인들을 사자의 먹이감으로 던져 주었을 때나 지금이나 똑같은 것 같다! 물론 21세기초의 프랑스 공화국은 비록 많은 이들에게는 여전히 사나운 존재로 남아 있지만 고대 로마보다는 훨씬 관대하다. 그러나 진보한 것은 인간이 아니라 인간에게 주어진 제도, 인간을 둘러싼 담론들, 다시 말해 그 자신을 지키기 위해 발명한 그 모든 것들이다. 그렇기 때문에 상징적 체계가 더 이상 인간을 통솔하지 못할 때 예의 인간이 그의 동료들과 그 자신에게 항상 그랬던 만큼 무자비한 인간으로 돌아간다는 느낌이 들지는 않는지?

---

3) 퀴에티슴(quiétisme): 인간의 능동적인 의지를 최대로 억제하고 권인적인 신의 힘에 의해 전적으로 의지하려는 수동적 사상이다. 17세기 에스파냐의 몰리노스(Molinos, M.) 등이 주창한 가톨릭 내의 한 사조를 이른다. 〔역주〕

이제 타르당 마클리에: 최근의 현실은 우리에게 가혹하고 명백한
어떤 사실을 증명하고 있는데 그것은 인간의 내면은 더 덕성스러운
어떤 것, 또는 더 긍정적인 어떤 것 쪽으로 그다지 많이 변하지 않았
다는 것이다. 하지만 나는 우리가 우리 자신을 인지하고 세상을 식별
하는 방식에서는 고대인에 비해서는 많이 변했다고 생각한다.

신들도 실패한다!

이제 타르당 마클리에

‘échec(체스 또는 실패)’란 말은 12세기중에 동양의 페르시아어에서 온 반면, ‘실패하다’라는 말은 16세기에 아미요의 글에서 처음 나타났다. 이런 어원적 기원은 우리로 하여금 페르시아어가 왕실어였던 무굴 왕조 시대의 인도를 참조케 한다. 그런데 인도에서(체스와 비슷한 게임 도구가 무덤에서 발견된 이집트에서와 마찬가지로) 체스는 아주 오랜 옛날부터 잘 알려져 있었다. 체스는 어떤 의식의 맥락에서 등장한다. 체스를 두는 것은 운명과 게임을 하는 것이다.

서기초로 거슬러 올라가 인도의 위대한 서사시 《마하바라타》(제2권 57, 60, 62-65쪽)에서 ‘세상의 질서’인 다르마 신의 아들로서 ‘정의의 왕’인 유디슈티라는 그의 모든 재산, 그의 왕국, 그의 형제들 판다바, 그리고 형제들과 공유하는 신부를 내기에 건다. 그는 악과 무질서의 힘을 대표하는 적수이면서 지속적이고 비상한 행운을 가진 그의 사촌 두리오다나와 싸워 계속 잃는다. 개인적인 오락을 벗어난 게임은 신성한 공적 공간인 사바에서 벌어진다. 사바는 왕 중의 왕들의 집회이다. 이 게임이 나타내는 많은 의미들 가운데 중요한 것은 예측할 수 없는 것이 일시적으로 질서를 이길 수 있다는 것이다. 다이바, 즉 ‘운명’은 변하며, 선한 인간의 행동에 대한 구속으로 나타날 수 있다.

두번째 게임은 조금 뒤 《마하바라타》(제2권 74-80쪽)에서 벌어진다. 이번에도 역시 유디슈티라가 잃는다. 판다바는 숲으로 유배를 떠나야 하는데, 이때 숲은 인간 사회를 보충하는 반대 세계인 무질서의 공간이다. 판다바의 이런 유배는 우주적 의미를 지닌다. 그것은 **칼리 유가,**[1] 즉 '암흑의 시대'를 낳는다. 마지막 대홍수 이전의 몰락, 새로운 세상으로 다시 태어남을 나타내는 세상의 네번째 시대이다. **칼리 유가**는 시련·전쟁·충돌——한마디로 실패——의 시기이다. 그런데 시간이 순환한다고 믿는 인도의 전통에서 우주의 네 시대는 네 판의 게임을 본떠 명명된다. 첫번째 **유가** 또는 '황금기'는 '이기는' 판의 이름이고, 두번째 시기인 **크리타**는 그보다는 가치가 떨어지는 판이며, 세번째 시기인 **트레타**는 2점을 따는 판이고, 마지막으로 네번째 시기인 **드바프라**는 지는 게임으로 상징된다.

이렇듯 체스(실패)의 개념은 아주 옛날부터 질서와 무질서, 대홍수의 시기와 운명과 결부되어 나타났다. 심리학 개념이 되기 이전에 그것은 우주적 의식의 맥락 안에 기재되었다.

우리 서양 문화의 변천은 신의 개념을 전능함의 개념과 결부시키는 데 익숙했다——적어도 특히 15세기에 쇼아 왕조와 함께 명백한 것으로 보이던 이런 관계를 비극적 방식으로 재검토하기 전까지는 그랬다. 그런데 종교는 실패담으로 가득 차 있다. 이때 인간들의 실패는 어쨌든 너무나 자연스러운 일로 보이지만, 신들의 행동 면에서의 실패는 더 놀라운 것으로 보인다.

우리의 세계와는 너무나 다른 세계 속에서 선택된 몇 가지 예들을

---

1) 칼리는 '검은' 유가는 '순환기'라는 뜻.

살펴보자. 베티족[2]의 창조 신화에서 위대한 잠바 신은 취약한 '마을' (세상)을 일종의 무질서의 악마인 에부의 계략에 맡기고 경솔하게 여행을 떠난다. 에부는 그 기회를 이용해 마을의 한 여인을 유혹하고, 이 천국 같은 사회에 악·폭력·죽음이 들어온다. 그리고 잠바가 돌아오자 그는 하늘로 가버리는 것말고는 달리 아무것도 할 수 없다는 것을 확인한다. 여기서 위대한 신의 실패는 그와 인간들 간의 자연스러운 친밀한 관계의 종결, 황금기와의 단절, 역사 속으로의 진입을 의미한다.

도곤족은 아버지와 같은 하느님 암마가 최초의 알을 창조하여 어머니와 같은 대지의 이 태반 안에 다양한 존재들의 씨앗을 심는다고 생각한다. 첫번째 이른 '분만'은 오고에 의해 유발되었다. 오고는 씨앗을 훔쳐 그 자신이 직접 대지의 태반에 그것을 심고, 분명히 그런 식으로 신화에 의해 어머니 대지와의 근친상간으로 소개된 것으로부터 지구 세상을 창조한다. 두번째 '분만' 때에는 오고의 쌍둥이인 노모가 지구를 정화하기 위한 제물로 자신을 바치며, 그의 절단된 사지에서 모든 종이 생겨난다. 곧이어 암마가 그것을 모으고 소생시켜 그에 대한 보상으로 그에게 말을 준다. 그는 인간들을 위해 '언어의 스승' '세상의 교사'가 된다. 한편 오고는 '힘없는 늑대'가 된다. 암마는 그를 벌주기 위해 그의 혀를 자른다. 그리하여 그는 말할 수 없게 되었지만 도곤족의 점쟁이들은 그가 지나는 길 위에 남은 발자국들을 해석할 수 있게 됐고, 그것은 말은 없지만 많은 의미를 담은 신호망을 형성하게 되었다.

최초의 선교사들에 의해 수집된 신화에 따르면, 마야족은 생산하는

---

2) 서아프리카의 민족.

자들이 동물들을 창조한 뒤 심사숙고한 끝에 그들에게 사슴·새·표범·퓨마·뱀 등의 이름을 붙여 주었다고 이야기했다. 그런 다음 그들에게 자신들을 찬양하라고 명령했다. '그들은 꼬꼬댁거리고, 음매 음매하고, 까악까악 울었지만' 어떤 것도 어떤 단어, 즉 신들 가운데 하나의 이름을 발음할 수 없었다. 그래서 신들은 다시 창조를 시작했다. "다시 한 번 해보자! 이미 해가 뜰 시각, 새벽이 가까웠다. (…) 우리는 이미 우리의 첫번째 작품들, 우리의 첫번째 피조물들과 함께 한 번의 시도를 해보았지만 우리에게 찬사를 보내고 우리를 숭배하는 것들을 얻을 수는 없었다." 그리고 그 두번째 시도에서 그들은 언어를 부여받은 인간을 창조함으로써 성공을 거둔다.

이렇듯 최초의 창조에서 '실패작들'이 있었고, 따라서 신들은 실수를 하기 쉽거나 솜씨가 없다는 생각, 그래서 두번째 창조를 준비하거나 또는 첫번째 창조를 만회해야 한다는 생각은 세계적으로 널리 유포된 생각이다.

어떤 이익을 말하는가? 사실대로 말하자면 종교는 윤리적 용어나 경제적 용어로 질문을 던지지 않는다. 실패로부터 끌어낼 '이익'——만일 거기 이익이 있다면 말이다. 왜냐하면 진짜 실패는 우리가 어떤 이점도 끌어낼 수 없는 상황이기 때문이다——은 특히 이상에서 현실로 가는 과정의 중요성을 받아들이는 데 있다. 베티족의 신화에서 현실은 악의 출현이다. 도곤족의 신화에서 최초의 근친상간은 지상의 세계에 영원히 불완전함의 낙인을 찍는다. 마야족의 신화에서 인간은 언어를 사용하지만 한계가 있고 신들에게 복종해야 하는 존재로 정의되는데, 그것은 언어의 유일한 목적이 그들을 '찬양하는' 것이기 때문이다. 그리고 다시 《마하바라타》 이야기로 돌아오자면, 체스 게임은 영웅의 시대에서 인간의 투쟁 시대로 바뀌는 것을 상징한다. 신화는 인간의 운명을 이전의 천국 같은 상황을 지키는 데 실패한 결과로 표현하고 있으며, 천국 같은 상황이 이제는 비현실적인 것으로 보인다. 신화는 단절·타락·강한 의미의 환멸을 나타낸다.

동시에 신화는 현실에 대한 창조자의 접근을 가리킨다. 운명성, 유한성, 역사의 우연들을 받아들인 것이 언어의 탄생을 가져왔고, 도곤족의 경우처럼 희생을 통해, 또는 《마하바라타》에서처럼 고행의 유배를 통해 세상에 종교적 쇄신의 가능성을 가져왔다.

자크 아르누: 우리는 우리 자신의 힘으로 실패 상황에서 빠져나올 수 있을까? 아니면 외부의 개입이 절대적으로 필요한가? 이것은 우리가 종교를 실패를 해결하는 하나의 수단으로 간주할 수도 있다는 사실을 참고한 것이다. 마치 우리를 실패 상황으로부터 벗어나게 해줄 수 있는 어떤 새로운 것을 창조하기 위해서는 하느님으로 불리는 타자를 참고하는 것이 필요한 것처럼 말이다.

이제 타르당 마클리에: 우리는 진짜 실패 상황에서는 스스로 벗어날 수 없다. 사소한 실패들에서만 비교적 표면적인 의식이나마 가질 수 있다. 그러나 신화가 이 단어에 부여하는 심오한 의미에서의 실패로부터 혼자 빠져나오는 것은 불가능하다. 이것은 신화의 가르침 가운데 하나이기도 하다. 인간은 그의 의식과 무의식의 가장 깊은 곳까지 무장해제되어 있어서 스스로 빠져나갈 수 없는 것이다.

그러나 질문에 직접적으로 대답하자면, 우리는 자신의 실패로부터 이익을 끌어내는 것 말고 다른 행동을 할 수 없다. 이 용어의 거의 형

이상학적 의미에서 실패는 정말로 그렇게 생각하는 사람이 더 이상
아무도 없다는 것을 함축하거나, 또는 자기 자신의 초월을 함축한다!
이 또한 신화가 우리에게 말하고 있는 바이다.

실패에 집착하면 어떻게 될까?

제라르 밀레르

대개의 신자들은 공통점을 갖고 있는데, 그것은 모든 것이 최종적으로 어떤 것에 쓸모가 있기를 바라는 것이다. 우리를 화나게 하는 것, 우리에게 고통을 안겨 주는 것, 우리를 무섭게 만드는 것을 포함한 **모든 것** 말이다. 그래서 그들은 우리가 그들에게 "자신의 실패로부터 이익을 끌어낼 수 있나요?"라고 물을 때, 우리가 "그렇다"고 대답해 주기를 바란다.

그것은 호의적인 관점으로, 나는 내가 오늘 이 자리에 모인 청중들보다 비관적인 사람으로 비치는 것을 후회하게 될는지 모른다. 어쨌든 그런 낙관주의는 폭군들과 독재자들이 끊임없이 다시 나타나는 현상과는 아무 관계가 없다. 즉 모든 것이 설명되고, 최종적으로 질서 안으로 들어가려면 역사가 끝나기를 기다려야 한다.

그들은 이렇게 주장한다. "달걀을 깨지 않고는 오믈렛을 만들 수 없다." 말하자면 악 그 자체가 선에 도움이 된다는 것이다. 설령 아무도 그것, 그 오믈렛을 결코 먹지 않는다 해도, 설령 망치질에 의해 깨진 달걀이, 무늬만 오믈렛이어도 좋으니, 오믈렛을 내놓을 가망성이 전혀 없다 해도 걱정할 것은 없다. 다음날들은 결국 죄의 두엄 위에서 노래하게 될 테니까 말이다!

물론 나는 이 토론의 전제, 즉 실패는 우리에게 맞지 않는 것이며, 매번 그것을 '극복할 것을' 요구하는 것이 이상하다고 생각한다. 그건 결코 확실한 말이 아닌 것이다!

프로이트의 주장들을 살펴보면 그것들은 대개 그 방향으로 가지 않고 있으며, 그래서 그것들은 한 세기가 지난 후에도 여전히 유황 냄새를 풍기는 것이다.

이를테면 우리가 믿는 것과 달리 우리가 우리의 이익을 원하지 않는다는 생각에 어떻게 익숙해질 수 있겠는가? 환자를 받고, 그들의 고통을 확인하고, 그들의 하소연에 귀기울이면서 프로이트는 점차 그들이 치유되기를 바라지 않는 것은 아닐망정 그들을 고통스럽게 하는 것, 그들의 증상들과 친밀한 연대감마저 갖고 있다는 것을 발견하게 된다.

이것은 용납할 수 없는 진실이고, 프로이트 자신도 이런 결론을 내리는 데 많은 시간이 걸렸다. 왜냐하면 그는 처음에 인간이라는 말하는 존재는 고통을 피하고 균형, 최소한의 긴장을 우선적으로 추구하는 '쾌락의 원칙'에 복종한다고 생각했기 때문이다. 그런데 정신분석이 그에게 확인시켜 준 것은 그 반대이다……. 무의식은 쾌락의 출현에 의해 나타나는 것이 아니라 오히려 고통에 의해 나타나며, 무의식은 긴장을 추구한다.

실제로 우리가 잘 알아둬야 할 것은 의식적으로 쾌락으로 느껴지는 것과 무의식 차원에서 뭔가를 충족시키는 것 사이에는 큰 차이가 있다는 것이다. 심지어 무의식 차원에서 뭔가를 충족시키는 것이 의식의 차원에서는 불쾌한 것처럼 느껴질 가능성이 많다. 정신분석학에서 의식과 무의식 간의 단절은 철저하다. 이를테면 신경쇠약 환자들이 느끼는 불쾌는 쾌락으로 느껴질 수 없는 쾌락이라고 프로이트는 말했다. 얼마 후 그는 '쾌락'과 '불쾌'라는 용어는 사실 의식의 감정들이기 때문에 무의식에는 맞지 않는다고 덧붙였다. 이것은 몇 년 후 자크 라캉이 '즐거움(jouissance)'이라는 용어를 강조하면서 이 문제를 다시 다루게 된다. 무의식적인 즐거움은 의식적인 쾌락과는 아무 상관이 없다. 즐거움은 언제나 복잡화의 동의어이다.

우리의 모든 토론거리도 거기에 있다. "네가 고통스러워하는 부분이 아마도 네가 가장 즐거워하는 부분일 것이다." 우리는 정신분석학으로부터 그런 말을 들을 우려가 있다.

따라서 말하는 존재, 인간에게는 가르칠 수 없는 영역에 속하는 영원히 반복되는 뭔가가 있다. 교육자로서 나는 교육의 미덕을 의심하지 않는다. 그럼에도 불구하고 우리에게는 변하지 않는 어떤 것, 아무것으로부터도 교훈을 얻지 않는 어떤 것이 있다는 그런 생각에 익숙해져야 한다.

정신분석가는 판사나 보험설계사가 아니고, 책임을 밝히지 않으며, 잘못을 분배하지 않는다. 오히려 그들은 우리들 각자가 당한다고만 생각하는 상황들에서 우리가 능동적이라고 말한다. 사실 우리의 삶 속에서 계속되는 것, 되풀이되는 것을 진지하게 받아들일 필요가 있다.

여러분도 나와 마찬가지로 가까운 사람들과의 모든 관계가 같은 식으로 실패하는 남녀들을 알고 있을 것이다. 한편에는 친절을 한껏 베풀었지만 그에게 감사하기는커녕 그의 눈앞에 배은망덕한 괴물로 나타나는 자들에 의해 번번이 버려지는 자선가가 있다……. 한편에는 여러 달 동안 어떤 우상에게 헌신하다가 그 다음엔 갑자기 그것을 버리고 새로운 우상으로 즉시 대체하는 투사가 있다……. 그런 끈기 앞에서, 프로이트가 말한 것처럼 그런 '같은 것의 영원한 반복' 앞에서 여러분은 당연히 그것이 우연이라고 말하기를 주저하게 될 것이다.

여기서는 불행한 사람들에게 잘못이 있다고 비난받지 않기에는 지나치게 적극적인 태도가 문제이다! 하지만 사실 설령 그가 그것들에 대해 수동적으로 행동하는 것처럼 보이고, 아무 관련이 없어 보여도 여러분 동포의 삶 안에서 사건들이 다시 발생하면 여러분은 보나마나 그에게 '무죄를 선고하게' 될 것이다……. 그런데 정신분석가들은 선험적으로 이렇게 구별하지 않는다. 그들은 다른 사람이 아닌 그들의 환자에게 닥친 것을 우선 인정한다.

마지막으로 한마디 덧붙이겠다. 공교롭게도 그것은 내가 강조해야 하는 점이기도 한데, 즉 우리는 우리들 각자가 가지고 있는 이 천한 부분을 잊어서는 안 된다. 파시즘은 그것을 견고하게 했고, 주장에 물든 지지자들뿐 아니라 그 너머까지 파시즘이 행사하는 매력이 거기서 나오는 것이다.

여러분은 아우슈비츠를 공포 속에서 뛰어넘을 수 없는 어떤 것으로 언급했다. 그건 사실이다. 하지만 아우슈비츠는 아무것에도 도움이 되지 않았고, 아무에게 아무것도 가르쳐 주지 못했다. 공포는 교육적인 것이 아니다.

자신의 모든 실패로부터 '이익을 끌어낼'(이 얼마나 대단한 표현인가!) 수는 없다는 것을 받아들여야 한다. 현세에서는 순수한 상실도 있다는 것을 받아들여야 한다. 그리고 가장 나쁜 것을 똑바로 바라보아야 한다. 가장 나쁜 것은 서로 참을 수 있게 만들 기회를 포착하기 위해 우리 뒤에 있지 않고 우리 앞에 있다.

나는 때로는 신앙이 이 세상의 잘못된 것이 결국 너무나 당연하다는 것을 잊게 함으로써 우리로 하여금 경계를 늦추게 할까봐 두렵다. 우리는 잠을 자고 있는 게 아닐까? 만일 그렇다면, 우리 잠을 깨자!

이제 타르당 마클리에: 당신이 말한 것은 매우 혼란스러운 동시에 매우 분명하다. 당신은 개인이 집단에게, 그리고 그 반대가 연결되는 것이 어떻게 이루어질 수 있다고 보는가? 집단은 개인들의 단순한 덧셈이 아니다. 집단이 악에게 특별한 책임을 주는 것인가, 등급의 변화가 있는 것인가?

제라르 밀레르: 라캉은 말했다. "오직 개인의 희망만이 존재한다." 환자는 치료의 일환으로 자신에게 닥친 일을 이해하고 바꾸려는 확고한 욕망을 갖고 온다. 거기에는 하나의 희망으로 자리할 수 있는 어떤 것이 있다. 설령 그가 발견하게 될 것으로 '가득 찬' 세상에서 그 희망이 가장 보잘것없는 것이 될 거라는 말을 아무도 하지 않는다 해도.

집단적 차원에서 그것은 단순히 등급의 변화가 아닌데, 왜냐하면 우선 무분별은 대개 자기 차례가 되면 규칙이 되기 때문이다……. 그리고 매력적인 관점 위에서 부드럽게 페달을 밟는 것부터 시작하여 간단한 원칙들을 향해 나아가야 할 것이다.

나로 말하면 찬양하는 미래에 관해 과장해서 말하지 않고, 도리어 조심스럽게 패를 두는 정치가들이 좋다. 군중을 열광시키지 못하는 정치가에 관해 말할 때, 만약 그가 해야 할 일을 하는 사람이라면 그 편이 낫지 않겠는가? 그가 우리를 위해 꿈꿀 필요는 없는 것이다.

자크 아르누: 당신의 의견은 흥미롭다. 그것은 신자들에게 역사·낙천주의·진보에 관한 그들의 입장에 대해 질문을 던지고 있기 때문이다……. 하지만 나는 신자들과 그들의 낙천주의에 관한 당신의 묘사에는 동의하지 않는다.

종교적 관념과 신학적 목표의 역사에서 진보에 관한 생각은 적어도

19세기까지는 기독교의 영역에 속한 것으로 보이지 않았다. 낙천주의에 관한 생각도 마찬가지였다. 신자들은 모든 상황이 일단 결정된 세상에서 살았으며, 다른 세상, 즉 하느님 왕국의 세상을 고대했다. 이런 관점으로 그들에겐 충분했다. 진보 또는 낙천주의에 관한 생각은 외부에서 왔고, 역사에 의해 부과되었다. 기독교인들은 그것들을 회유했다! 테야르 드 샤르댕, 도미니크 뒤바를 같은 저자들은 기독교적 낙관론을 세웠다. 나는 알베르트 슈바이처도 그 중 하나라고 생각한다…….

오늘날 기독교인들은 더 이상 축복받은, 쉬운 낙관론을 주장하지 않는다. 그건 그들이 마술 지팡이를 한번 휘둘러 뭔가를 얻어낼 거라고 말하면서 어떤 실패들을 받아들일 수는 없기 때문이다. 가장 나쁜 것은 하느님이 이 모든 것을 제자리로 돌려 놓는 최후의 시간에 그런 일이 벌어질 거라고 말하는 것이다……. 절대 그렇지 않다! 내가 따르는 것, 나를 살게 하는 것이 또한 이런 숙명론적 운행을 거부하게 만들고 있다. 나는 이런 숙명론이 존재한다는 것을 알고 있다. 그러나 나는 하느님이 그것을 어떻게 하실는지는 모른다, 그건 그분의 문제이다! 다만 나는 '문제없다. 하느님이 이 모든 걸 알아서 처리해 주실 것이다!' 라고 말하지는 않는다.

우리는 부활에 관해서도 이야기했다……. 부활, 그것은 확실한 어떤 것이 아니다. 기독교인들에게 그것은 '나는 부활을 믿는다' 라고 말하는 것이다. 그러므로 그것은 절대 분명한 것이 아니다. 우리는 그게 무엇인지 잘 모르지만 믿는 것이다!

알랭 우지오: 우리는 흔히 신교도들을 능동적 비관론자들로 정의한다. 여러분은 이 정의에 대해 어떻게 생각하는가?

제라르 밀레르: 능동적인 비관론자라는 말에 나는 찬성한다! 내가 생각하는 비관론은 내 주변의 것들과 조화롭게 살고 기쁨을 취하는 것을 스스로 금하지 않는 것이다. 그런데 그것은 나를 놓아 주지 않는다. 시간이 흐를수록 내가 인간 또는 하느님 자신이 나중에 어떤 업적을 이룩할 것인가 하는 문제를 제기하는 대신, 지금 여기서 우리 각자가 무엇을 할 것인가에 더 민감해지는 것도 아마 그 때문일 것이다. 설령 우리가 사회 전체를 바꾸는 것을 꿈꿀 수 있다 해도, 그것을 해야 할 바로 그 순간에 각자가 어떤 일을 하는가에 관심을 기울이는 것은 좋은 일이다.

이제 타르당 마클리에: 당신이 말한 것이 내가 조금 전에 개인과 집단에 관해 제기한 질문을 더 명확하게 밝혀 주고 있다. 내가 보기에 하나의 종으로서의 인간은 끊임없이 반복되지만 반복의 단절은 개인으로부터 오는 것 같다. 그런 의미에서 정신분석은 가장 중요한 현대의 교과목 중 하나인데, 왜냐하면 그것은 반복이 끝나면 해야 할 일을 동반하기 때문이다.

질문과 대답

■ 프랑수아 모리악은 이렇게 썼다. "인생은 성공을 얻어서 가치 있는 게 아니라 우리에게 수고를 안겨 주기 때문에 가치 있는 것이다." 노력하면 실패를 막을 수 있을까?

　자크 아르누: 나는 내게 맞지 않는 노력이라는 개념을 실패라는 개념과 구별하겠다. 가톨릭의 어떤 전통에 실패에서 어떤 형태의 기쁨을 찾고, 고통 속에서 어떤 만족을 발견하는 것이다. 그것들이 우리에게 천국을 가져다 주거나, 또는 천국을 누릴 만한 가치가 있게 만들어 준다고 보는 것이다……. 나는 이런 관점에는 결코 동의할 수 없다. 그리고 제라르 밀레르가 지금 그리고 여기에서에 관해 말한 것에 동의한다. 신학 개념의 변화에 따라 지금 그리고 여기에서에 다시 의미를 부여하는 것이 옳다. 비록 그것이 그 자체로서 충분하지는 않다고 하더라도 말이다. 신앙인으로서 내가 살도록 초대받은 것도 지금 여기로서 나는 나의 동시대인들을 마주 보고, 현재에 하느님을 마주 보아야 하며, 과거든 미래든 가장 좋은 시절이나 천국을 꿈꿔서는 안 된다. 오늘날 '내게는 구세주 하느님이 있다' 라는 말이 무슨 의미가 있는가? 우리는 노력의 문제와 동떨어져 있다.

　이제 타르당 마클리에: 한 여성 인도학자로서, 이것은 전형적으로 서양적인 질문으로 보인다! 그런 질문을 제기한다는 사실 자체가 서양인임을 함축한다. 서양인은 자신의 삶을 온전히 통제하기를 바라는데, 그 건 나쁜 의도는 아니지만 동양인의 의도와는 전혀 다르다. 동양인들이 확신하는 한 가지가 있다면 그건 실패는 우리의 능력을 벗어난다는 것 이다. 따라서 동양인들은 제기된 질문에 대답하지 않는다! 어떤 이들은 그 이상까지 가기도 한다. 중국의 도교에서는 실패, 공허함, 그것의 깊 이를 받아들여야 한다고 말한다.

제라르 밀레르: 우리가 최선을 다할 때에도 노력은 실패를 막을 수는 없다. 오이디푸스의 예를 들어 보자. 버림받은 아이 오이디푸스는 자신 의 운명을 궁금히 여긴다. 신탁이 그에게 그 아버지를 죽이고 어머니와 결혼하게 되리라는 것을 예언하자, 그는 공포에 떨며 부모라고 생각되는 사람들로부터 가능한 한 가장 멀리 도망친다. 예언이 이루어지는 것을 피하기 위해 할 수 있는 모든 것을 하다가 우연히 길에서 자신의 친부와 마주치게 되고, 그를 죽여 그 친모와 결혼해 그녀마저도 죽게 한다.

■ 정신분석 요법을 따르면 실패를 피할 수 있을까?

제라르 밀레르: 정신분석은 특히 우리의 실패 안에서 우리가 무엇 또 는 누구와 상관이 있는지를 알게 해준다. 그것만으로도 이미 상당한 것 이다. 그리고 실제로 그것은 때로 이런저런 실패를 되풀이하는 것을 막 아 주기도 한다.

■ 마르그리트 유르스나르는 이렇게 썼다. "우리가 무능함을 발견할 때 마음의 평정이 있다." 마찬가지로 우리는 실패를 발견할 때 마음의 평정이 있다고 말할 수 있을까? 그것은 우리가 실패를 통해 실패 이

상의 무엇이 있다는 사실을 발견하기 때문인가, 또는 실패는 무시할
수 없는 것이라는 사실 때문인가?

이제 타르당 마클리에: 실패는 하나의 현실이기 때문에 마음의 평정
보다는 현실의 수용이 더 크다. 이 경우 많은 영성가들 또는 현자들은
인간이 추락의 끝에 이르면 이 추락 운동이 긍정적일 수 있는 어떤 운
동으로 급변하면서 일시적 진정이 가능해진다고 말하고 있다.

제라르 밀레르: 이를테면 강박관념 속에서는 사람들이 온 힘을 다해
하나의 목표를 향해 팔을 뻗치다가, 마침내 목적을 이루려는 바로 그 순
간 일종의 놀라운 진정 속에서 팔을 떨군다. 마치 실패함으로써 뭔가가
그들을 위해 이루어졌다는 듯이 모든 것이 진행된다. 반대로 히스테리
환자는 무력함이나 실패, 어쨌든 다른 사람이 겪는 문제들과 맞닥뜨리
면 흔히 분노에 휩싸인다.

■ 이혼은 실패인가? 이혼 안에도 일종의 진정이 있을까?

제라르 밀레르: 어떤 부부가 이혼하면, 우리는 부부를 구성했으나 더
이상 화합하지 못하는 사람들이라고 이야기한다. 사실은 그 반대일지 모
른다. 어쩌면 그들은 자신들이 어떤 오해에 의지하고 있었음을 발견하
고 이혼하는 것일는지 모른다! 알다시피 자신의 절반을 '잃음'으로써
발생하는 나르시시즘적 상처를 극복할 수만 있다면 헤어지는 것이 항상
재앙인 것만은 아니다.

자크 아르누: 우울증에 관한 생각의 연장 안에서 최고의 실패로 간주

할 수 있는 것은 바로 죽음이다! 우리는 모두 죽음과 관계가 있다. 각자의 것인 동시에 모두의 것인 이 죽음에 대해 우리는 어떤 입장을 취해야 할까? 우리는 맨 먼저 죽겠지만 그건 가장 공통적인 일이다. 타인들의 죽음을 마주하듯 자기 자신의 죽음을 마주하는 것, 그것은 너무나 있을 수 있는 태도이다!

어떤 경우 죽음은 고인에게뿐만 아니라 주변 사람들에게도 진정이 될 수 없다. 어떤 경우 죽음은 분명히 비극적인 성격을 갖는데, 그 비극은 다루기가 무척 힘든 것들과 함께 오랫동안 계속된다.

나는 거기에 지평선의 개념을 다시 한 번 도입하고 싶다. 우리가 건너기를 마치고 다른 세상으로 건너갈 수 있을 때, 우리는 실패를 통과한 것이고 삶은 계속된다. 그러나 우리가 지평선이 자꾸만 뒤로 물러나는 듯한 느낌을 가질 때, 우리가 영원히 끝나지 않는 이 낡은 세상에 여전히 존재하는 듯한 느낌이 들 때, 그때 실패는 매우 무거운 것이 된다. 사랑하는 사람의 죽음이나 누군가의 해고가 그런 경우가 될 수 있을 것이다…….

■ 자크 아르누에게 묻겠다. 형제 한 사람이 교단을 떠나면, 또는 더 일반적인 예로 누군가가 믿음을 잃어버리면 당신은 그것을 실패로 간주하는가?

자크 아르누: 나는 내 교단의 형제들이 떠나는 경우를 많이 겪었다. 그 경우들 중 일부는 실패로 남아 있는데, 그것은 결별할 필요가 없었기 때문이다. 작별할 필요가 없었으니 그는 여전히 시야에 남아 있다. 다른 형제들의 경우 그들의 떠남은 평화스러웠다. 그가 소속의 상징인 문지방을 넘을 때 우리는 다시 만나자고 말했다.

알랭 우지오: 다시 말해 실패의 의식이 필요하다는 것인가? 나는 함께 살아왔고, 함께 아이들을 만든 사람들을 위한 이혼 의식을 제정할 것을 제안하는 바이다. 그들이 함께 와서 그들의 실패를 고백하고——만일 실패가 있다면——용서를 구하고, 서로에게 행운을 빌어 줄 수 있도록 말이다!

■ 역사에서 실패 개념의 변화가 있나? 그것은 '진보'의 개념과 비슷한가?

이제 타르당 마클리에: 실패는 문화에 따라 달리 표현되고 있다. 우리 문화에서 사회적 실패로 간주되는 것이 다른 곳에서는 반대로 성공으로 간주될 수 있다. 이를테면 인도의 전통에서 사람은 일생 동안 네 시기를 통해 자신을 지각한다고 보았다. 가장 나이가 많은 네번째 시기는 가장 높은 수준의 영적 가치를 지닌 시기이다. 지혜 개념이 늙음과 함께 갔고, 함께 갈 수 있다고 생각하는 서양에도 이런 생각이 없지 않을는지 몰라도, 어쨌든 은퇴할 나이는 흔히 실패와 흡사한 방식 위에서 경험된다.

진보의 개념은, 인류는 정체되어 있으면 안 되고 이성에 의해 진보를 향한 이 움직임에 협력해야 한다는 생각과 함께 르네상스 직전에 발전되기 시작했는데, 과학의 겉모습을 한 이 새로운 신화가 낡은 종교적 신화들을 대체했다. 오늘날 우리는 진보에 대해 어떤 실패의 느낌을 집단적으로 갖고 있다. 마치 그것이 신화에 불과하다는 것을 환멸이 분명히 드러내기라도 한 것처럼. 20세기의 마지막 25년 전부터 우리는 몇몇 분야에서 진보가 있을지 몰라도 문제는 진정으로 증가한 것으로 여겨지지 않는 도덕적 진보라는 것을 깨닫고 있다.

■ 자신의 실패를 '받아들이는 것'이 그들의 첫번째 이익이 아닐까? 이런 생각은 "죄는 인간의 비참함을 인정하지 않는 것이고, 신성함은 그것을 이해하고 나아가 사랑하는 행위이다"라고 쓴 여성 철학자 시몬 베유에 의해 강화됐다. 마찬가지로 실패를 부인하는 것이 죄이고, 실패를 이해하고 심지어 사랑하는 것은 신성함이다라고 말할 수 있을까?

자크 아르누: 나는 그런 주장에 찬성하지 않는다. 인간의 비참함을 사랑하는 것, 인간의 실패를 사랑하는 것은 중요하지 않다. 중요한 것은 비참한 상황에 빠져 있거나 실패와 맞닥뜨린 인간을 사랑하는 것이다. 가톨릭의 전통에서 우리는 인간은 고통스러운 존재라는 것을 잊어버림으로써 그들 자신을 위해 실패·비참함·고통을 사랑하도록 권유할 수 있었다. 마찬가지로 우리는 죄를 사랑할 수 없다! 우리는 죄인을 사랑하고, 죄를 지적해야 한다. "이것은 죄이고, 나는 그것을 인정한다." 다만 신앙 안에서 나는 구세주가 어디에 있을지를 알 수 있을 것이다.

제라르 밀레르: 정신분석가로서 '실패를 받아들이는 것'은 기쁜 일도 아니고, 체념하는 일도 아니다. 그것은 오히려 나의 고통스러운 부분을 고백하는 것이다. '이것은 내 손이 한 일이다.' 타인이나 사회를 원망하고, 세상의 불공평을 불평할 핑계는 너무나 많다. 하지만 내가 분석을 하는 그 순간부터 그것은 타인의 욕망의 결과로 느끼는 것을 포함해 내게 닥친 일 속에서 내가 어떤 면에서 적극적인가 하는 것을 아는 문제를 스스로에게 제기하기 위한 것이다.

■ 실패한 자기 자신을 어떻게 사랑해야 할까?

이제 타르당 마클리에: 방금 우리가 말한 것은 바로 부처의 첫번째 가르침과 일치한다. 자기 자신 안에서 빛과 그림자를 확인하는 것, 자기 자신을 동정할 수 있는 것이 그것이다. 동정은 수량으로 표시할 수 없다. 그것은 종합적인 태도이다. 왜냐하면 우리는 자기 자신에게 동정을 갖지 않은 채 타인들을 위해 동정을 가질 수 없기 때문이다. 빛도 될 수 있고 그림자도 될 수 있는 자신을 인정하면서 자기 자신을 사랑하는 것, 그것이 부처가 증명하는 사실이며, 거기서부터 지혜가 시작된다고 부처는 말하고 있다.

부처는 어떤 산스크리트 단어를 사용하는데, 우리는 그것을 고통 또는 괴로움으로 번역한다. 이 표현은 인간에게 닥칠 수 있는 모든 불쾌한 것들, 그 중에서도 특히 의미 없고, 이해되지도, 뭔가를 보여 주지도, 중재하지도 않는 실패를 가리킨다.

2

고통은 의미가 있을까?

고통은 우리에게 무엇을 가르쳐 줄까?

알랭 우지오

언젠가 우리도 죽어야 한다. 부득이한 경우라면 나는 그것을 이해하려고, 심지어 인정하려고 노력할 수 있다. 하지만 우리는 또한 고통을 겪어야 한다, 그것도 거의 매일. 부득이한 경우라 해도 나는 그것만은 이해할 수도, 인정할 수도 없다. 왜 우리는 고통을 겪어야 할까? 고통, 우리는 모두 그게 무엇인지 알고 있다.

우선 육체적 고통, 그것은 우리를 꼼짝할 수 없게 만든다. 우리를 침범하고, 하나의 강박관념이 된다. 그것은 우리의 모든 의지, 모든 용기를 앗아 간다.

그리고 자신이 늙어가는 것, 귀가 먹고 오줌을 지리고 관절이 뻣뻣해지고 무능해지는 것, 즉 비참하고 쓸모없어지는 것을 보는 고통도 있다. 이런 고통은 우리들 가운데 그 누구도 결코 받아들일 수 없을 것이다.

그리고 자신이 인정받지 못하고 부당한 평가를 받고 무시되고 거절당하고 버려지는 것을 보는 고통도 있다. 우스운 사람으로 드러나는 데서 오는 고통. 우스운 사람으로 판단되는 데에서 오는 고통. 그렇다, 자존심으로 인한 고통은 흔히 사랑으로 인한 고통보다 나쁘다. 게다가 그것을 고백하기가 어렵기 때문에 그만큼 더 힘들다.

그리고 평생을 가는 끈질긴 고통도 있다. 한번도 아름다웠던 적이 없는 여성들. 한번도 여성의 마음을 끌어 본 적이 없는 남성들. 권태나 시련 같은 결혼 생활을 영위하는 모든 사람들. 그리고 결코 받아들일 수 없었기에 자신의 고독이나 실패를 끝도 없이 되새김질해야 하는 모든 이들.

그렇다, 이 모든 것에 대해 목사들과 사제들은 이렇다 할 해결책을 제시하지 못한다. 그도 그럴 것이 그들도 역시 '하느님은 우리의 고통을 원하실까?' 라는 질문에 봉착하기 때문이다. 하느님이 전능하시다면, 모든 일이 그분의 의지에 달려 있다면 우리의 고통을 원하는 건 그분이라는 결론이 나온다. 왜일까?

이 말도 안 되는 일을 설명하기 위해 일부 목사들과 사제들은 감히 고통은 하느님이 우리를 보내신 증거라는 말을 하고 있다. 게다가 이것은 〈욥기〉의 메시지이기도 하다. 하느님은 불쌍하고 가련한 욥을 시련에 빠뜨리신다. 하느님은 욥의 자식들, 가축들, 재산을 빼앗는다. 왜 그렇게 하셨을까? 그것은 그의 충성과 믿음을 시험하기 위해서였다! 그를 아무 이유 없이, 까닭 없이, 터무니없이 시련과 고통, 하느님을 거부하고 싶은 유혹에 빠뜨려도 그가 계속 하느님을 믿을 것인지를 보기 위해서였던 것이다. 이것이 고통에 대한 전통적인 설명이다. 모든 시련을 견뎌낼 수 있는 믿음을 갖는 법을 가르쳐 주는 것은 바로 시련이라는 것이다.

개인적으로 나는 하느님이 우리에게 끊임없이 암, 이혼, 자식의 자살 등과 같은 시련을 보낼 수 있다는, 그리고 이 모든 것이 우리가 돌아오는 일요일에 교회에 가서 '영원한 하느님을 찬양하리라' 또는 '하느님의 은혜를 헤아리다' 를 노래할 수 있는지를 기어코 알기 위한 것이라는 이런 생각은 받아들일 수 없음을 고백하겠다. 단호히 말하건대 나는 그렇게 믿지 않는다. 아니, 나는 하느님이 우리에게 시련을 보내신다고 생각지 않는다. 아니다, 우리에게 닥치는 고통은 하느님이 원하신 것이 아니다.

하지만 이 경우 이런 질문이 제기된다. 하느님이 전능하시다면 왜 그 고통을 막지 않으실까? 나는 하느님이 그것을 막을 수 없기 때문에 막지 않으신다고 생각한다. 그 까닭을 설명하면 이렇다.

하느님은 생명의 힘이다. 하지만 하느님, 이 생명과 부활의 힘이 세균들, 대홍수와 대지진, 극심한 치통, 포로수용소를 없앨 수는 없다. 물론 하느님은 전능하시다. 하지만 하느님이 전능하다는 속성은 그것이 질병과 고통, 그리고 인간의 죄마저도 막을 수 있다는 것이 아니라, 질병과 고통, 그리고 인간의 죄에도 불구하고 생명·사랑·웃음과 기쁨을 만들고 소생시킬 수 있다는 것을 의미한다.

《열차》라는 제목으로 영화화된 이 이야기를 상기해 보자. 1942년 죽음의 수용소를 향해 달리는 객차 안에 한 남자와 여자가 있다. 각자 자신의 이야기·추억·불행으로 인해 잔뜩 몸을 움츠리고 있다. 그런데 그 속에서 기적처럼 사랑이 싹튼다. 그것은 뜨거운 정열의 사랑이고, 전쟁·죽음·계급과 나라의 갈등보다 더 강한 사랑이다. 이것이 하느님의 힘이다. 샤를 바녜 목사도 이렇게 말했다. "하느님은 인간을 벼락으로부터 지켜 주시는 것이 아니라 벼락맞은 인간을 지켜 주신다."

하지만 제기된 질문을 가지고 둘러 말하고 싶지 않다. 고통이 의미가 있을 수 있을까?

신교도들은 대개 고통에 어떤 영적 의미나 유익함도 없다고 본다. 하지만 내 생각에 그들은 적어도 세 가지 이유에서 틀린 것 같다.

1) 고통은 우리에게 타인에 대해 더 겸손해지고 인자롭고 너그러워지라고 가르친다. 한번도 고통을 겪어 본 적이 없는 사람은 약하고 무능한 것, 심지어 이기적인 것, 분노하는 것이 무엇인지 모른다. 하지만 고통을 겪고 나면 그것을 알게 된다. 왜냐하면 자기 자신이 이기적이고 화나 있고 약하고 무능한 사람이었기 때문이다. 그러므로 자기 자신에 대해서는 겸손해지고, 타인에 대해서는 관대해지는 것을 배운다. 고통의 경험이 우리의 자아, 우리의 성급하고 판에 박힌 판단들을 대패질한다. 우리를 인간적으로 만들고 무정함을 버리게 만드는 것은 고통의 경험, 나아가 죄의 경험이다.

우정의 SOS를 위한 상담자들, 즉 절망한 사람들이 전화를 통해 호소하는 소리에 대답해 주는 사람들을 모집할 때 우리는 거룩한 성인들, 나무랄 데 없고 고결한 사람을 찾는 것이 아니다. 우리는 다만 많은 고통을 겪었고, 아마도 많은 죄를 지었을지 모르는 사람을 찾는 것이다.

그렇다, 인간의 유일한 진실은 인간이 보잘것없고 약하다는 사실이다. 고통을 겪는다는 사실이다. 우리는 이런 연약함과 고통을 이해하고 나아가 사랑해야 한다. 철학자 시몬 베유가 말한 것처럼. "죄는 인간의 비참함을 인정하지 않는 것이다. 그리고 신성함은 그것을 이해하고 나아가 사랑하는 행위이다."

2) 우리가 흔히 생각하는 것과는 달리 시련은 우리의 신념을 빼앗지 않는다. 반대로 시련은 그것을 더욱 진실하고 더욱 강한 것으로, 그리고 가라앉지 않는 것으로 만든다고 나는 말하고 싶다. 포로수용소를 다녀온 사람들은 그들의 신념을 잃지 않았다. 오히려 신념이 더 확실해지고 강인해진 것을 발견했다. 철학자 시오란은 그것을 이렇게

말했다. "고통을 겪지 않으면 그만큼 흔히 거짓과 가장 속에서 살게 된다." 우리는 자기가 정말로 갖고 있지 않은 신념을 가진 척할 수 있고 속일 수 있다. 반대로 예수가 말한 것처럼 고통스러울 때 우리는 '필요한 단 한 가지'(《누가복음》, 10장 43절) 즉 정말로 중요한 것, 정말로 우리에게 없어서는 안 될 것을 발견한다. 그렇다, 조금 믿더라도 튼튼하고 확실하게 믿는 편이 낫다.

정말로 중요한 것, 우리의 생명과 용기를 지탱해 주는 것은 우리들 각자에게 모두 다르다. 그것은 한 여인, 한 마음, 한 아이의 이름이 될 수도 있다. 그것은 부모가 우리에게 남겨 준 지시일 수도 있다. 그것은 성서의 한 구절이 될 수도 있다.

내 경우 고통 · 고독 · 분함으로 인해 내가 매달릴 곳이 더 이상 아무것도 확실치 않을 때, 나의 바위가 되고 버팀목이 되는 것은 사도 바울의 이런 확인이다. "아무것도 너를 예수 그리스도로 나타나신 하느님의 사랑으로부터 떼어 놓을 수 없으리라."(《로마서》, 8장 38절) 그렇다, 우리는 고통의 침상 위에서도 지금 그대로의 모습으로 사랑받고 있다. 설령 우리가 고통 때문에 다른 사람들과 우리 자신에게 받아들일 수 없고 참을 수 없는 존재가 된 것처럼 느낀다 해도 우리는 지금 그대로의 모습으로 받아들여진다. 우리는 우리의 삶을 해명하지 않아도 된다. 우리는 우리의 삶을 가치 있는 것으로 만들지 않아도 된다. 우리는 까다로운 성격을 가질 권리가 있다. 우리는 연약할 권리가 있다. 우리는 쓸모없는 존재가 될 권리가 있다. 우리는 지금 그대로의 모습이 될 권리가 있다. 그런데 우리는 은총에 의해, 오직 은총에 의해 그 권리를 부여받았다. 그것은 하느님이 그분의 은총 안에서 우리에게 마련해 주신 권리인 것이다.

그렇다, 우리로 하여금 사도 바울과 루터가 한 말의 의미를 재발견하게 하는 것도 고통이다. "무슨 일이 일어나든 우리의 삶은 정당한 것이고, 그것은 오직 은총에 의한 것이다."

3) 우리 인생을 결산할 때, 우리는 어쩌면 우리에게 가장 소중한 순간은 고통을 겪은 때라는 것을 발견하게 될지 모른다. 나는 인생의 황혼에 자신들이 참호·두려움·진흙탕·결핍 속에서 겪은 순간들의 이야기를 지치지 않고 되풀이하는 퇴역 군인들을 볼 때 항상 놀라웠다. 우리는 때로 사람을 만드는 것은 고통이라고 말한다. 나는 삶, 진정한 삶을 만드는 것은 고통이라고 분명히 말할 수 있다.

인생을 사는 것, 그것은 인생을 느끼는 것이다. 그렇다, **느끼다**——이 얼마나 신기한 말인가. 우리는 기쁨도 느낀다고 말하고, 고통도 느낀다고 말한다. 마치 진정한 삶, 충분히 경험한 삶은 항상 어떤 형태의 시련, 다시 말해 당신에게 흔적을 남기는 어떤 것, 우리가 우리의 살, 우리의 영혼, 우리의 심장 속에서 느끼는 어떤 것이라는 듯이.

그렇다, '진복팔단'에서처럼 인생의 황혼에 진실로 이렇게 말할 수 있는 사람은 행복하다. "우는 것이 무엇인지를 안 나는 행복하다. 가슴이 찢어지는 슬픔을 안 나는 행복하다. 사랑의 고통을 안 나는 행복하다. 인생을 느낀 나는 행복하다. 그 점을 감사드린다."

그렇다, 사실 우리는 전쟁의 참호와 인생의 화상을 겪은 뒤에도 우리가 살아 있을 때, 여전히 살아 있을 때에만 찬미할 수 있고 감사하고픈 마음이 생길 수 있다.

그리고 이것은 아마도 인생의 모든 고통을 다 겪은 시인 앙토냉 아르토가 말하고 싶었던 것이기도 할 것이다. 그는 이렇게 썼다. "우리는 가슴 찢기는 고통과 괴로움을 겪은 뒤에야 하느님께 이를 수 있다."[1] 우리는 장갑을 뒤집을 때처럼 완전히 뒤집어진 다음에야 하느님께 이를 수 있다. 우리는 생살이 드러나는 고통을 겪은 뒤에야 하느님께 이를 수 있다. 우리는 일단 우리 십자가의 다른 한쪽이 완전히 '전복된' 다음에야 하느님께로 이를 수 있다.

따라서 나는 여러분에게 고통에는 어떤 설명도 변명도 없다는 것을 말하고 싶었다. 하지만 고통은 우리로 하여금 정말로 중요한 것을 발견하게 해준다. 고통은 우리를 겸허하게 만든다. 고통은 우리로 하여금 필요한 한 가지를 발견하게 해준다. 고통은 우리로 하여금 인생의 힘과 밀도를 경험하게 해준다.

마지막으로 어떻게 고통을 극복하고 승화시키고 나아가 제거할 수 있는지를 우리에게 보여 준 예수 그리스도를 본보기로, 귀감으로 갖고 있는 것이 우리에게 더욱 용기를 북돋워 주었다고 생각할 수도 있다. 하지만 사실 예수 그리스도는 죽음을 극복한 것이다. 그가 고통을 극복했다고는 그 누구도 말할 수 없다. 복음서들은 우리에게 온갖 괴로움과 병마 위로 공중부양한 채 결가부좌로 침착하고 평온하게 앉아 있는 예수를 묘사하지 않는다. 부활한 뒤에도 예수의 옆구리에는 그가 십자가에 매달렸을 때 찔린 창 자국이 그대로 남아 있었다.(《요한복음》, 20장 27절)

하지만 내가 감명받은 것은 예수 그리스도가 고통을 당하는 사람들의 동반자, 위로가 되어 주었다는 것이다. 그것은 왜일까?

또 내가 감명받은 것은 가장 가난하고 가장 고통을 많이 당하는 나라들에서 골고다 언덕이나 십자가의 길 같은 그리스도 수난의 재현을

---

1) 피에르 탈레크의 아름다운 문구에 따라. 이것은 그의 저서들 가운데 하나의 제목이다.

가장 많이 만난다는 것이다. 그것은 왜일까?

이 질문들에 나는 감히 이렇게 대답하고 싶지만 이것은 너무나 불확실한 대답이라는 것을 인정하지 않을 수 없다.

고통의 침상에 누운 어떤 환자를 방문한 루터는 환자에게 복음을 설교하지 않았다. 그는 환자의 침상에, 환자 바로 옆에 누웠다. 그리고 침묵 가운데 환자의 약함·무력함·고통을 나누었다. 그는 그의 수준으로 내려가 그의 피부 속으로 들어갔다. 그리고 그것은 그의 몸을 뜨겁게 만들었다. 그리고 환자에게 이 온기, 이 가까움은 의지가 되고 버팀목이 되었다. 나머지 모든 것은 헛된 중언부언에 불과했을 것이다.

루터는 예수 그리스도를 본받을 줄 알았던 것이다.

예수 그리스도는 우리의 고통에 대해 설교하지 않았다. 그는 우리의 고통 속으로 들어왔다. 성서에서 말한 것처럼 그는 우리의 고통을 겪어 주었다.(〈이사야〉, 53장 4절) 그리하여 그는 고통 속에서 우리를 인도한다.

예수 그리스도가 고통을 겪는 모든 이들의 본보기, 위로가 된 것은 그가 고통을 겪는 자들과 똑같은 고통을 자신의 살과 피 속으로 가져갔기 때문이다. 그리하여 그는 우리와 깊은 관계를 맺게 되었다. 우리의 피부 속으로 들어왔다.

그렇다, 그는 고통의 피부 속으로 들어왔다. 그는 병을 치료하는 구루의 피부 속으로 들어간 것이 아니다. 그는 이유도 모른 채 고통당하는 사람들의 피부 속으로 들어갔다. 예수 그리스도로 나타나신 하느님은 인간의 침상 안에 당신의 침상을 만드셨다. 인간의 십자가 위에 당신의 십자가를 만드셨다. 더 이상 무슨 말을 하랴.

고통, 의미의 시험

기 코크

고통의 의미를 검토한다는 발상 자체가 분노를 살 수 있다. 왜냐하면 그것은 결국 정당화할 수 없는 것을 정당화하는 것으로 의심받을 것이기 때문이다. 고통의 의미를 자문하는 것은 우선 아마도 잘못 제기된 질문일 것이다. 이를 증명하기 위해 나는 먼저 오랜 공백 뒤에 최근 다시 사용되기 시작한 '의미'라는 단어를 재검토할 것을 제안하는 바이다.

우리 요점으로 돌아오자. 요점은 의미를 묻는 것이 아니라 **인생의 의미**를 묻는 것이다. 그리고 이런 총괄적인 질문은 여러 차원에 존재할 수 있다. 인생의 의미는 우선 최종적인 질문들의 이유이다. 우리는 어디서 와서 어디로 가나? 왜 사나? 죽음은? 인간은 최종적으로 어떻게 되나? 인간은 우주의 미묘한 우연의 산물에 불과한가? 결국 광물로 돌아가야 하고, 한번 돌아가면 다시는 되돌아올 수 없는 세포의 불안정한 더미인가? 다른 차원에서 인생의 의미는 존재에게 세상 속의, 인간들 사이의 어떤 자리를 돌려 준다. 그것은 내가 발견하는 자리이거나 내가 잃은 자리이다.

이 차원 가까이에 세번째 차원이 있다. 거기서 우리는 양질의 인생의 의미, 또는 간단히 나의 동포들과의 관계와 유대의 존재를 찾게 될 것이다. 이때 유대는 그것 자체 안에 우정, 사랑의 의미를 지닌다. 하지만 여기에서는 부정적인 관계 자체, 이를테면 증오도 의미를 지니며, 그것은 의미의 모호성 위에서 이끌어야 할 어떤 생각으로 가는 길을 연다.

결국 마지막 차원의 의미는 가치가 개입하게 만든다. 사는 편이 나을까? 태어나는 것이 나은가, 태어나지 않는 것이 나은가? 나라는 존재는 그 자체 안에 어떤 가치를 지니고 있을까? 어떻게 되는 게 좋을까?

인생의 의미의 이런 측면들의 공통점은 그것들의 통합성이다. 다시 말해 존재는 하나의 전체로 간주되기 때문에 우리는 의미에 관한 질문을 토막내기를 거부할 것이다. 질문은 더 이상 '노동·고통·기쁨이 의미가 있을까?' 가 아니라 '다양한 경험 속에서 인생의 어떤 의미가 중요할까?' 이다.

그렇지만 중요한 것은 의미를 지니는 것이다라고 주장하는 경향이 있는 어떤 널리 퍼진 생각과는 반대로, 나는 '나에 의해 창조된 의미' 와 '공인된 의미' '삶을 위한 의미' 와 '죽음을 위한 의미' 간의 이중 긴장이 의미에 관한 질문을 관통한다는 것을 증명하고 싶다. 그렇다, 우리는 의미를 창조한다. 그저 이미 만들어진 의미를 발견하기만을 원한 사람들을 비난한 사르트르가 옳았다. 왜냐하면 세상 자체에는 의미가 없으며, 의미를 건축하는 것은 인간이다라고 그는 말했기 때문이다. 그리고 모든 것으로부터 해방되고 버림받은 현대인은 의미 창조의 거대한 부분을 혼자서 책임져야 하는 것이 확실한데, 그의 현기증이 날 정도의 어지러운 자유도 거기서 나오는 것이다.

그럼에도 불구하고 개인에 의해 일체의 의미가 창조된다는 생각은 인정되지 않는다. 우리는 항상, 이미 태어났을 때부터, 아니 심지어 그 전부터, 특히 혈통에 의해 의미 속에 잡혀 있다. 민주주의 사회에 서조차 우리는 집단의 기억과 제도 속에 맡겨진, 함께 사는 것의 의미에 참여하고 있다. 의미가 나를 앞지르는 것이다. 따라서 큰 문제는 이런 것이라 할 수 있다. 어떤 것이 공인된 의미와 새로 만들어진 의미 간의 바람직한 분배, 바람직한 균형, 바람직한 타협일까?

두번째 이중성은 다음과 같은 사실에 기인한다. 의미는 공인된 것이든 새로 만들어진 것이든, 삶을 위한 의미가 있고 죽음을 위한 의미가 있다. 첫번째는 이를테면 사랑받거나(공인된 의미) 절망보다는 희망 속에 사는 것(새로 만들어진 의미)이다.

이렇게 분석된 의미의 문제는 더 이상 고통의 관점에서의 피상적인 대답을 촉구하지 않는다. 이미 만일 우리가 의미의 문제를 통합하고 있다면, 그것은 고통에도 불구하고 추구되어야 할 것으로 여겨진다. 달리 말해 고통이 삶의 의미를 어느 정도로 재검토하는지를 자문해 보는 것이 중요하다. 왜냐하면 우리는 이런 개념에 대한 분석에서 그것을 확인하기 때문이다. 그것은 삶 자체와 관련된 것으로서 의미는 전체적으로 고려되어야 한다는 것이다.

자, 이제 고통이라는 사실 자체를 검토하는 것 말고 달리 어떻게 진전시킬 수 있을까? 고통은 삶을 어떻게 양분할까? 불쾌감이나 고통과 관련된 것일 때 그 속에는 나의 육체적, 그리고/또는 정신적 존재로부터 유래하는 참을 수 없는 어떤 것에 관한 의식의 상승이 있다. 그것은 산다는 사실 자체를 참을 수 없는 것으로 만드는 정도까지 갈 것이다. 어떤 차원에서 사실 고통은 삶 전체를 침략하며, 존재로 하여금 자신에게 집중하도록 강요하고, 결국 나는 고통을 당하는 존재에 불과하게 된다. 그 순간 수동성으로서의 고통은 의미가 아니며, 공인된 의미도 아니다. 만들어진 의미로 말하면 고통은 더 이상 그것도 될 수 없다.

현대 작가 모리스 블랑쇼는 우리가 고통을 의미의 전달자로서가 아니라 삶의 의미에 대한 장애물로 보는 이런 입장을 분명히 밝히는 것을 도와 줄 수 있다. 일상의 경험 속에서 우리는 가능성과 관계가 있다. 우리는 일을 하려고 계획하고, 목표를 이루기 위한 수단을 합치시킨다. 따라서 우리는 지속적으로 우리로 하여금 미래를 향해 현재를 추월하게 만드는 어떤 도약 안에 존재한다.

그런데 방금 우리가 언급한 것과 근본적으로 대립하는 어떤 체험이 있으니 고통이 그것이다. 왜냐하면 고통의 핵심은 미래 속에서 미리 계획되기의 불가능성이라고 블랑쇼는 보았기 때문이다. 블랑쇼는 '계측되고 아직 견뎌지는' 고통, 인내의 영역에 있는 고통을 별도로 놓고 있다. 지금 우리는 아직도 '다시 사로잡히고 수용되는, 되풀이되고 심지어 이해되는' 고통의 영역에 속해 있다. 하지만 고통은 어떤 단계에서 모든 힘을 잃는다. 그때 우리는 더 이상 고통을 견딜 수도 없고, '고통을 견디기를 멈출 수도 없다.' 이때 우리는 멈출 수 없는 것의 체험, 지나가지도 않고 미래의 지평선도 없는 현재를 체험하게 된다.

"시간은 멈춤 표시 앞에 와 있는 것 같다……. 그곳에서 현재는 한없고 공허한 무한, 고통의 무한 자체에 의해 전혀 다른 현재와 끝없이 분리되고, 이렇듯 현재는 모든 미래를 빼앗긴다. 끝없는, 하지만 현재로서는 불가능한 현재, 무한정 파이고 그 파낸 자리는 무한정 부풀려지고 현재에 대한 통제에 의해 존재하는 가능성과 철저히 무관한 현재." 분석의 힘을 강조하자. 지금 우리는 현재 안에 잡혀 있는데, 현재 자체는 사는 것이 불가능하고 어떤 자유도 남겨 주지 않는다. 그리고 블랑쇼는 이렇게 주장한다. "고통은 그저 사라진 것이다, 시간이 우리로 하여금 그것을 잃어버리게 만들었다." 시간으로부터 분리되었지만 그것은 해방이 아니다. 우리가 더 이상 흐르는 시간을 갖지 못할 때 우리는 해방된 것이 아니다. 이런 시간의 상실이 아마 삶의 의미의 파괴 원인일 것이다. 결국 의미는 고통 속에서 발생한다. 우리는 사건 없고 계획 없는 시간, 의미의 탐색 속으로 들어오고 자리 잡으려는 일체의 시도, 일체의 가능성을 잃은 다른 시간에 넘겨졌다. 그리고 그것은 '신비주의자들의 지적 번득임'과는 아무런 관계가 없다. 나아가 블랑쇼는 우리가 머물 수 없는 시간에 관한 생각을 확장하여 극도의 고통을 불가능한 죽음, 즉 '죽는 것이 불가능한 죽음의 무한'을 향한 것으로서의 고통의 경험과 결부시킨다.

나는 극단적 경험을 강조하는데, 왜냐하면 고통, 삶의 가능성의 파괴가 정말로 드러나는 곳이 그곳이기 때문이다. 반면 삶 자체는 파괴적이지 않다.

고통은 내 삶의 의미를 헝클어뜨리고 파괴한다

앞의 것이 이것을 분명히 밝혀 준다. 고통은 나와 나의 삶과의 관계를 다소 심하게 혼란에 빠뜨린다. 그리고 우리가 견디거나 참을 수 있는 고통과 참을 수 없는 것 간의 한계는 절대 객관적이지 않다. 평가하고 참을 수 없는 것 속으로 휩쓸릴 수 있는 것은 고통을 당하는 주체이다. 모든 고통은 이런 위협, 내 인생의 의미를 지키고, 우선 그것을 만들어 낼 모든 가능성이 빠져나가는 상태에 관한 위협을 내포한다. 그리고 어쩔 수 없이 받아들인 의미는 그것 자체가 한계를 지나친다. 한계란 파괴된 인생이라는 의미, 죽음을 위한 의미, 극단으로까지 떠밀려 간 의미의 부정을 말하는데 극단에서 그것은 의미의 불가능성이 된다.

고통을 당하는 자가 어떤 의미를 만들어 내거나 고통 속 자기 인생의 어떤 의미를 간직할 때, 내가 그것을 반대할 근거는 전혀 없다. 왜냐하면 오로지 고통을 당하는 자만이 그의 고통의 현장에서 그를 위한 어떤 의미를 내게 말해 줄 권리가 있기 때문이다. 누구도 그를 대신해 그것을 말할 권리는 없다. 그에게 어떤 의미를 강요할 수 없으며, 심지어 그에게 그것을 제안할 수도 없다. 그에게 잔인한 짓이 될 수 있기 때문이다. 이것이 욥의 교훈들 가운데 하나일까?

나는 고통의 모든 의미를 삶의 의미에 통합된 것으로 그리고 싶지만 내가 타인을 위해 그렇게 할 권리는 없으며 오로지 나를 위해, 나의 가능한 고통을 위한 대차 계산으로서 그렇게 할 수 있다. 사상가로서 나는 오직 나 자신을 지탱하고, 나의 발언 속에서 나 자신에게 제안하고 싶은 것만을 제안할 수 있다. 내가 유지하고 싶어하는 그런 입장은 삶의 종합적인 의미에 관한 나의 주장을 가능한 한 가장 오랫동안 유지시켜 줄 것이며, 나는 나의 고통스런 시련의 극단까지 그것을 희망한다.

지금 나는 어떤 불확실한 길로 약간 더 진입하고 있다. 그것은 고통이 삶의 의미를 파괴하는 것을 우리가 어떻게 방해할 수 있는가를 시험하는 것이다. 고통은 시간을 부숴 버리기 때문에 시간을 재건축하고, 고통 속에서 과거와 미래의 상실에 맞서 싸우는 것은 내가 해야 할 몫으로 남을 것이다. 무슨 수를 써서라도 희망의 결심을 지켜야 할 것이다. 희망은 항상 어떤 결심의 결과이기 때문에, 나는 《너의 희망을 내게 말해 줘》라는 에세이에서 그것을 증명하려고 노력했다. 가식 없는 희망은 내일이 있다는 순수한 주장이다. 그것은 반대쪽에서 고통과 악이 될 수 있는 미래를 향한 도약을 지켜 준다. 그래도 희망은 우리를 행동으로 이끈다. 그런 의미에서 인내 이상이 필요하다. 왜냐하면 인내는 희망이 기초가 될 때에만 지탱되기 때문이다.

고통 · 악 · 죽음

고통 · 악 · 죽음이라는 세 가지 표현 사이에는 이상한 근접성이 있다. 이것들은 같은 것의 세 가지 형태일까? 죽음은 악이다. 악은 항상 죽음의 세력과의 결합을 내포한다. 악이나 죽음이 반드시 고통인 것은 아니다. 고통은 항상 악이다. 우리는 동등성의 미묘한 움직임을 본다. 이 세 가지는 인간의 존재 속의 부정적인 측면들이며, 똑같이 이성에 도전한다. 고통 · 악 · 죽음을 생각하고, 그것들을 어떤 합리적 과정에 통합시키는 것은 그것들을 정당화할 우려가 있다. 그러므로 우리는 실존적 경험의 분노에 귀기울여야 할 것이다. 이 세 가지는 받아들일 수 없고, 정당화될 수 없으며, 허용할 수 없다. 이것들은 인류 최고의 상실이다. 이 세 가지는 인류의 패배의 탐색을 강요한다. 악, 고통의 확대와 죽음(우리가 그 존재를 사랑하는 매우 소중한 존재일 때 분명히)의 파렴치함에 가장 민감한 철학가들이 감히 구원 · 구속의 문제를 제기한 것도 놀라운 일이 아니다. 이 문제는 나를 철학의 한계로 밀어붙인다. 이미 악의 공모 속으로 끌려 들어간 존재가 점점 더 거기에 예속될 때, 악이 악을 초래할 때, 거기서 빠져나오기 위해, 그것을 축소시키기 위해 더 나쁜 악으로 들어갈 때 파멸은 경험된다. 그럴 때 우리는 인류가 돌이킬 수 없는 타락으로 끌려 들어갔다는 것을 느낄 수 있다. 돌이킬 수 없다고? 여기서 어떤 구원, 악의 패배의 문제가 제기된다. 마찬가지로 고통이 존재의 가능성을 해치고 억누를 때, 그것이 시간을 부숴 버릴 때, 그리고 그것을 통해 삶을 위한 의미를 지배하게 만들 가능성도 해치고 억누를 때 구원의 다급함이 고통 속에 부과된다. 구원의 개념은 죽음에 대면했을 때에는 내기로, 절망에 동의하는 것에 대한 거부로, 모든 것의 최종적 의미로서의 무(無)에 대한 거부로 나타난다.

　이런 관점에서 우리는 금욕주의적 해결책에 찬성할 수도 있다. 우리의 고통들, 우리의 악들은 어떤 세상의 질서 속에 존재하고, 그 세상의 법은 우리의 능력 밖에 존재하므로 그 질서에 동의해야 한다. 투명한 해결책은 이런 것이다. 내가 악·고통을 느끼는 것은 세상의 질서를 거부하기 때문이고, 내 안에서 이런 부정적 상태들을 만드는 것은 현실에 대한 나의 저항이다. 악도 고통도 죽음도 현실적으로 존재하는 것이 아니다. 나는 세상의 질서에 동의함으로써 그것들을 무력화시키거나, 또는 나를 속이는 겉모습을 일소한다. 금욕주의적인 태도는 내게 그것이 요구하는 용기와 궁핍에 대한 감탄을 불러일으킨다. 하지만 그와 동시에 나는 그것을 거절한다. 왜냐하면 그것은——내가 감히 말하건대——고통당하는 사람에게는 하나의 모욕이기 때문이다. 어떻게 내가 그에게 그의 고통, 그의 불행이 현실 세상에 존재하지 않는다고 말하겠는가? 어떻게 내가 그에게 그를 압도하는 악이 그의 정신의 오류에 불과하다고 말할 수 있겠는가?
　파스칼은 금욕주의와 쾌락주의를 거절한다. 그는 극도의 고통 앞에서 버티지도 않는다. 과거의 즐거웠던 기억이 고통에 대항해 무엇을 할 수 있으리오? 파스칼이 탐색하는 세번째 해결책은 기독교이다. 그것은 최종적인 질문들에 대답하는 것이므로 기독교적 발언들을 가설로서 검토하지 않을 이유가 없다.

속죄의 다급함

잠시 고통이 낳는 삶의 의미의 혼합 얘기로 돌아가자. 인간이 의미의 궁극에 하느님을 놓을 경우를 가정해 보자. 고통 앞에서 어찌 '하느님을 검토 대상에 올리지' 않겠는가? 어찌 고통·불행·악의 사건을 하느님의 선의, 하느님의 능력과 일치시키겠는가?

왜냐하면 만일 하느님이 선하다면, 그분의 선함이 연루되지 않은 채 어떻게 악을 참을 수 있겠는가? 만일 하느님이 전능하고 선하다면, 악에 찬성하지 않고서 어떻게 선한 채로 그것을 참을 수 있겠는가?

거룩한 속성들이 양립하지 않는 대안을 추격하자. 만일 그분이 전능한데 악이 지속되는 것을 내버려둔다면 그것은 그분이 선하지 않다는 뜻이 된다. 만일 내가 그분의 선함을 지키고 싶다면 그분이 전능하지 않다는 것을 받아들여야 한다. 악의 문제에 의해 드러난 하느님의 모순은 무신론을 조장한다. 또는 오늘날 일신교가 악으로 인해 겪는 문제들 덕에 인간적이고 초월적인 하느님은 면제시키면서 동시에 악은 현실성을 잃게 만드는 지혜들이 성공을 거두고 있다. 그것들은 두 가지 용어를 버림으로써 모순을 해결하고 있다.

그런데 나는 악을 완화하자는 결심을 할 수 없다. 동시에 나는 악을 용납하는 하느님으로 귀착할 수도 없다── '하느님은 악을 창조하지 않으셨다'고 성서의 〈잠언〉은 말하고 있다.

오직 그리스도의 이야기에서 출발한 우주에 관한 독서만이 현실을 훼손함이 없이 모순을 극복하게 해준다. 이 경우 기독교가 하나의 철학적 체계가 아니라 하나의 이야기라는 것을 잊어선 안 된다. 첫 장에서 멈추고 한 권의 소설의 의미를 판단하는 것은 나쁜 방법이다. 흔히 이 장의 의미 자체가 다음 장들에서부터 밝혀지기 때문이다. 그리스도의 이야기에서 마지막 장은 전체의 의미를 드러낸다. 하느님 자신이 악·고통·죽음을 이기려고 애쓰되 더 큰 악이나 거칠고 난폭한 힘, 전쟁이나 그리스도의 희생에 의해 복수하지 않으려고 애쓰는 장이 중요하다. 왜냐하면 그리스도는 제물이 아니기 때문이다.

그리스도라는 이 사람 안에서 하느님의 말씀은 철저한 선물 안에서 사랑과 생명의 우월성과 승리를 주장한다. 하느님의 전능함은 선물에 의해 그것의 우월성을 증명한다. 예수라는 이 사람 안에서 말씀은 인간을 위한 하느님의 사랑을 죽이고 싶어하는 살인적 거부와 맞서 싸운다. 인간 안에 계신 하느님의 생명을 죽이는 것, 모든 진정한 생명의 원천인 거룩한 사랑을 죽이는 것, 이보다 더 철저한 악이 있을까? 하느님의 말씀 자체가 죽음을 건널 때까지 주어지는 그리스도의 선물은 인간 속에서의 하느님의 살해를 철저한 선물로 변화시킨다. 선물은 악을 전멸시킨다. 사람을 죽일 수 있는 거부는 선물로 변화한다. 상냥한 선물은 악을 무력하게 만든다.

이 이야기의 이해 속으로 조금 들어가기 위해 나는 더 쉽지만 뜻은 매우 분명한 어떤 이야기에 의지하겠다. 《레 미제라블》을 보면 감옥에서 나온 장 발장은 성직자인 디뉴의 주교의 환대를 받는다. 밤 사이에 장 발장에게 무슨 일이 일어날까? 아침에 누군가 주교의 문을 두드린다. 두 명의 헌병이 장 발장의 양팔을 꽉 잡은 채 과거 도형수였던 그가 훔친 은그릇을 주교에게 돌려 주려고 할 때 그는 금방 눈치챈다. 주교는 어떻게 할까? 그는 장 발장의 도둑질 혐의를 벗겨 준다. 그는 장 발장에게 은그릇과 함께 '준' 두 개의 은촛대를 잊어버린 것을 나무란다. 이때 장 발장의 행동의 의미가 변모한다. 그를 파멸로 이끌었던 행위가 주교의 선물 덕에 변화했다. 선물은 사람을 살리고, 복음의 사랑을 표현하고, 악을 무력하게 만든다. 주교의 선물에 의해 불행으로부터 벗어난 장 발장의 일생이 영원히 전복된다.

침묵, 친절, 그리고 고통

실비 제르맹

욥이 자기 능력을 벗어나는 일에 관해서는 차라리 입을 다무는 편이 낫다고 말하면서 책을 마친 것과 마찬가지로, 나는 고통에 관한 강연을 개최하지 않는 편이 더 나을 것이라고 말하고 싶다. 사실 고통을 말하는 것은 악을 말하는 것이다. 두 경우에, 우리가 이 주제를 논하기를 껄끄럽게 생각하는 것은 그것이 이성에 대해 그만큼 도전하는 것이기 때문이다. 고통 속에 있지 않은 우리가 무슨 자격으로 말하겠는가? 우리는 극도의 고통 속에 있는 사람은 더 이상 말할 수 없다는 것을 잘 알고 있다. 유대 민족 말살, 대학살, 큰 슬픔에서 살아남은 사람들은 그들의 고통을 말로 표현하지 못한다. '큰 고통은 말이 없다' 는 상투적 표현이 그것을 잘 말해 주고 있다. 그러므로 어떤 강연에서 고통에 대해 말한다는 것은, 적어도 우리가 고통으로부터 멀찍이 떨어진 상태에서 그에 관해 말한다는 것을 인정할 것을 요구한다. 이 고통이란 주제에 접근하려면 우리는 느낌으로부터 출발해야 한다. 사실 우리는 악도 고통도 정당화할 수 없다. 우리의 이성, 도의심, 또는 정신적 차원을 만족시킬 수 있는 이유는 없다. 반대로 느낌의 문제는 예전이나 지금이나 그다지 많이 제기되지 않는다. 한번 고통에 압도당한 사람은 일생 동안 그것으로부터 어떤 느낌을 끌어낼 수 있을까? 고통은 파괴이지만 그 다음엔 그걸 가지고 어떻게 해야 할까? 무엇으로 변화시킬 수 있을까? '가짜 하느님은 고통을 폭력으로 변화시키고, 진짜 하느님은 폭력을 고통으로 변화시킨다'고 시몬 베유[1]는 말했다. 그것이 고통에 관한 생각의 좋은 출발점이다. 사실 흔히 고통은 폭력·원한·미움·복수심을 낳는다. 오디베르티가 말한 것처럼 그래서 악이 퍼지는 것이다. 그 어느 때보다도 바로 지금 우리는 사상의 차원에서 큰 고통의 상태에 놓여 있다. 고통은 모든 것, 세상, 시간, 인간을 자신의 생각·마음·기억 속에 날것으로 집어넣는다. 고통당하는 사람은 심하게 추위를 타는 사람이다. 왜냐하면 그는 배고프고, 의미·사랑·위로를 갈망하기 때문이다. 때로 이런 극단적인 고통을 위로할 수 있는 것이 아무것도 없을 때가 있다. 자신은 살아남았지만 자신의 전 가족이 르완다의 늪에서 큰 칼에 의해 도살되는 것을 지켜본 투치족 사람 베르트 음왕난카반디는 이렇게 말하고 있다. "지금 나는 언덕 위에서의 삶이 너무나 힘들어졌다는 걸 알아요. 땅은 너무 딱딱해서 희망이 뚫고 나올 수 없어요. 민족 말살은 죽음으로 내몰리지 않은 사람들을 고립으로 내몰고 있어요. 친절의 감각을 상실한 사람들이 있어요."[2] 친절, 이런 상황에서 그렇게 부드러운 어휘를 사용하는 것은 당치 않은 것처럼 보이며, 그것이 사건들의 끔찍함과 규모 면에서 허용할 수 없는 측면을 더욱 강조하고 있다. 그녀의 말이 이어진다. "심지어는 으르렁거리며 다니는 사람도 있어요. 이를테면 만일 당신의 암소가 누군가의 밭에서 풀을 뜯어먹으면 그는 피해에 관해 타협하지 않겠다고 당신에게 으르렁거리는 거죠……."

---

1) 《억압과 은총》을 보라.
2) 장 아츠펠트의 《벌거벗은 인생》을 보라.

고통이 사람을 더 선량하게 만드는 경우는 드물며, 그것은 오히려 냉혹하게 만들고 분노하게 만든다. 어휘는 다르지만 나는 누군가가 아우슈비츠에서 살아난 사람들의 이야기에서 이미 적었던 것을 이 이야기들에서 다시 발견했다. 그것은 인간은 보편적인 고통에 직면해서는 다 똑같다는 것을 보여 주고 있다.

이 고통을 무엇으로 변화시킬까? 지식으로? 그렇다면 무엇에 대한 지식으로? 그래도 여전히 우리는 고통을 이해할 수도, 정당화할 수도 없다는 것을 인정해야 한다. 동시에 '자신이 무지하다는 것을 안다'고 고백하는 소크라테스식의 겸손한 입장은 이런 질문을 계속 던지다 보면 어떤 내면의 빛에 이를 수 있다. 만일 이런 아주 느리고, 아주 고통스러운 변화의 작업이 없다면 고통/폭력의 순환은 다시 시작될 것이다.

이미 인용한 장 아츠펠트의 같은 책을 보면, 대가족에서 홀로 살아남은 클로딘 카이테지라는 한 여인은 이렇게 밝히고 있다. "이제 나는 하느님께 한 가지만을 청한다. 그것은 내가 이 모든 고통을 안겨 준 사람들을 만날 때 사나워지지 않을 수 있도록 나를 도와 달라는 것이다. 그 이상은 아무것도 바라지 않는다. 정말로 나는 복수를 맛보고 싶지 않다." 이 얼마나 넓은 아량이란 말인가! 끔찍한 상황에서 모든 가족을 잃고, 교양도 별로 없지만 그렇게 말할 수 있는 사람들, 그리고 그 다음엔 욥처럼 침묵하는 사람들, 그들은 모두 어린 소녀들이었던 것이다.

기 코크: 야만적 행위, 고통과 집단적 악의 복귀를 어떻게 예상할 수 있는가?

실비 제르맹: 쇼아 이래 우리는 그런 종류의 질문들을 스스로에게 많이 제기해 왔지만, 기독교의 세계인 서양을 괴롭히는 그 질문들에 대한 대답은 사실은 갖고 있지 못하다. 우리는 무수한 사람들을 죽인 나치 살인자들 중 많은 이들이 음악광이었고, 밤에는 모차르트의 음악을 들으면서 울고 낮에는 집시 또는 유대계 아이들을 아무 감정 없이 고문했다는 것을 알고 있다. 우리는 문화가 살인자의 광기로부터 우리를 지켜 줄 수 없다는 것을 확인했다. 민족 말살이 있을 때마다 우리는 항상 그것을 확인할 수 있다. 르완다에서 민족 말살을 구상하고 살육을 행하기 위해 종족들을 무장시킨 자들은 바로 자신들의 행위를 반성하고 정당화할 줄 아는 지식인들이었다.

장 아츠펠트의 책에서 인용된 또 다른 여성은 이러한 생각을 잘 표현하고 있다. 전쟁은 지성과 어리석음의 산물이다. 민족 말살은 지성의 퇴화의 산물이다! 지성의 타락, 전적인 오류이다! 2001년 9월 11일에 있었던 테러리스트들의 공격을 정당화하려고 노력하는 사람들의 이야기가 그들이 참조하는 문화와 종교, 특히 언어의 전적인 타락이라는 것을 우리는 분명히 알고 있다. 문화, 뿌리라는 의미에서의 지성은 야만 행위로부터 보호해 주기에는 역부족이다! 진정한 지성은 아주 신중한 것이다. 그것은 마음의 지성이다. 암초에 부딪쳐 되밀려 오는 파도의 움직임처럼 고통이 추가적인 폭력으로 되돌아오는 것을 피하기 위해 모든 고통을 변질시키려고 노력하는 지성이다.

누군가가 '고통은 우리를 해방한다. 고통은 겸허하게 만든다'는 식의 말을 할 때 그것은 독단적이며, 그런 점이 나를 거북하게 만든다. 고통이 그렇게 할 수 있다는 말에는 나도 찬성한다. 상황을 극복하지 못하고 겸손에 이르지 못하며 사나워진 모든 남겨진 사람들, 짓눌린 사람들, 살육당한 사람들, 고통으로 황폐해진 사람들을 생각해 보라.

알랭 우지오는 아르토를 인용했다. 그렇다, 그는 마음의 생살에 화상을 입은 사람이었고, 그래서 죽었다. 하느님과의 광기의 관계 안에서 모든 것이 불태워짐으로써 그는 이 고통을 미친 예술로 변질시킬 수 있다는 가능성을 인정했다. 하지만 아무것도 갖지 못하는 사람들이 얼마나 많은가! 영적 차원에서건——그리고 만일 우리가 은총을 믿는다면 그들에게는 왜 아무것도 주어지지 않는 것일까?——다른 어떤 차원에서건 그들에게는 아무것도 주어지지 않는다.

알랭 우지오: 나는 고통 속에서 우리는 날카로운 사람, 부정적인 사람이 될 수 있고, 그것은 적어도 다른 사람도 그렇게 될 수 있다는 것을 이해하게 해주는 이점이 있다는 것도 강조했다. 나는 고통을 겪는 사람들이 고통을 겪지 않는 사람들보다 더 나은 사람이 된다고는 생각지 않는다. 덜 가식적인 사람이 될 수는 있겠지만, 그렇다고 반드시 더 나은 사람이 되는 것은 아니다. 우리를 벌거벗김으로써 고통은 우리를 드러내고, 어쩌면 그것이 우리를 더 격하게 만들 수도 있다. 한편 고통은 적어도 중언부언하는 담론들, 위로들의 덧없음을 발견하게 해주고 고통을 겪는 사람들과 일종의 연대감을 느끼게 해준다는 장점이 있다.

질문과 대답

■ 고통의 부조리가 이 고통을 체험하는 데 도움을 줄까?

실비 제르맹: 신학적 관점에서 볼 때 우리는 우리가 이미 말한 것, 즉 고통에는 어떠한 설명도 변명도 없다는 것을 주장할 수 있을 뿐이다. 그와 동시에 만일 고통 속에 있는 사람이 그의 개인적인 고통의 의미, 이유를 발견하게 된다면 그것은 그가 그 고통을 참는 데 도움이 될 것이다. 한편 우리는 항상 고통에 대한 평형추를 찾는데 그러다가 희생양을 찾기 쉽다.

기 코크: 고통당하는 사람이 자신의 고통에 의미를 부여하는 말이나 방식은 우리가 판단할 수 있는 게 아니다. 유일한 어려움은 거기에 약간 우상숭배적인 방식으로 하느님을 연루시켜서는, 다시 말해 인간의 고통에 만족하는 어떤 사악하고 심술궂은 하느님을 만들면 안 된다는 것이다. 마치 구원에 기여하려면 인간이 고통당해야 한다는 식으로 말이다. 그런데 기독교의 메시지는 그런 일이 사랑의 하느님이 역사에 단 한번 개입함으로써 이루어졌다고 말하고 있다. 게다가 나는 '전능하신 하느님'이라는 표현을 좋아하지 않는다. 그것은 하느님에 대한 하나의 정치적 해석이다. 나는 '전능하신'이란 표현을 항상 '사랑에서 전능하신'이라는 표현으로 바꾸는 한 사제를 알고 있었다. 이것이 모든 것을 바꾼다. 왜냐하면 이것은 창조의 능력으로부터 아무것도 박탈하지 않

으면서도 심술궂은 하느님을 만들 수밖에 없는 요소들을 하느님에게 갖다붙이는 것을 막기 때문이다.

실비 제르맹: 〈사도신경〉에서 하느님은 전능하신 아버지로 불린다. 그리고 그것은 모든 것을 바꾼다.

알랭 우지오: 그렇다, 하느님이 전능하신 것은 아버지로서이다. 즉 아버지로서의 그의 사랑이 전능한 것이다. 하느님은 모든 것에도 불구하고 사랑하신다.

■ 고통의 부조리에 기독교의 차원이 아닌 다른 것을 부여할 수 있을까?

알랭 우지오: 그렇다, 금욕주의에서부터 불교에 이르는 어떤 사상의 유파는 유대교나 기독교와 상반되지 않는다. 거기에서도 고통은 의미가 없으며, 존재와 실존의 동체로 간주한다. 즉 존재하는 것은 고통 속에 존재하며, 그것이 인생이라는 게임의 기본 전제라는 것이다. 만일 어떤 것이 고통스러워하지 않는다면 그것은 살아 있지 않은 것이다.

■ '하느님께 자신의 고통을 드린다'는 말은 무엇을 의미하는가?

실비 제르맹: 나는 그 말을 믿지 않는다. 그것은 내가 위험의 한계에 있다고 생각하는 어떤 담론들의 복귀를 방치한다. 그렇지만 그 말을 허공 속에 숨김없이 드러낼 때에는 그 말이 의미가 있을 수 있다. 왜냐하면 나는 하느님 속에 있는 나보다 훨씬 더 큰 무엇, 하느님의 신비에게

'이건 나에게는 너무나 벅차다'라고 고백하기 때문이다.

알랭 우지오: 그런 생각은 내가 보기에 성인들의 통공이라는 대단히 막연한 개념과 연관이 있는 것 같다. 거기서는 모든 사람이 모든 사람과 통한다고 한다. 누가 고통을 겪을 때 그는 다른 사람들에게 뭔가 이로운 것을 전달한다. 마치 인류 전체에게 어떤 생리평형 장치가 있기라도 한 것처럼. 그러므로 마치 인류 전체 안에 반드시 필요한 고통의 비율이 존재하며, 나 자신이 고통당함으로써 다른 사람들의 고통을 면제해 주기라도 하는 것처럼.

기 코크: 거기에도 역시 일종의 환상이 있다. 그것은 내게 빅토르 위고의 이런 표현을 떠올리게 한다. "창조는 누군가를 으스러뜨리지 않고는 움직일 수 없는 거대한 바퀴이다." 나는 고통에게 주어진 일종의 긍정적인 역할 안에서 우리가 그것을 최후의 동인으로 정당화할까봐 겁난다. 내가 고통을 악과 결속시키고 싶어한 것은 그 때문이다.

■ 고통에 대한 이런 질문에서 용서는 어떻게 설정해야 할까?

실비 제르맹: 그것은 고통이라는 문제의 핵심에 있다. 나는 이미 다른 곳(《어린 메두사》를 참조하라)에서 이야기한 바 있는데, 고통이 복수의 폭력으로 귀착될 때, 그러면서도 더 멀리 더 깊이 가려 하고 빛을 좇아 밤을 관통하려 할 때, 도중에 용서가 있었다. 용서 없이 이런 변화는 생각할 수 없다.

■ 〈창세기〉 3장에서 하느님은 여자에게 "고통 속에서 아이를 낳을

것이다"라고, 남자에게 "너는 밭을 가는 수고를 할 것이다"라고 말씀
하시는데 이 또한 고통을 암시하고 있다. 이 말들을 어떻게 이해해야
할까?

알랭 우지오: 저주의 관점에서 그 두 문장을 이해해서는 안 된다. 그
이야기를 꼼꼼히 읽어보면, 아담과 이브가 불복종 이후 낙원에서 쫓겨
난 것은 아이가 어머니의 품에서 쫓겨난 것과 약간 흡사하다. 어른이 되
려면 당연히 거기서 나와야 하는 것이다. 그래서 그들은 메마르고 건조
한 불모의 땅에서, 생명에 대해 적대적인 환경에 놓이게 된다. 그렇게
적대적인 환경 속에서 생명의 출현을 허락하기 위해 남자와 여자는 하
느님의 조수들, 그분의 장인(匠人)들이 된다. 다시 말해 여자는 생명을
낳고, 남자는 먼지 날리는 불모의 땅을 경작한다. 우리는 왜 이것이 고
통 속에서 이루어지는가를 잘 알고 있다. 그 까닭은 그것은 적합하지 않
은 환경에서 이루어지기 때문이다. 그러므로 고통은 남자와 여자가 그
들의 방식대로 각자 책임진 이런 생명 촉진에 대한 외부 세상의 저항에
기인하는 것이다.

■ 만일 신앙이 없는 사람이 고통을 당한다면 그는 정신분석을 받아
야 할까? 이런 질문은 매우 흥미로운데, 왜냐하면 이것은 고통이 치
료해야 할 일종의 병, 또는 정신분석으로 진정시켜야 할 일종의 환상
이라는 것을 전제로 하기 때문이다.

실비 제르맹: 정신분석은 신앙을 갖지 않은 사람들에게 국한된 것이
아니다! 기독교를 믿는 정신분석가들도 있고, 그 중 일부는 사제들이다.
어떤 이들에게는 그들의 신앙을 정신분석이라는 시험대에 올리는 것이

흥미로운 일인 것이다. 정신분석은 고통을 겪는 사람들을 도울 수 있지만 모든 상황에서 그런 것은 아니다.

나는 어떤 슬픔·애도로 모든 희망을 잃은 여성들을 알고 있다. 당연히 사람들은 그들을 정신분석가에게 보낸다. 그들은 모두 판이하게 다른 계층 출신인데도 '당신이 내 남편을 돌려 줄 건가요? 내 아이를 돌려 줄 건가요?'라고 물으며 한결같이 절망적인 반항에 의해 반응한다. 우리가 반복되는 실패로 인한 고통 속에 있을 때 그렇다, 정신분석은 고통의 뿌리들을 이해하는 것을 도와 줄 수 있다. 때로 그것은 환자 자신이 야기한 것일 때도 있다. 또는 적어도 '나도 모르게' 이야기한 것일 때도 있다. 하지만 그것이 모두를 위한 처방은 아니다. 단지 많은 도구들 가운데 하나일 뿐이다.

■ 사람들은 형벌을 뜻하는 말로 감옥의 고통이라는 표현을 사용한다. '고통'이라는 말은 그가 저지른 잘못에 대한 보상으로서, 그를 고통스럽게 만든다는 의도를 잘 보여 주고 있다. 다시 말해 누군가에게 고통을 줌으로써 벌하는 것이다.

기 코크: 거기서 우리는 사회적 틀 속에 존재한다. 이를테면 사람들이 2001년 9월 11일의 테러를 보면서 복수를 이야기할 때, 나는 그것이 고인들에 대한 모욕이라고 생각한다. 사람을 죽인 자들을 죽이는 것은 해결책이 아니다. 반대로 일반적인 차원에서 어떤 사람이 범죄를 저질렀을 때 당장 사회가 할 수 있는 건 그런 처벌밖에 없다. 하지만 그런 처벌은 하나의 악이다. 감옥의 교화 계획 위에서 그렇다는 것이 아니라 민주 사회에서의 인권이라는 큰 원칙의 차원에서 그렇다는 것이다. 그건 하나의 악이지만 우리는 그것밖에 발견하지 못했다. 왜냐하면 만일

사회가 그를 법 안에 끼워넣음으로써, 그리고 피해자의 복수권을 빼앗음으로써 처벌을 부담하지 않으면 우리는 개인적인 복수의 끝없는 순환으로 되돌아가기 때문이다.

■ "우리의 더러움을 치료하는 신성한 약처럼/고통을 내려 주시는 나의 하느님께 축복 있으라." 보들레르는 《악의 꽃》에서 그렇게 썼다. 그렇다면 고통에 의한 속죄는 가능할까?

실비 제르맹: '속죄'라……. 그것은 너무나 주관적인 의미를 내포한 어휘여서 모든 비신자들의 감정을 거스를 수밖에 없다. 게다가 그 말을 받아들이는 것은 결국 고통은 아무 의미도 없고, 선험적으로 아무것에도 도움이 되지 않는다는 것을 강조하기 위해 우리가 지금까지 해온 이 모든 말들을 부정하는 결과가 되고 만다.

우리가 욥에서 출발했으니 다시 욥으로 돌아오자. 욥은 고통을 겪는 내내 울부짖었고, 그것이 속죄라고 말하지 않았다. 성녀 테레즈 드 리지외는 바로 그런 욥을 인용했다. "설령 하느님이 나를 죽이신다 해도 나는 여전히 그분을 믿겠다." 그녀 자신도 그녀가 '허무의 밤'이라고 부른 것을 겪었다. 그것은 신앙인에게는 담금질이 될 가장 강도 높은 고통이었다. 그녀는 거기서 의미를 찾지도, 속죄할 잘못을 발견하지도 않았다. 그녀는 그냥 그것을 견뎠다. 그저 그녀로서는 이유를 알 수 없는 그 고통에 동의했고——이 역시 너무나 중요한 표현이다——그것은 그녀를 신앙의 포기로 인도하지 않았다.

알랭 우지오: 나도 당신의 관점에 동의한다. 단 속죄의 개념은 신학적이라기보다는 오히려 심리학적인 것이라는 점만 제외하면. 신자이건 아

니건 인간은 항상 자신이 저지른 잘못에 대한 대가를 치러야 한다는 의식을 갖고 있다. 따라서 고통은 이전의 잘못에 대한 일종의 대가로 이해된다. 반대로 항상 고통 속에 속죄는 없다고 말하는 것이 신학의 역할이었다.

■ 절망은 어떻게 피할 수 있을까?

실비 제르맹: 우리는 절망 안에서도 희망을 간직할 수 있다. 절망은 인간적인, 너무나 인간적인, 오직 인간적인 차원에서만 존재한다. 우리는 이 세상에서 더 이상 아무것도 기대하지 않지만, 그러면서도 어떤 차원의 희망은 버리지 않고 있다. 다시 말해 아직 우리가 보지 못했지만 이 세상 자체의 어두운 살 속에서 예감하고 있는 어떤 신비, 어떤 광채의 가능성을 보존하고 있다.

알랭 우지오: 무신론자이자 위대한 철학자인 앙드레 콩트 스퐁빌은 절망은 아주 좋은 것이라고 말했다. 실제로 그는 항상 뭔가 다른 것을 기대하는 것이 가장 많은 악을 만든다고 생각했다. 그래서 그는 즐거운 절망을 변호했다. 그의 말에는 귀기울일 만한 뭔가가 있다.

기 코크: 나는 그 말을 이해하지 못하겠다. 내가 절망하는 것은 견디기 어려운 미래만이 아니라 지금이다. 절망은 우리를 놀라게 할 수 있다. 우울증에 빠지는 경우는 아예 거론하지 않겠다. 왜냐하면 그 경우엔 이미 너무 늦은 것일 수 있기 때문이다. 하지만 희망을 갖기로 결정해야 한다고 경고하는 것은 우리의 의무이다. 희망은 어떤 결정의 대상이다. 그 결정이란 인생에는 미래가 있다는 것이다.

3

행복해지는 법을 배울 수 있을까?

부랑자의 행복

알랭 우지오

'행복해지는 법을 배울 수 있을까?' 라는 질문은 사실 다음의 두 가지를 상정한다. 1) 행복하다는 것은 무엇인가? 2) 행복해지는 법을 배울 수 있을까? 달리 말하면 '행복은 배울 수 있는 것인가?' 가 될 것이다.

첫번째 질문은 따라서 '행복이란 무엇인가?' 이다. 우리의 욕망과 성향이 충족될 때 우리는 행복한 것으로 간주할 수 있다. 인간의 욕망·요구·갈망은 순전히 주관적이고 개인적인 것이라고 간주하고 싶다. 그리고 그 경우 각자는 행복에 대한 자신만의 이상을 갖고 있을 것이며, 행복을 정의하거나 행복해지는 법을 배울 수 있는 일반적인 법칙은 존재하지 않을지 모른다.

에릭 프롬 같은 사상가들은 건강을 정의할 수 있는 일반적인 법칙이 있는 것과 마찬가지로 안녕과 행복을 정의할 수 있는 일반적인 법칙이 존재하는 것으로 간주했다. 이 경우 우리는 건강해지는 법을 배울 수 있는 것과 마찬가지로 행복해지는 법을 배울 수 있을 것이다.

우리는 행복에 대한 다음과 같은 두 개념 간의 차이를 알고 있다. 첫번째 개념은 우리에게 이렇게 말하게 한다. "나는 내가 바라는 모든 기쁨을 얻으면 행복하겠다." 두번째 개념은 우리에게 이렇게 말하게 한다. "나는 객관적으로 보아 내게 좋은 것, 나를 안락함으로 이끄는 것을 얻으면 행복하겠다." 이 경우 그 속에는 행복에 대한 일종의 영양학이 들어 있다.

걷기 시작하는 사람은 행복하다

오늘날 우리가 이해하는 의미에서의 행복의 개념이 성서에 직접적으로 존재하지는 않는다. '진복팔단'은 그것을 잘 표현하고 있다. "가난한 사람, 장애를 입은 사람, 우는 사람은 행복하다……." 하지만 진복팔단이 처음에는 히브리어와 아람어로 진술되었다는 것을 기억해서 잘 해석하는 편이 좋을 것이다. "장애를 입은 자들이여, 일어나 앞으로 걸어라. 하느님 나라가 너희들의 것이다."[1]

그러니까 진복팔단의 이 첫 구절들은 명령이다. 그리고 겉보기에는 '행복'을 하나의 약속, 즉 하느님 나라의 약속처럼 표현하고 있다.

그러나 그건 전혀 그렇지 않다. 그 말은 하느님의 왕국을 향해 걷기 시작하는 자들은 행복하다는 것이다. 따라서 행복은 하나의 지복, 즉 모든 욕망의 만족으로만 간주되어서는 안 되며 하나의 추진력, 하나의 행동으로도 간주되어야 한다. 왜냐하면 일어나 걷기 시작하는 사람이 행복하기 때문이다. 이런 식으로 걷기 시작하는 것이 이미 행복인 셈이다. 즉 행복은 추진력과 생명력에 있는 것이지, 축복받고 채워지고 살찌고 만족한 평안 속에 있는 것이 아니다.

---

1) 실제로 우리는 쿰란의 문서에서 그런 권고들을 재발견했는데, 이것들이 예수로 하여금 그의 진복팔단을 발언하게 한 원형과 틀을 구성한 것으로 보인다.

따라서 우리가 앞에서 제시한 행복의 정의는 두 개 다 버려야 한다. 행복은 모든 욕망의 만족이 아니며, 안녕도 아니다. 육체적 차원에서 건강의 등가물로 간주되는 안녕이라면 말이다.

행복: 복권 당첨자

나는 행복하려면 세 가지 조건이 필요하다고 생각한다. 자신을 아무 권리도 없는 사람으로 간주하는 것, 우리가 증명해야 할 것이 아무것도 없다는 것을 아는 것, 마지막으로 시간을 두려워하지 말 것.

자신을 아무 권리도 없는 사람으로 간주하는 것

이것은 아무것도 '당연하지' 않고, 아무것도 우리 덕이 아니라고 생각하면서 사는 것이다.

시몬 베유는 공장의 노동자였을 때, 그녀가 처해 있던 노예 상태로 인해 자기가 그 어떤 권리를 갖고 있다는 느낌을 상실했다고 이야기하고 있다. 심지어 집으로 돌아가기 위해 버스를 탈 권리조차 없다고 생각했다. "어떻게 아무것도 아닌 내가 버스를 탈 수 있겠어! 그건 너무나 특별한 대우야!"[2] 그런데 '모든 것이 은총'이고 '특별 대우'라는 바로 그런 느낌이 우리에게 행복을 가져다 준다.

우리가 증명해야 할 것이 아무것도 없다는 것을 아는 것

이것은 우리를 초연한 상태로 인도하는데 이런 초연한 상태가 일종

---

2) 《여성 근로자의 조건》(갈리마르 출판사, 1951년), 92쪽.

의 행복이다. 사실 오직 일종의 초연함만이 세상과 인생 자체의 아름다움을 알게 해준다. 이것이 하늘의 새들과 밭의 백합에 관한 예수의 말씀의 의미이다.(〈마태복음〉, 6장 25-34절) 근심은 우리를 세상의 초라함에 유착시키지만, 초연함은 우리가 무상으로 인생을 얻었음을 느끼게 해주고 그것을 통해 인생의 아름다움마저 느끼게 해준다. 사실 행복은 아름다움의 느낌이다. 나는 태양이 뜨고, 그것이 나와 전혀 관계없이, 거저——우리는 이렇게까지 덧붙일 수 있을 것이다——빛나고 있다는 데에서 기쁨을 느낀다.

여러분에게 하나의 예를 들어 보겠다. 어느 날인가 나는 센 강변을 산책하다가 어떤 늙은 부랑자를 만났다. 나는 그에게 물었다.

"당신이 행복해지려면 무엇이 필요하겠습니까?"

"하지만 난 행복한걸요."

나는 깜짝 놀라 반박했다.

"설마 그럴 리가요? 어떻게 그럴 수가 있죠?"

"나는 오늘 날씨가 좋아서 행복하고, 예쁜 아가씨들을 볼 수 있어서 행복합니다. 그렇습니다, 난 행복하고, 그래서 하느님께 감사드립니다."

그래서 나는 나 자신이 똑똑한 체한다고 생각하면서 그에게 이렇게 말했다.

"그렇다면 날씨가 나쁘고, 당신 혼자밖에 없을 때도 당신은 행복한가요?"

"날씨가 나쁘고, 예쁜 아가씨들이 없을 때에도 나는 역시, 아무 일도 없었다는 듯이 하느님께 감사드립니다. 네, 나는 하느님을 찬양합니다. 그리고 이렇듯 '거저' 행복한데, 그건 내 천성이 그렇기 때문입니다. 나에겐 한번도 나쁜 날이 없었어요. 매일 나는 삶을 있는 그대로 받아들입니다. 그리고 매일 밤 나는 삶에게 이렇게 말합니다. '고마워. 그럼 내일 보자. 만일 네가 원한다면 말이야.'"

자, 그렇다, 나는 믿는다. 행복은 모든 사람, 모든 돈주머니, 모든 건강 상태의 사정권 안에 있다. 행복은 일종의 태평함이고, 자신에 대한 염려에서 벗어나는 것이다. 행복은 일종의 천진난만함이다.

시간을 두려워하지 말 것

우리가 행복해지는 것을 방해하는 것은 시간, 더 정확히 말하면 시간의 길이에 대한 의식이다. 이것은 우리가 지금 하고 있는 일을 과거에 이미 했다는 것, 그리고 미래에 다시 하게 될 거라는 것을 알고 있다는 사실이다. 우리에게 권태, 단조로움과 반복의 느낌을 일으키는 그것이 행복을 방해한다. 시간의 길이에 대한 자각은 우리를 두렵게 한다. "시간은 길기 때문에 활동으로 그것을 채워야 한다"고 사뮈엘 베케트는 말했다. 반대로 지금 이 순간 우리에게 제시되는 것이 우연처럼, 좋은 '운수' 좋은 우연처럼 나타날 때 행복은 나타난다. 그리고 우연은 시간을 모른다. 우연히 일어나는 것은 항상 처음으로 우연히 일어난다. 우연히 일어나는 일을 좋은 '운수' 좋은 우연처럼 받아들이는 것, 그것은 그것을 원한 적 없이 받아들이는 것이다. 일어나는 일을 하나의 은총처럼, 특별 대우처럼 받아들이는 것이다. 그러면 일어나는 일을 시간을 벗어난 것으로, 다시 말해 단조로움을 벗어난 것으로 받아들이게 된다. 행복과 함께 받아들이게 된다.

행복의 교육학이 존재할까?

행복은 매혹 · 경이로움 · 놀람이다. 아이의 마음이다. 나는 그것이 배울 수 있는 것인지는 모르겠다. 내 생각에 학습의 개념과 자신에 관한 연구 개념은 행복의 개념과 양립되지 않을 것 같다.

반대로 내가 생각하는 것처럼 만일 행복이 어른에게 아이의 마음이 계속 남아 있는 것이라면 행복의 의미는 어린 시절에 형성될 수 있다. 우리는 우리 아이들에게 어린 시절의 마음을 장려함으로써 행복을 가르쳐 줄 수 있다. 자크 페롱은 말했다. "우리는 아이들을, 이를테면 노래 부르는 가정에서 성장하게 함으로써 확실히 행복의 소질을 갖게 할 수 있다. 일찍 형성된 내면의 정원을 갖고 있는 사람은 자유의 공간을 가진 것이고, 그것은 행복을 보호할 수 있을 것이다."

성인이 된 지금 나는 훈련이나 학과 같은 것을 통해 행복해지는 법을 배울 수 있다고는 생각지 않는다. 그렇지만 우리가 행복해지려면 전능하지 않다는 것을 받아들여야 한다는 것을 발견할 수는 있다. 그러나 발견하는 것은 배우는 것이 아니라 그저 깨닫는 것이다. 우리는 전능하지 않으며, 우리의 모든 욕망이 실현될 수는 없다는 것을 아는 것, 그것은 우리를 어떤 형태의 행복으로 인도할 수 있다.

"하느님, 제게 바꿀 수 없는 것들을 받아들이는 침착함, 바꿀 수 있는 것들을 바꾸는 용기, 그리고 그 차이를 아는 지혜를 주소서."

인간을 그들의 연약함과 화해시키기

파스칼 브뤼크네르

욕망의 교수들이 존재하는 것처럼 행복의 교수들이 가르치는 행복 교육도 존재할까? 그렇다. 왜냐하면 우리 시대는 어린 시절부터 모두에게 행복을 가르친다고 우쭐해하기 때문이다!

이런 행복 교육의 효과는 어떤 것이며, 우리는 어쩌다 그 지경에 이르렀을까?

우리 서구인의 행복관은 볼테르의 한 구절에서 온다. "지상 천국은 내가 있는 이곳이다."[1] 이것은 혁명적인 구절인데, 왜냐하면 볼테르는 지상의 천국과 천상의 천국이라는 개념을 단 한 줄 안에서 동시에 무너뜨리기 때문이다. 그는 행복은 어제나 내일에 있지 않고 오늘에 있다고 말하고 있다. 우리는 행복이 도착하자마자 그것을 포착해야 한다. 계몽주의의 낙관론을 그대로 드러내는 볼테르의 이 구절은 너무나 멋져서 그뒤 카뮈·엘뤼아르 또는 아라공 같은 사람들에 의해 20세기까지 모방되고 표절되었다. 그렇지만 이것은 여러 가지 의문을 제기하는 수상한 구절이다.

---

1) 《세속인》.

만일 행복이 내가 있는 이곳에 존재한다면, 인간의 삶에 고통을 위한 자리는 더 이상 존재하지 않는다. 18세기는 아직 겸손한 세기였다. 이 시대에 씌어진 모든 행복론[2]은 고통·슬픔 그리고 애도가 아직 제자리를 갖고 있는, 인간적 차원에서 겸손한 행복을 논하고 있다. 오늘날 우리는 18세기의 수줍음을 더 이상 갖고 있지 않으며, '진보'의 마땅한 계승자로서 불행과 고통은 이전 시대들의 참을 수 없는 잔재들이라고 생각하는 경향이 날로 커지고 있다. 따라서 우리와 우리 아이들, 그리고 우리의 손자들은 불행이 나타날 때마다 그것을 악착같이 추격하는 법을 배워야 한다. 만일 오늘날 진정으로 외설스러운 짓이 존재한다면, 그것은 어디에나 존재하는 성이 아니라 현대인의 진정한 금기인 죽음이다. 아무도 죽음에 관한 이야기는 듣고 싶어하지 않는다.

만일 지상의 천국이 지금 내가 있는 이곳에 존재한다면, 나는 어느 순간 행복을 손으로 만질 수 있을 것이다. 종교, 그리고 종교와 무관한 이데올로기의 차이는, 종교는 자신이 주장하는 것을 증명할 필요가 전혀 없다는 것이다. 종교가 당신에게 인간은 사후 하늘나라에 가서 영원한 지복을 누릴 것이라고 약속할 때, 그것은 알지 못한 채 상정하는 하나의 가정이다. 키에르케고르는 종교를 일컬어 우리에게 내세로 데려다 줄 것을 약속하는 큰 여행사들이라고 말했지만, 그 여행이 할 만한 가치가 있는지 말해 주려고 돌아온 사람은 아무도 없다. 우리는 그것을 모른다. 따라서 믿는다는 것, 그것은 눈에 보이지 않는 것, 부재하는 것에 내기를 거는 것이다.

반대로 영원한 확인의 법칙에 순종하고 행복을 주된 주제로 여기는

---

2) 프랑스에만도 50권을 헤아린다!

비종교적 이데올로기들은 그것들이 주장하는 것을 증명해야 한다. 10여 년 전에 공산주의가 죽은 것은 공산주의의 약속과 그것의 결과 간의 단절이 참을 수 없는 지경에 이르렀기 때문임이 확실하다. 18세기부터 교대로 등장한 비종교적인 모든 이데올로기들——자본주의·자유주의·사회주의·무정부주의·마르크스주의——이 모두 불만을 낳은 것은, 그것들이 우리들 각자에게 일으킨 기대들이 충족될 수 없기 때문이다. 왜냐하면 그 기대들은 무한하기 때문이다.

우리 시대에 다음과 같은 볼테르의 구절은 일종의 단언적 명령이 되어 버렸다. **너는 천국 아닌 다른 곳에 있을 권리가 없다. 만일 그렇지 않다면 너는 그 이름에 걸맞은 인간이 아니다.**

1960년대의 전환기는 다음과 같은 두 가지 요소를 둘러싸고 존재한다.

1) 자본주의 자체가 우리의 행복을 위해 봉사하기 시작하고, 우리더러 가능한 한 많이 소비하고 구매하라고 요구한다. 왜냐하면 이제는 우리의 가장 내밀한 충동이 자본주의의 성공 구조의 일부를 이루기 때문이다. 최초의 자본주의는 엄격했고, 절제·인내·기다림을 바탕으로 했다. 오늘날의 자본주의는 쾌락주의적이다. 그것은 우리가 즐거워하고 낭비벽 있고 소비적이기를 바란다.

"당신이 원하는 곳에서, 당신이 원하는 때에!" 어느 유명한 은행의 광고 표어는 말했다. 더 이상 아무것도 우리의 욕망을 제지하면 안 된다. 욕구불만은 분노할 만한 일이다. 왜냐하면 상업적 쾌락이 기준이 되었기 때문이다. 우리는 요람에서부터 아이들에게 소비자가 되는 법을 가르친다. 아기는 표적의 중심에 있다!

2) 20세기말은 그때까지 개인을 전통 · 권위 · 정당 · 사회 계급 또는 교회에 예속된 상태로 붙잡아두었던 구속으로부터의 점진적 해방과 함께 개인주의의 절정을 알렸다.

개인주의는 우리들 각자가 자신의 고유한 가치의 토대에 있다는 확신 이외에 아무것도 아니다. 그것은 각자가 각자의 양심 안에서 자신의 인생에 부여하고자 하는 의미, 따르고자 하는 기준, 하고자 하는 선택을 결정하는 것이다. 따라서 그것은 개인의 자율성의 충만한 실현이다.

행복에 관한 한 독립성에 대한 개인의 이런 접근은 상당히 예상 밖의 일이고, 우스꽝스러운 결과를 낳는다. 나의 행복과 나 자신 사이에 더 이상 장벽은 없다고 간주하는 그 순간부터 나는 나 자신의 행복에 대한 유일한 장벽, 행복한가 행복하지 않은가에 대한 유일한 책임자가 된다. 사회 전체가 내게 행복할 것을 애원하는데, 만일 내가 행복하지 않다면 나는 그에 대한 책임을 내게 덮어씌울 수밖에 없고, 따라서 그 일을 행복의 시장에 위임해야 한다. 행복의 시장은 이미 21세기의 가장 큰 시장이다.

실제로 40년 전부터 그 시장은 팽창하기 시작해서 번창하게 되었는데, 왜냐하면 지금은 의학(모든 진정제와 항우울제를 통해) · 외과 수술(미용 성형 수술이 엄청 중요해지면서) · 피트니스(건강)와 보디빌딩(이것들은 나르시시즘과 고문의 중간쯤에 있다!)에까지 손을 뻗치고 있기 때문이다. 한편에는 프로이트 이론과 융 이론에서 나온 치료법이라는 매우 큰 분야가 있는데 코칭(le coaching), 최초의 외침(le cri primal), 다시 태어남(le rebirth) 같은 것들이 여기에 속하며, 모두 개인의 성취를 지향하고 있다. 이것은 그만큼 많은 치료법들이 프랑스에서 번창하고 있고, 한결같이 우리에게 행복의 기술을 가르쳐 주는 것을 목표로 삼고 있다는 의미이다. 행복의 기술이란, 우리를 속세의 구원의 길로 인도하기 위해 우리의 고질적인 결함들을 고치는 것이다!

이 행복 시장의 마지막 모습은 종교, 영성 시장이다. 종교사회학자인 다니엘 에르비외 레제에 의하면, 오늘날 세상의 종교는 자유 경쟁 상태의 기업가들이 매우 변덕스러운 신자들을 놓고 쟁탈전을 벌이는 일종의 시장이 되었다. 그것은 끔찍하지만 불행하게도 꽤 일리 있는 정의이다. 현재 동양의 종교들은 이 시장에서 신선한 매력을 갖고 있다. 비록 불교와 힌두교가 낭만주의 시대부터 항상 일종의 매력의 대상이긴 했지만, 이 종교들은 1960년대에 서방 국가들에 대거 진입했다. 이 종교들은 어떤 독단적 주장 없이 우리에게 구원의 길을 가르쳐 주고 싶어한다.

개인의 행복의 차원에서 미국의 신교 교회들은 우리 유럽의 교회들보다 앞서 있다. 나는 미국의 텔레비전에서 이런 장면을 본 기억이 난다. 한 교회에서 캘리포니아의 서퍼처럼 구릿빛으로 그을리고 팔을 벌린 거대한 그리스도의 상 아래에서 알코올 중독자 한 사람과 뚱뚱한 남자 한 사람이 제대로 올라갔다. 두 사람은 예수를 향했다. "예수님, 감사합니다. 당신 덕분에 나는 단것의 소비를 억제했습니다, 술을 끊었습니다……." 우리에게 하느님을 가르친 예수는 이제 여기 없고, 대신 두 사람이 그들의 의존으로부터 벗어나고 어떤 개인적 성숙의 길을 되찾는 것을 도와 주기 위해 개인적으로 관심을 기울인 일종의 코치가 있을 뿐이다.

이 행복 학습 시장과 함께 우리는 행복이 의지의 대상이 될 수 있다고 생각하는, 그리고 우리가 요리·수학 또는 지리를 배우는 것처럼 그것도 기술적 학습의 대상이 될 수 있다고 생각하는 서구인의 현대적 퇴폐 안에 들어오게 되었다. 오직 개인들의 무성의나 일시적 일탈만이 그들이 이런 너무나 간단한 과목을 배우는 것을 막을 수 있다! 사람들이 약속한 행복이 오지 않는다면 그건 그들이 충분히 노력하지 않았기 때문인 것이다!

만일 그것이 사실이라면 우리는 모두 착한 학생들이 될 것이다! 그런데 우리에게 세상과 자연의 많은 것들을 제어하고, 어떤 고통들은 피할 수 있는——또는 어쨌든 그것들을 공연히 유발하지 않을 수 있는——능력이 있을지는 몰라도, 우리가 단순한 개인적 결심에 의해 행복해질 것인가 아닌가를 결정할 수는 없다. 우리는 우리의 침대 머리맡에 있는 행복을 소환할 수 없다. 우리의 인생에서 행복은 오히려 은총의 영역에 속한다. 받아들이거나 받아들이지 않는 것이 우리의 능력 안에 있는 불의의 방문(성모 마리아가 사촌인 엘리사벳을 방문한 일)이다. 하지만 그것은 우리가 아주 옛날부터 갖고 있었던 권리는 아니다.

이자벨 그라슬레: 오늘날 사용되는 표현들의 의미에 어떤 차이가 있는 것 같다. 우리는 '행복'이라는 표현 속에서 안락함이라는 개념을 많이 의미한다. 한편 나는 이런 행복의 이미지에 우리가 복종하는 끔찍한 광경에 매우 민감하다. 은총의 현상 너머에서 우리는 어떤 대가를 치르고서라도 이루고야 말겠다는, 사방으로 뻗어 나가는 이런 행복의 강요에 맞서 대항할 수 있는 전략들을 갖고 있는가?

파스칼 브뤼크네르: 안락함과 행복 사이에는 물론 근본적인 차이가

있다. 이를테면 정부들·경제학자들·정치학자들은 만일에 대비한 배려·품위·안전 같은 최소한의 설비를 보장함으로써 우리의 안락함에 관심을 기울여야 한다……. 행복으로 말하면 그것은 너무나 주관적이고 개인적인 영역이라 국가가 시민들을 행복하게 해주기를 원할 때마다 국가는 나라를 빈곤에 빠뜨렸다. 북한에는 지상 천국이라는 이름의 지하철역이 존재한다! 그런데 북한은 오래전부터 기근이 맹위를 떨치고 있는 나라이다. 우리는 그런 천국은 바라지 않는다. 우리에게 가해지는 이런 강제적 행복을 막기 위한 전략으로 말하면, 그것들은 개인적인 것들일 수밖에 없다. 우리는 위조와 날조를 반대하고 고발할 수 있다. 따라서 사람들에게 그들이 완전한 천복을 요구할 권리가 있는 신적인 인간이라고 믿게 하는 대신 그들의 연약함과 화해시켜야 한다.

토니 아나트렐라: 그래도 가장 덜 허망한 것을 위한 행복에 대한 열망의 이름으로, 우리 인간의 조건의 일부를 이루는 결핍의 현실을 소멸시키기 위해 문화 안에서 어떤 일이 벌어지고 있는가? 그리고 교육적 관점에서, 만일 우리가 자가 소비하는 데 시간을 다 써버리는 마약 중독 같은 자살 행위에 이르는 것을 피하고 싶다면 젊은이들에게 결핍을 연습하는 법을 어떻게 가르쳐야 할까?

파스칼 브뤼크네르: 오늘날 우리가 누리고 있고, 르네상스와 종교 개혁 시대부터 4세기 동안 지속되어 온 어떤 투쟁의 대가로 획득한 자유는, 일단 자유를 위한 투쟁이라는 영웅적 행위가 끝나고 나면 그것을 행사할 때 깊이 생각해야 하고, 행사하기도 매우 어렵다. 지금 태어나는 젊은이들은 자신의 운명을 자신이 원하는 대로 그릴 수 있는

자유로운 개인들이다. 하지만 자유는 우리에게 우리 행동에 대해 책임을 질 것과 선택들 속으로 개입할 것을 강요하는 하나의 부담이다. 그것을 피하기 위해 현대인은 소아증이라는 하나의 출구를 발명했다. 그것은 어른의 자율성, 재정적 독립과 아이의 무책임 사이의 중간 상태에서 어른이면서도 계속 아이의 태도를 취하는 것이다. 어른이면서 자발적으로 후퇴하는 그 순간부터 우리는 아이의 특징 자체, 즉 결핍의 거부로 돌아간다. 아이란 끊임없이 이것도 갖고 싶다, 저것도 갖고 싶다는 말을 반복하는 존재이다. 그리고 우리는 아이에게 이렇게 말해야 한다. "안 돼, 모든 걸 다 살 수는 없어. 안 돼, 세상에는 안 되는 것도 있어." 안 되는 것도 있는 것이다…….

무엇이 우리의 행복을 방해하는가?

토니 아나트렐라

    정신분석에는 전파해야 할 어떠한 행복의 메시지도 없다. 왜냐하면 행복은 철학적 · 종교적 담론에 속하는 개념이기 때문이다. 반대로 정신분석은 개인의 정신적 안락에 관심을 갖고 있다. 여기서 안락은 행복과 혼동되지 않는다. 그렇기 때문에 '행복해지는 법을 배울 수 있을까요?' 라는 질문에 대해 정신분석가는 '어떻게 지내십니까?' 또는 '무엇이 당신의 행복을 방해합니까?' 라는 또 다른 질문으로 대답하고 싶어한다. 나는 당신에게 당신의 현재 정신 건강 상태가 어떤가 검사해 볼 것을 권하는 바이다.

정신 건강 상태

    OMS(세계보건기구)의 예상에 따르면 정신적 증상, 특히 우울증 상태가 장차 2020년에는 15퍼센트 증가할 것이라고 한다.[1] OMS는 우울증을 잘사는 나라의 질병으로 정의했다. 이 증상은 생활 여건이 새

---

1) 〈일상의 의학적 충격〉 934호, 1996년 9월 16일.

로운 질병과 수많은 정신적 장애의 출현을 조장하는 그런 나라들에서 점점 더 많이 감지되는 질병을 나타내고 있다. 새로운 질병과 수많은 정신적 장애들은 다른 원인도 많겠지만 그 중에서도 특히 한계가 없다고 믿어지는 어떤 세상, 모든 것이 가능하며 규칙은 오로지 개인의 의지에 관한 것들뿐이라고 추측하게 만드는 어떤 세상에서 사는 것의 결과일 것이다.[2]

다른 보고들은 특히 청소년들과 청년들에게서 많이 나타나는 정신 건강의 악화에 유의하고 있다.[3] 우울증·교통 사고·자살 행위[4]·중독 행위(마약)·폭력 행위들은 바로 청소년들과 청년들의 정신적 문제들의 심각성을 보여 주는 표지들이다. 우리는 또한 실직, 가정 불화, 부부간의 갈등, 이혼, 그리고 사회의 정신적·사회적·도덕적 기준의 혼동의 결과로 정신적 어려움을 겪고 있는 성인들에게서도 이런 요인들과 다른 요인들을 만날 수 있다.

결론적으로 말하면, 최근의 한 연구에 의하면 1995년 이래 정신 건강은 악화되고 있고, 인구 구성원의 10-15퍼센트가 공포증, 다시 말해 그들의 삶을 방해하는 주관적인 상상의 두려움을 나타내고 있다. 이때 어떤 계층의 개인들을 점점 더 약하게 만드는 증상을 드러내는

---

2) 각자는 사회적 관계와 공익을 무시하고 자기가 원하는 것을 할 수도 있을 것이다. 인생은 자아와 함께 정지하며, 개인이 자신을 모든 것의 기준·목표로 여길 때 그는 자기 앞의 생을 가질 수 없고, 자기 뒤의 생은 더욱더 가질 수 없다. 그런 현실관은 우리를 세분된 세계, 정신병적 특성과 폭력을 발전시키는 세계 속으로 끌고 들어간다. 혹자들이 철석같이 믿고 있는 것처럼 우리는 다원적 사회에 있지 않은 것이다. 우리를 억압와 무력에 가둬 버리는 모든 반대들을 결합한 결과, 우리는 떠들썩한 파티의 정신 생활과 문화의 영점 안에서 깨어나게 되었다.
3) 《청소년들과 청년들의 정신적 고통》(상급보건위원회 발행, 〈의견과 보고서들〉 시리즈, ENSP 간행, 2000년 2월).
4) 1975년 이래 15-35세 사이의 자살이 67퍼센트 증가했고, 50세 이상에서는 42퍼센트 증가했다.

표현을 관찰할 필요가 있다. 그런데 그 표현은 점점 줄어들고 있다. 공포, 잔인한 인간, 병적 인간을 등장시키는 영화와 텔레비전 제작물의 증가는 사회적 상영물들 속에 음험하게 퍼지는 사도마조히즘적 정신 상태의 특징을 갖고 있고, 그것은 자기 자신·타인·삶에 대한 공포와 불신의 행동뿐 아니라 감정에도 영향을 미친다. 괴물로 변한 아이들을 통해 죽은 자들이 산 자들을 괴롭히러 온다는 할로윈이 대표하는 미움과 공포의 축제는 오늘날의 심리 상태와 일치한다. 만일 생물학적으로 볼 때 우리가 우리의 접시에서 집어먹는 음식과 똑같아진다면, 정신적으로는 우리가 대중매체에서 보는 것 그대로가 될 것임을 잊지 말자. 만일 우리가 비판적이고 깨인 정신을 갖지 않는다면 말이다.

삶의 고통

발전한 우리 사회의 안락한 여건들에도 불구하고 우리는 삶의 고통을 불평하는 개인들의 목소리를 자주 듣게 된다. 그 불평들의 주제들 중 하나는 기능 쇠약, 즉 피로, 그리고 삶의 현실을 감당하지 못한다는 감정이다. 역설적이게도 우리는 30년 전부터 정신병의 수가 증가하지 않은 반면 불쾌감, 심리적·실존적 악화는 스트레스를 통해, 때로는 공황과 불안의 감정을 통해 진료실에서 점점 더 많이 표현되고 있음을 확인할 수 있다. 아무도 원인의 다양한 측면을 식별하지 못하는, 하지만 그들의 삶을 불리하게 만드는 어떤 정신적 고통이 표현되는 것이다. 만일 고통을 덜어 줄 수 있고 고통을 유발하는 것을 치료할 수 있는 치료법에의 호소가 항상 가능하다면, 우리가 우리 환자들의 생활과 사회를 통해 목격하고 있는 문명 속에서 이러한 질병을 의료적인 것으로만 볼 수는 없다. 그것은 교육적·사회적·문화적·정치적·도덕적 태만을 드러낸다.

피해자로 사는 것

인간은 항상 그래 왔지만 특히 현대인은 자신의 욕구의 주체가 되는 것, 실존의 불안을 자각하기 힘들다. 그는 지배되는 것에 대한 두려움과 함께 은밀한 공작·지배력·영향력의 표적이 되는 것으로 여겨진다. 그리고 그 두려움이 지금은 '정신적으로 괴롭히기'라는 개념에 대한 모든 지나친 의지를 통해 묘사된다. 만일 이런 현상이 존재한다 해도 이것은 직장에서 행해지는 비난들, 욕구불만들, 쌍방의 유혹 시도들, 투사의 해석들과 혼동된다. 따라서 인생의 피해자로 살려는 경향, 생활에서 벌어지는 대부분의 곤란·실패·비극·사고들에 관하여 소송을 개시하려는 경향이 있다. 죄인을 찾아내어 그에게 전가된 불행들에 대한 대가를 치르게 해야 한다고 생각하는 것이다. 삶의 행위들은 이런 식으로 범죄와 부정 행위에 관한 필요한 판단을 넘어 자신의 진정한 영역 위에서 정신적 생활에 내재된 유죄성을 다룰 수 없음을 보여 주는 사법적 시선 아래 놓이는 경향이 점점 더 늘어나고 있다.

환자로 사는 것

현대인은 때로 환자로 산다. 현대인은 개인적 수단의 결여로 삶의 모든 문제를 다룰 수 있는 것으로 간주되는 의학 쪽에 대거 의지하기 때문에 각자는 점점 더 자기 자신에게 하나의 문제가 된다. 많은 사람들이 성운(星雲) 속에 존재하기에 그들이 아픈지, 그들이 치료에 대한 정신적 곤란을 표현하는지, 또는 그들이 그들의 존재를 견디고 알리기 힘든지를 아는 것이 중요하다. 오늘날 사회적 담론들은 대개 존재의 문제들을 심리학적 용어로 표현하도록 격려하고 있다. 최소한의 장애와 충돌은 심리학 또는 정신병리학 용어 안에서 코드화할 것이다. 그런 곡절로 부모들 또는 교직자들은 아이 또는 청소년과의 권위 충돌에서 심리요법을 실시하라는 처방을 내릴 것이다. 심리학적 응급 세포들의 철저한 전개 또한 염려스러운 현상으로서 사회적 환경 속에서 습관적으로 이루어지는 교환들과 대체된다. 이런 식으로 행동함으로써 우리가 미래의 정신적 질환들을 약화시킬 수 있을지는 확실치 않다. 개인들에게 그들이 겪는 사건들을 통합할 수 있는 시간을 주어야 한다. 게다가 우리는 그들의 정신적 삶을 빼앗을 우려가 있다.

수단의 결핍

이런 현상들 뒤에는 마치 정신적·문화적·도덕적·종교적 수단들을 빼앗긴 사람처럼 혼자 자신의 삶과 대면해야 하기 때문에 취약해진 개인에 대한 원조의 요구가 숨어 있다. 지난 세기 프로이트에 의해 묘사된 '문명 속의 병'이 오늘날 전혀 다른 모습을 하고 있는 것도 그 때문이다. 우리는 그것 자체로서 어떤 욕구의 표현을 단념하도록 권유하는 사회적 구속들을 근거로 하는 어떤 불안에서 문명 속 수단의 예측된 부재를 표현하는 어떤 불안, 그리고 세대들·성들·생각들의 혼동으로 넘어왔다. 과거의 불안이 신경증을 촉진했다면 오늘날의 그것은 다소 정신병적인 성격을 지닌 불안정하고 불분명한, 그래서 때로는 외부의 현실과 어떤 관계를 맺기 힘든 인격들을 만들어 낸다. 우리는 그런 인격들 중에서도 미숙한 인격, 신경증과 정신병의 경계 상태, 또는 비뚤어진 구조들을 만날 수 있다. 현재 지배적으로 나타나고 있는 다음 세 가지 형태의 정신 구조에 관한 이야기를 계속하자. 이것들이 항상 상대적인 안락함을 나타내는 것은 아니다.

지배적인 정신 구조들

미숙함

우리는 정체성의 사회적 기준이 아이·청소년·소아 성욕, 다시 말해 불완전한 욕구의 성욕인 유치한 사회에 살고 있다. 불완전한 욕구의 성욕이란 남의 정사를 훔쳐보는 변태 성욕, 노출증, 사도마조히즘, 남성의 엽색에서부터 여성의 색광증까지 해당되는 여러 명 상대하기 등으로서, 여성의 색광증은 카트린 밀레의 최근작 《카트린 M의 성생활》에서 이 시대의 기호에 포함되고 있다. 이것은 생식의 성에 미치지 못하는, 다시 말해 자신과 타인에 관한 종합적 관점에서의 성욕이다. 성향·실천을 토대로 하며 충동적으로, 충동적 삶에 대한 어떤 구상도 없이 표현되는 조작적 성욕의 모델들이 사회적 표현들 속에서 주조를 이루고 있다. 이것은 잡지들, 특히 여성 잡지들에 의해 폭넓게 확산됐다. 몇 달 전에는 그런 잡지들 중 하나가 독자들에게 어떤 심리 검사를 해볼 것을 제안했는데, 그 검사의 목적은 독자들이 '당신은 창녀인가?' 라는 질문에 대답할 수 있게 해주는 것이었다. 유행은 젊은 시절로의 퇴행 속에 머무르도록 권고하고, 충동적 생활을 세련되게 하고, 인격과 사회적 관계의 다양한 가능성들을 개발하기 위한 일체의 정신적 구상에 대한 생각 자체에 불리한 조건을 붙인다. 그것은 피상적이고 미숙하며 때로는 충동적이고, 행위에 이르는 모든 통로를 거칠 준비가 되어 있으며, 그들 자신의 내면에서 일어나는 것을 현실에

서 반사적으로 행동으로 옮기는 인격들이다. 이런 맥락에서 청년들의
폭력과 정치인들의 유치한 담론이 증가하는 것도 놀랍지 않다.

극한 상황

인격들도 마찬가지로 더 연약해졌고 더 여려졌다. 우리는 극한 상
황 안에, 신경증과 정신병 사이에 있으며, 그들의 인격 구조의 결함으
로 고통을 겪는 **보더 라인**(border line) 인격을 자주 언급한다. 그것은
우울증, 상실에 대한 불안, 강한 존재로 간주되는 다른 사람에 대한
의존으로 발현된다. 불안정, 진정성의 부족, 지속성과 끈기의 부족,
불안의 발작들, 그리고 극단으로 가서 예측 불능의 자살은 극한 상황
의 주된 표현들이다. 이런 인격들에서 **자아**(self), 다시 말해 자신으로
있을 수 있고, 시간 속에서 자신의 정신적 지속성을 약속할 수 있는
능력의 허약함이 드러난다. 시간적 성숙의 부족은 그런 인격들로 하
여금 청년기에서 멈춘 어떤 나이에 머물도록, 뛰어든다는 생각에 두
려움을 갖도록 만든다. 인생의 각기 다른 시기, 또는 한 커플의 삶의
시기들의 정신적 과업을 단절과 균열을 통해서가 아닌 다른 방식으로
다루어야 하는 것은 그들에게 어려운, 나아가 견딜 수 없는 일이다.
이런 인격들은 방어적 나르시시즘 안에 웅크리고 있으면서, 그들의
기분과 평범한 개인사를 늘어놓는 것 외에는 특별한 능력이 있다는
증거도 없이, 그리고 아무것도 하지 않은 채 알려지고 인정받고 싶다
는 욕구를 통해 그들의 취약함을 보상받고자 한다. 그들은 쓸데없는
명성이라는 증서를 따기 위해 모든 사람이 등장해서 자기 이야기를 하
고 자신을 노출시키는 라디오나 텔레비전 방송을 성공하게 만든다. 개
인들은 그들의 존재를 점유하지 못하는 곳에서 그들을 인정해 줄 것
을 타인들에게 요구한다.

타락

오늘날의 환경은 또한 어떤 죄책감이나 그들 자신의 내부적 갈등도 느끼지 않은 채 행동을 시대에 뒤떨어진 충동의 표현 방식으로 사용하는 인격들을 조장한다. 그런 인격들은 안정된 관계를 수립할 수 없으며, 다른 사람들·생각들을 조작하고 규칙을 교묘히 피해 간다. 타인과의 만남은 진정한 관계를 수립하는 방법이라기보다는 오히려 자신을 인정받게 만드려는 방법이라 할 수 있다. 이 모든 태도는 자기 자신을 법을 만드는 사람으로 간주함으로써 관계들과 현실들의 의미를 왜곡시키는 비뚤어진 방향을 폭로한다. 이것은 빨간 불을 어기는 것에서 시작해 사기를 거쳐 비행을 저지른 자들과 직면했을 때 잘못한 것이 경찰이라고 믿는 데까지 간다.[5] 이런 식으로 생각하면서 어떻게 법, 특히 오이디푸스의 법이 지켜질 수 있으랴? 이런 상황에서 어떻게 법이 교육적 기능을 가질 수 있으랴? 실제로 타락한 자는 법을 피한다. 현실과 타인이 그들 자신을 위한 것으로 간주되지 않는다는 말의 의미는, 현실과 타인이 비뚤어진 자의 욕망과 전능함을 위한 하나의 도구에 불과하다는 것이다. 법은 마치 모든 것을 유효한 것으로 인정하고, 모든 것을 정당화하기 위해 생긴 것처럼 체험된다. 그 다음 우리는 가치가 존재하고 너무나 현존하는데도 더 이상 가치가 존재하지 않는다고 주장함으로써 비탄에 잠긴다. 개인주의적인 정신 상태는 각자가 가치들을 항상 자신의 행동을 고취할 수 있는 보편적인 기준으로 고려하지 않게 만들며, 자기 자신의 코드를 고안하고 자신의 즉각적인 이익에 따라 행동하기를 바란다. 그것은 사회적 관계의

---

5) 사드의 생각은 꽤 성공했다. 어떤 국무총리는 사드가 '법은 위반되기 위해 만들어진 것' 이라고 주장하며 같은 내용의 말을 했다는 것을 잊고 '도그마는 위반되기 위해 만들어진 것' 이라고 선언하지 않았던가?

와해, 공익의 의미 상실, 법의 의미의 평가절하를 가져왔다. 쾌락주의적인 사회에서 그들이 다양한 실천들을 단순히 기록하고 환각과 특별한 욕망을 인정할 수밖에 없는 궁지에 몰릴 때, 입법자는 그들을 환자로 만들어 버리는 법을 만들 우려가 있다(우리가 **Pacs**(시민연대협정)를 통해, 법에서 동성애를 성적 차이에 근거하는 사회적 관계의 토대들 중 하나가 아니라 하나의 위반을 나타내는 것이라고 간접적으로 기재함으로써 확인한 것처럼). 이 경우 국가는 이성의 토대 위에서 형성된 보편적 원칙들의 보증인이 될 수 없으며, 대신 주관적인 음모와 쾌락의 원칙 위에서 사회 조직을 건설함으로써 이번에는 그 자신이 비뚤어지게 된다. 국가는 자살을 권하는 사회 안에서 퇴행, 순진한 위반, 폭력에 문을 열어 준다. 그런 식으로 쾌락의 원칙은 그것이 우리로 하여금 고통, 어떤 희생들을 피하게 해준다는 핑계하에, 그리고 아무것도 포기하지 않는다는 핑계하에 사회적 기준으로 승격된다. 생각도 계획도 없는 정치가들은 지나가는 유행과, 때로는 비뚤어진 주관적인 이해들을 만족시키기 위해 수많은 법률안을 가결함으로써 완성되는 데 오랜 세월을 투자한 사회의 인류학적 초석에 공격을 가한다.

소아증, 허약한 인격, 타락의 장려는 시간과 성숙함 속으로 들어가는 것, 법과 관련해 자신에 대해 생각해 보는 것, 생식기를 가진 자신의 육체의 한계 안에 들어가는 것에 대한 거부를 나타낸다.

자신에 대한 두려움

따라서 현대의 우울증은 잃어버린 물건이나 상태에 대한 향수로 나타나기보다는 능력의 상실, 자신에 대한 두려움, 나아가 자신과 인생에 대한 부인으로 더 많이 나타난다. 충분히 형성된 능력과 내면성이 부족하기 때문에 행동 속에서 감정을 제거하는 조작적이고 충동적인 심리를 가진 많은 개인들이 그들 자신 안에서 조직할 줄 모르거나, 혹은 자신은 깨닫지 못하지만 그들을 불안하게 만드는 느낌·감정·욕망·성적 표현들을 배설하기 위해 마약으로 달려드는 것도 그래서이다. 게다가 그들은 어떤 제품의 사용을 거치지 않고, 그들 자신에 의해 스스로 자극하고 스스로 진정하고 스스로 만족하고 스스로 즐길 줄을 모른다. 그래서 마약이 행복의 아편이 된 것이다. 많은 젊은이들은 의지의 혼란을 말하면서 의존할 거리를 찾는데(마약, 감정적 실천들, 비교(秘敎) 등이 있는데 이는 곧 내면성의 혼란을 의미한다), 그것은 그들이 유년기에 욕구를 충족하던 방식을 포기하지 못하고 정신적으로 자율적이 되지 못하기 때문이다.

결국 내면성의 빈곤은 외면성에 과도한 자리를 남겨 준다. 오늘날 우리가 주체와 동일시되는 구조가 의지해야 하는 것으로 보이는 육체에 부여하는 어마어마한 중요성이 하나의 증거이다. '내 머리가 더 이상 생각할 줄을 모르기 때문에 몸으로 나를 표현한다'는 것이다. 우리가 더 이상 무슨 말을 해야 할지 모를 때, 몸이 보여지고 어떤 경우엔 옷을 벗는다! 몸이 말을 대체하는 것이다. 이토록 신속하게 드러난 나체는 새로운 자유의 표현이라기보다는 자기 자신으로 있을 수 없음의 표시라고 할 수 있다. 이것은 내면의 공허와 불확실성에 대한 불안을 피하는 하나의 방법이다. 오트 쿠튀르(고급 여성복) 분야에서 유행을 만드는 사람들은 몸에 옷을 입히기보다는 오히려 살갗을 점점 더 많이 드러내기 위해 이렇게 몸의 가치를 떨어뜨리는 행위를 독점한다. 이렇듯 우리는 자신의 몸에서 빠져나와 몸을 괴상한 문신과 헐렁하고 속이 들여다보이는 천의 도움으로 드러내 보이는 피부의 영역에 국한시키는 경향이 있는 가공의 몸과 함께 살려고 노력한다. 식욕 부진에 자족하는 여성의 몸과 남성적인 면은 점점 줄어들고 양성적이

되어가는 남성의 몸에 대한 찬양——이것은 요즘 유행하는 사회적 표현물들에서 너무나 자주 등장한다——은 몸에 대한 무시와 남성과 여성 간의 몸 나누기에 대한 두려움을 보여 주고 있다.

삶의 기쁨을 학습하기에 좋은 심리적 환경을 만드려면 내가 《우울한 사회는 싫다》와 《금지된 차이》에서 충분히 분석해 놓은 바대로 우리는 현사회 안에서 세 가지 핸디캡으로부터 자유로워져야 한다. 세 가지 핸디캡이란 우리의 출신에 대한 부끄러움, 자신과 자신의 내면 세계에 대한 두려움, 자기 자신을 위한 기쁨의 추구이다. 게다가 우리는 기쁨이 성공적인 관계, 노동 또는 수행된 노력 또는 세상의 현실, 타인들, 하느님과의 관계 안에 존재하는 즐거움으로 인해 풍부해지는 하나의 결과[6]라는 것을 잊고 있다.

무의식에 관한 학문으로서 정신분석학이 인간 존재의 의미를 알릴 수 있는 희망의 메시지를 전하지 못할지는 몰라도 정신요법, 분석적 치료 같은 치료적 방법뿐 아니라 그것의 이론을 통해 정신적 삶을 더 잘 이해하고 재정비와 내적 갈등의 치료를 촉진하여 그 사람으로 하여금 더 잘살 수 있게 하려는 의도를 갖고 있을 때 그것은 자신의 영역에 있다고 할 수 있다. 그것은 이미 삶을 위한 단호한 결심이며, 존

---

6) 기쁨은 정신적 삶에 활기를 부여하는 첫번째 요소이다. 아이는 자신의 심리적 성장에 필요한 한계를 발견하지 못한 만큼 흔히 그것에 인도되도록 방치한다. 아이를 위해서는 모든 욕망이 즉각적으로 충족되어 기쁨을 낳아야 한다. 탐욕스러운 욕망이 전능하다는 이 느낌은 공허하며, 아이에게도 해롭다. 물론 욕망과 기쁨은 주체의 내면적 구성에 중요한 기능을 수행하며, 인간 심리의 바탕이 되는 역동성을 구성한다. 그것들을 무시하거나 아예 알려고 하지 않는 것은 흔히 인격의 균형을 위해서도 위험하다. 그것들을 제거하고 싶어하는 금욕이나, 그것들을 찬양하고 싶어하는 쾌락주의는 정신적 삶에 해로울 수 있으므로 욕망과 쾌락의 서열을 정하는 법을 배우는 것이 중요하다.

재의 불행 위에서의 체념이 아니다.

현대인의 마조히즘(피학대 음란증)적 의식 안에서 너무나 많이 등장하는 절망의 유혹은 지적해야 할 하나의 도전이다. 그것은 우리가 삶에 대한 사랑에 의해 고무되는 진실의 추구에 대한 관심과 염려를 가져야만 실현될 것이다. 하지만 이런 희망은 철학·종교·도덕이라는 다른 차원에도 속하며, 그 경우 정신분석가의 담론과는 다른 담론이 되어야 한다.

파스칼 브뤼크네르: 당신은 동시대의 세상에 대한 준엄한 조서를 작성했다. 동시대의 세상은 이전의 세상보다 좋아졌는가? 우리는 둘 다 두 가지 교육, 구속하는 교육과 독선적 교육, 그리고 1960년대의 해방을 경험한 세대에 속한다. 우리는 우리가 겪은 구속의 교육을 뒤흔든 첫 세대였지만, 우리가 다시 그때로 돌아가고 싶어하는지는 나도 잘 모르겠다. 결핍에 관한 긍정적인 경험이 있나? 그리고 지금부터 1950년 또는 1960년 전 사람들이 정신적으로 지금보다 더 잘 무장되고 더 잘 방어되어 있다고 확신할 수 있을까?

토니 아나트렐라: 우리가 경험한 교육적 구속들로 돌아가는 것, 더군다나 교육학이 스스로 아이들과 청소년들을 경계하고 모욕적이며 매우 구속적이고자 한 19세기의 상당히 반응성이 큰 방식으로 돌아가는 것은 중요하지 않다. 1750년과 19세기 중반 사이에 사회는 이 시기에 벌어진 사회적·경제적 위기들·혁명들·전쟁들로 인해 젊은이들과의 사이에서 많은 곤란을 겪었다. 오늘날 사람들은 젊은이들의 폭력에 대해 많은 말을 하지만 당시의 상황에 비하면 이것은 아무것

도 아니다. 젊은이들의 폭력과 비행에 대처하기 위해 교육학이 실시되고, 그것은 비행의 주체가 아닌 다른 범주의 젊은이들에게까지 확장되었다. 우리가 거기서 해방되는 데 한 세기 이상이 걸렸으며, 그나마 다행한 일이다!

오늘날의 상황을 비판적으로 분석하면서 나는 과거의 상황이 더 나았다고 말하지 않았으며, 그럴 생각도 없다. 나는 오늘날 벌어지고 있는 일과 우리가 대면한 어려움들을 이해하고 질문을 던져 보고자 하는 것이다. 나는 도식적인 서술을 사용하여 우리가 19세기로부터 물려받은 교육 제도를 갖고 있었다는 것을 지적하고 있다. 그것은 더 조직화되고 더 끈기 있고 더 지속적이고 더 유능한 개성들을 제공하는 제도였다. 하지만 그것은 또한 한편으로는 신경증적 상태를 조장하는 제도였다. 1970년대부터 개발된 교육 제도는 아동의 감정적 이익이 사회적 프로그램 · 지식 · 기준 · 공익에 대한 염려, 사회적 관계의 내면화의 자리를 차지한다는 의미에서 덜 구속적이기를 바랐다. 다른 것들 중에서도 인구의 감소는 아이들을 과대평가하게 만들었고, 우리는 아이에 대한 자연스런 존중이 당연히 어른에게 돌아가야 할 존경, 전달해야 할 지식과 가치에 대한 존중을 대체하는 것을 목격했다. 어른들을 녹초가 되게 만드는 현대의 교육은 모두에게 비교적 관대한 청년들의 인격도 만들어 내지만, 또한 변덕스럽고 줏대 없고 충동적인 주체들을 만들어 내는 것도 사실이다. 그것은 또한 정신병적 특성을 나타내고, 현실과 상상의 세계의 중간에 존재하고, 현실에 대면하려면 많은 어려움에 부딪쳐야 하는 분열되고 몽롱하고 미숙한 인격들도 조장한다. 이것이 창조의 형태들로 간주되는 정신병리학적 행동들이 아닐 때, 이런 인격들은 이전보다 더 많이 무너지고 종교심리학의 서투른 표현과 정신적 이미지들이 뒤섞인 일종의 문명화된 망상을 배양하는 반면, 이 모든 정신적 외형은 사회 계층의 무능력을 증언한다. 그런데 그 사회의 상징적 배경은 뭔가를 전달하는 역할은 점점 줄어들고, 따라서 심리학들이 완성되는 것을 항상 허락하는 것은 아니다. 프랑스의 입법부는 인류학적 특징과 모순되는 수많은 법들을 마주한 이 상황에 큰 책임이 있다. 법을 만드는 것은 관습이 아니라 한 사회를 구성하고 역사 속에서 그것의 지속성을 보장하는 가치관이다. 하지만 우리가 지금 하고 있는 것은 그 반대이다. 모든 사회는 성적 차이, 세대 차이, 근친상간 금지와 살인 금지에 대한 존중을 기반으로 한다. 이 네 가지 사실은 다소 직접적인 방식으로, 흔히 새로운 법에 의해 위반되고 장기적으로는 공익을 희생시키며 특별하고 부분적인 이익에 관심을 기울임으로써 해결하고자 한 문제들보다 더 심각한 문제들을 만들어 낸다.

다시 교육 문제로 돌아오자. 귀기울이고 적용해야 할 관심과 요구들을 가진 아이들과 청소년들을 그들의 발육(우리가 이미 과거에 겪은) 주체로 복권시키기 위한 긍정적 측면들도 있었던 1970년대의 교육 혁명은, 교육적 관계 속에서 성인들을 완전히 불안정한 상태에 빠뜨렸다. 그들은 지식·규칙·가치를 전달하려는 배려가 없는 감정적 차원과 상호 주체성 속에 많이 위치한다. 이런 감정적 교육법은 젊은 이들의 비위를 맞추고, 나르시시즘 안에 가두며, 그들의 심리 속에서 현실을 지우는 데 참여한다. 내면성의 혼란들, 온갖 비행들, 기준의 상실에 대한 논쟁은 유치해지고 점점 더 미성숙해지는 사회 속의 증상들이다. 이때 행복은 감정과 느낌의 초기 상태를 회복하고, 더 이상 어떤 구속도 따르지 않으며, 동성애와 불완전한 사귐에서처럼 가장 모호한 형태로 구식의 성을 체험하는 데 있다. 대부분의 텔레비전 드라마와 일부 영화에서뿐만 아니라 언론에 의해 개최되어 생각하는 것

을 방해하는 강연과 사회적 이미지들을 통해서도 발견되는 현재의 모
든 순응주의로부터 벗어날 용기가 과연 우리에게 있을까?

행복, 또는 순간의 설렘

이자벨 그라슬레

행복의 문제는 우리가 자기 자신, 타인과 유지할 수 있는 관계의 관점에서 볼 때 특히 흥미롭다. 그리고 거기에서 성서적 자료는 몇 가지 흥미로운 요소를 제공한다. 나는 네 개의 종적을 통해 이 문제에 접근해 보겠다. 그런데 이 각각의 종적은 자기 자신에 대한 관계와 타인에 대한 관계라는 이중 관점에서 파악한 것이다.

진복팔단

진복팔단의 글[1]에서 예수가 말할 때, 그는 대화자들을 마주 보며 그들에게 직접 말하고 있다. 이런 형식은 일반적인 잠언으로 이해되지 않고, 오히려 우선은 직접적이고 사적인 명령으로 이해된다. 게다가 이 진복팔단은 다른 사람들을 위한 한 개인의 바람으로서의 행복에게 명령한다. 진복팔단의 핵심은 다음과 같은 단순하고도 놀라운 사실에

---

1) 나는 진복팔단을 읽으면서 《다른 시대들》(통권 35호, 1992년, 39-45쪽)의 〈행복론; 진복팔단〉에 소개된 장 프랑수아 콜랑주의 생각에 많이 의존했다.

존재한다. 즉 우리는 자기 자신이 행복하다고 말할 수 없고, 대신 누군가 다른 사람이 우리에게 행복한 사람이라고 선언해야 한다는 것이다. 그런 관점에서 행복은 어떤 악착스러운 탐색의 결과, 분명한 노력 후에 기대되는 성공으로 나타나지 않는다. 그것은 타인으로부터 내게 오며, 나는 그런 행복에 대해 거의 영향력을 행사할 수 없다. 따라서 행복은 무엇보다 먼저 하나의 선물이다. 진복팔단의 장면에서 우리는 다만 예수와 대면한 자들의 연약함과 행복론으로서 주어진 그의 발언에 의해 도입된 전복 사이의 커다란 긴장에 의해 충격을 받지 않을 수 없다. 그들을 다시 일으켜 세우고 움직이게 하는 것은 바로 말이다. 여기서 극단들간의 결합이 있으며—— '가난한 사람은 행복하다' '우는 사람은 행복하다' 라고 말하는 것은 미친 짓으로 보인다——거기서 기대하던 부활은 아니더라도 적어도 걸음을 허락하는 하나의 공간이 만들어진다.

나는 '부활'을 말하고 있는데, 왜냐하면 복음서들 끝에서 이야기되는 부활도 있지만, 또한 복음서의 이야기들을 따라가다 보면 수많은 '작은' 부활들을 발견할 수 있기 때문이다. 예수가 행하는 만남들의 대부분에서는 항상 걷기의 시작이 일어난다. ("자 일어나 서라!" "다시 출발하여라…….") 어떤 중요한 사건이 일어났고, 그 다음엔 계속 전진해야 하는 것이다.

그렇다, 그렇기 때문에 나는 타인과의 관계 안에서 행복해지는 법을 배울 수 있다고 생각한다. 그것은 우선 자기 주변에서, 우리를 다시 일으켜 세우고 걷게 하기 위해 우리에게 건네는 목소리에 귀기울임으로써 가능하다.

시 간

　우리의 행복관은 우리의 시간관과도 결부되어 있다. 기원들에 관한 신화적 문헌들이건, 아니면 이를테면 〈전도서〉 같은 지혜에 관한 글들이건 히브리어로 된 성서에는 두 개의 다른 시간과 함께 이원적 개념이 나타나는 것을 목격할 수 있다.[2]

　첫번째 시간은 직선적이고 절대적인 시간, 흐르다가 결국은 모든 것을 앗아 가는 시간, 아무것도 아무도 저항하지 못하는 시간에 해당한다. 고대 신화에서 사람들은 이것을 카오스(혼돈)의 시간으로 간주했다. 비록 그 시간으로부터 빠져나가기는 힘들었지만 그것을 개조할 수는 있었다. 성서에서 다른 종류의 시간, 더 순환적인 시간, 선적 흐름보다는 반복 안에 더 많이 있는 시간, 회귀, 이를테면 계절의 회귀 안에서 구체화되는 시간을 창조함으로써 거기에 이르는 것이 창조의 과정이다. 그것은 또한 잉태와 학습의 시간, 우리가 '고동침의 시간'이라고 부를 수 있는 시간이기도 하다. 고동치는 시간, 그것은 생명의 시간이다. "모든 것에는 때가 있다. 아이를 낳을 때가 있고, 죽을 때가 있다. 심을 때가 있고, 뽑을 때가 있다……."[3] 성서에서 행복이 이 두 개의 다른 리듬과 결합되는 일이 흔한 것은 특히 고동치는 시간과 관련이 있다. 그것을 포착하는 것, 그것의 리듬 속으로 들어가는 것, 그

---

　2) 좀더 깊이 있는 연구를 하려면 알베르 드 퓌리의 〈개신교 연구회보〉(통권 47권 7-8호, 1995년, 22-40쪽)에 실린 '하느님 앞에서 행복은 가능한가? 구약의 관점에서 바라본 시간, 행복, 구원'을 보라.
　3) 〈전도서〉, 3장 1-2절.

것이 성서 속의 행복의 기회이다.

몇몇 고동치는 순간들에도 불구하고 카오스의 시간은 너무나 빨리 자신의 영향력을 회복함을 성서의 저자들은 잘 알기 때문에 그것이 그들의 현실주의를 방해하지는 못한다. 따라서 끈질기게 괴롭히는 질문은 다시 창조의 한계 안에서 행복이 가능한지, 그리고 우리의 행복한 고동침의 작은 정돈들에도 불구하고 우리는 결국 가혹하게 시간의 고갈에 이를 수밖에 없는 것인지를 아는 것으로 돌아온다. 〈전도서〉의 몇몇 저자들은 지속적으로 행복을 얻는 것이 이렇게 불가능한 것이 하느님의 책임이 아닌지 감히 궁금해하는 데까지 간다. 하느님이 인간의 마음속에 영원에 대한 아름답지만 위험한 동경을 집어넣었기 때문이 아닌가 하는 것이다. 그것이 우리가 간직한 이런 절망감을 설명해 준다. 왜냐하면 우리는 우리가 실존적으로 유한성에 결부되어 있다는 것을 알고 있기 때문이다.

그렇다면 행복의 시간은 어떻게 예상할 수 있을까?

행복은 어떤 희생을 치르고서라도 그런 고동치는 작은 순간들을 추구하는 데 있지 않다. 설령 그런 순간들이 발생할 때 총기를 드러내어 그것들을 식별하는 것이 우리의 권한이라 해도 말이다. 우리의 길 위에 몇 가지 징표들이 놓여 있는데, 특히 흐르는 시간과 고동치는 시간이 교차하는 바로 그 순간 행복이 보인다는 것을 안다는 사실이 그중 하나이다.

타인을, 그리고 내가 타인으로부터 끌어낼 수 있는 모든 것을 인정하는 법을 배우는 것

여기서 나는 예수의 친구인 두 자매 마르다와 마리아가 등장하는 복음서의 이야기(《누가복음》, 10장 38-42절)를 떠올리게 된다. 우리는 그 여인들에게서 한 인격의 두 측면을 상징적으로 볼 수 있다. 이 에피소드에서 길을 가던 예수는 마르다의 집에 초대된다. 마르다의 동생 마리아는 예수의 발치에 앉아 그의 말을 듣는다. 예수는 마리아에게 말한다. 그것은 예언자로서의 그의 일인 것이다! 그때 마르다가 갑자기 끼어든다. 그녀는 손님을 접대하는 집안일을 동생과 나누어서 하고 싶었기 때문에 걱정했다. 하지만 우리는 거기서도 셈을 위해 남겨진 느낌의 표현을 발견할 수 있다. 우리는 예수의 대답을 흔히 이렇게 해석했다. "오직 한 가지가 필요하다. 가장 좋은 쪽을 택한 것은 마리아다. 그것을 빼앗아서는 안 된다."(TOB) 사실 원본을 보면 예수는 오히려 이렇게 말했다는 것을 발견할 수 있다. "필요한 것은 한 가지이다." 이 문장은 많은 해석을 낳았는데, 그 중에서도 마르크 프랑수아 라캉[4]은 이렇게 제안했다. "필요한 것은 유일한 몫, 마리아가 택한 몫을 선택하는 것, 다시 말해 이 예언자의 현존을 향유하는 것이다." 그런데 '향유'라는 말은 너무 많은 의미를 내포하기 때문에 잘못 이해될 수 있다. 여기서는 그 말을 인생의 심오한 의미의 향유, 인생에 밀도를 부여하는 것의 향유로 이해해야 한다.

따라서 나의 세번째 종적은 이런 결론에 이르게 된다. 적어도 우리

---

4) 〈내가 누릴 수 있는 존재〉, 《빛과 삶》(통권 198호, 1990년, 63-80쪽).

가 타인과의 관계 안에서 그것이 나에게 가져다 줄 수 있는 강도에 눈 뜨는 바로 그 순간부터 잠깐 동안 행복은 분명 가능하다.

느림 속에서 사는 것이 행복해지는 법을 배우는 하나의 방법일까?

이것은 우리가 행복을 바라보는 시선을 이동시킴으로써 사물과 인생을 바라보는 또 하나의 방법이다. 여기서 나는 내게 항상 많은 감명을 주었고, 내가 오랫동안 잘못 이해하고 있었던 또 다른 성서의 텍스트, 모세의 죽음의 텍스트를 참조하려 한다. 역사의 그 순간 모세는 자기 자신의 두려움, 종교적·정치적 권위자들, 반역하는 민중을 상대로 이미 많이 싸운 상태였다. 그런데 그토록 고대하던 그 순간, 마침내 이집트·홍해·사막·기근·갈증·시나이 산·황금 송아지를 거쳐 그의 땅 끝에 도착했을 때, 그가 여리고 맞은편에 있는 느보 산을 바라보며 모압의 초원에 올랐을 때, 마침내 그가 자신의 땅을 발견했을 때 하느님은 그에게 이렇게 말씀하셨다. "이것이 내가 아브라함과 이삭·야곱에게 맹세하여 그들의 후손에게 주겠다고 한 땅이다. 이렇게 너의 눈으로 보게는 해준다마는, 너는 저리로 건너가지 못한다."(《신명기》, 34장 4절) 하지만 처음 읽으면, 피상적으로 보면 자신의 종에게 가능성의 끝까지 시련을 겪게 하는, 약간은 가학적인 신으로 보일지 모르는 이 부분에서 또 다른 독법이 드러난다. 모세는 그것을 알고 있었고, 지평선은 항상 잠정적이었다. 그의 행복은 반드시 언약의 땅으로 들어가는 것이 아니었다. 그것은 중지된 시간 속에, 그가 그토록 고대하던 땅을 바라보는 그 오랜 시선 속에 더 많이 존재하고 있었다. 그가 그 시선을 옮기던 그 느림 속에. 행복의 순간성을 초월하게 해주는 그런 의미의 중단 속에. 따라서 행복은 순간의 느림과의 대화 외에 아무것도 아닐지 모른다. 주파해야 할 길로 다시 떠나기 전에, 항상 다가가 있긴 하지만 결코 잡을 수 없는 그런 최후의 순간.

이렇듯 우리는 시간의 느림을 다시 발견하고 〈전도서〉에 적힌 대로 '행복한 날에는 행복하여라'(7장 14절)는 말을 실천해야 한다. 이는 즉 '현재에 행복을 느껴라'는 뜻이다. 몇 년 전 나의 우울한 이야기를 들은 친구들 중 한 명이 내게 말했듯이, 우리는 아마 행복을 손에 넣을 수 있는 모든 조건을 갖고 있을지 모른다. 그 친구는 이렇게 말했다. "영원? 그건 아마 우리 생애 최고의 순간들이 극도로 팽창한 것일 거야!"

질문과 대답

■ 우리는 어떤 형태의 행복을 맛보기 위해 불행과 고통을 경험해야 하는 것이 아닐까?

파스칼 브뤼크네르: 나는 그렇게 생각지 않는다. 우리가 원하든 원치 않든 어쨌든 우리는 고통을 겪는다. 행복의 순간들은 불행과 비교해 부각되는 것이 아니라 단조롭고 평범하고 다양하지 못한 삶과 비교했을 때 부각된다. 왜냐하면 어쨌든 발전한 우리 사회에서는 상대적으로 드문 큰 불행들보다는 그런 삶으로 인해 훨씬 더 고통을 느끼기 때문이다. 우리는 우리가 시간과 날짜로부터 벗어나 그런 고동침과 강도의 순간 속으로 들어갈 때 행복이 거기 있다고 짐작한다. 하지만 '나는 그가 떠나면서 내는 소리에 나의 행복을 확인했다'는 자크 프레베르의 말처럼 흔히 우리는 우리가 더 이상 예전의 우리가 아닐 때 행복하다는 것을 알고 있다.

■ 사랑과 행복 사이에 관계가 있는가?

이자벨 그라슬레: 이해의 차원을 분리해야 한다. 설령 사랑의 관계가 방금 내가 말한 고동침의 작은 순간들을 조장할지는 몰라도, 나는 사랑이 행복을 일으키는 하나의 요인이라고는 생각지 않는다.

토니 아나트렐라: 나는 청소년들이나 젊은이들이 단지 어떤 감정적 경험 속에 있는 경우에도 사랑의 관계 속에 있다고 믿음으로써 애정 생활의 어떤 환상 속에 흔히 연루된다는 사실을 덧붙여 말하고 싶다. 심리적으로 자율적이 되기 어려울수록 이런 종류의 관계에 더 집착한다. 우리는 융합되고 의지되는 관계에 안주함으로써 그들 자신에 대해 안심하려고 노력하는 청소년 커플들에게서 이런 행동을 자주 목격한다. 대개 이런 관계는 일시적이며 이별에 이르는데, 그 이별의 이름으로 헤어지는 커플들은 남과 달라야 하고 그들만 그래야 하는 필요성을 요구한다. 어떤 이들은 상처받은 채로 남으며, 이런 감정적 실망으로 인해 사랑에는 그들이 발견할 만한 대수로운 것이 없다고 믿게 될 우려가 있다. 실제로 그들은 그들의 욕망의 단계들을 융합하며, 그들이 경험하는 관계와 애착을 내면화해서 그들 자신의 내면에 건설할 줄을 모른다. 이것은 그들이 그들의 감정의 본질을 확인하고, 그것과 유아의 감정을 구별하는 데 어려움을 겪는 것과 마찬가지이다. 다른 커플들은 그들의 감정 생활을 완성할 줄 모르기 때문에 감정의 변화에 따라 더 조작적인 방식에서, 그리고 때로는 감동의 빈곤 속에서 행위로의 이행에 들어갈 우려가 있다. 강렬한 감정을 느끼기 때문에 사랑하는 것으로 믿음으로써 관계는 오해의 원천이 된다. 이런 감정이 반드시 사랑을 나타내는 것은 아니며, 행복을 나타내는 것은 더욱더 아니다.

이때 이런 질문이 제기된다. 관계를 맺는 법, 사랑하는 법을 어떻게 배우나? 이 질문에 대한 대답이 중요한 것은 사랑은 타인, 타인들과 함께하는 수많은 기쁨들, 수많은 자기 실현의 길을 열기 때문이다. 사랑은 삶의 원천이다.

파스칼 브뤼크네르: 사랑은 물론 우리가 인생에서 누리는 가장 큰 행

복과 가장 큰 감탄들의 원천이다. 우리는 절대적으로 애착을 갖는 몇몇 존재들에 의해서만 그것을 경험한다. 하지만 사랑은 가장 큰 괴로움, 가장 큰 의존, 나아가 심지어 가장 큰 구속의 원천이기도 하다. 우리가 사랑과 행복을 연관지을 때 이것은 필연적으로 비극적인 행복관, 다시 말해 행복을 어쩔 수 없이 사라져야 할 어떤 것으로 보는 견해라는 것을 알아야 한다. 이런 점에서 사랑은 작은 행복들의 영역을 넘어선다. 이것은 내가 개인의 행복에 대한 단순한 염려보다 훨씬 더 높은 가치를 부여하는 개념이다.

■ 미셸 우엘베크는 그의 작품(《소립자》)에 나오는 등장 인물들 가운데 하나에 관해 그가 항상 행복과 혼수 상태를 혼동하는 경향이 있다고 말한 바 있다. 그렇다면 행복은 일종의 혼수 상태인가, 아니면 반대로 일종의 감정인가?

파스칼 브뤼크네르: 행복은 사실 감정의 소멸이라고 한다. 그것은 존재하기를 거부하는 것이다. 그것은 사실 긴장도 갈등도 욕망도 없는 일종의 내면적 평온 안에서 행복을 추구하는 오래된, 특히 동시대인들이 끌리는 유혹이다. 우리는 자신의 감정 · 기분 · 생각 · 환각을 가지고 무엇을 해야 할지 모르기 때문에 내면을 비운다. 따라서 우리는 행동 속에서 재빨리 그것들을 비우든지, 우리가 잘살고 있다는 느낌을 갖게 해 주는 일종의 내면의 혼수 상태를 추구한다. 이것은 죽음을 추구하는 것을 인생의 목표로 여기는 관점이다. 왜냐하면 그것은 인생에 눈을 뜰 줄도, 그것의 존재를 제 것으로 만들 줄도 모르는 경우이기 때문이다. 인생이 나를 방해하는 경우이다.

■ 내면의 평화와 지복은 수동적인 개념들인가?

파스칼 브뤼크네르: 사람들은 흔히 행복을 자기 자신과의, 그리고 타인들과의 일종의 조화와 평정 상태로 생각한다. 이것은 걱정이 멀어진 환희의 기간이다. 그렇지만 현대인의 행복관 안에서 통용되는 것은 이런 개념이 아니라 오히려 역동적인 행복, 승자, 즉 성공한 사람들, 귀빈석 위에서, 사진 속에서 그들의 행복을 과시하는 사람들의 행복 개념이다. 나는 이런 행복을 진정한 행복의 부정이라고 본다. 왜냐하면 그것은 위협적이고 사회적 지위와 혼동되기 때문이다. 그것은 행복한 포즈를 취하는 것이다.

이자벨 그라슬레: 평화의 문제는 내게 의미가 없다. 나는 좀더 역동적이고 힘이 넘치는 어떤 과정 속에 존재한다. 순간의 강렬함을 추구하는 것이 조화를 추구하는 것보다 더 중요하다. 사실 우리가 신비론적인 기독교 신자들을 연구할 때, 우리는 그들을 마음의 평온을 찾은 사람들로 보기보다는 순간의 강렬함을 체험하고자 노력하는 사람들로 본다. 그리고 그것이 때로는 그들을 '신비한 결합'이라고 불리는 것으로 인도하는데, 그것은 마음을 진정시키는 어떤 것과는 거리가 멀다.

■ 그러면 기쁨은 어떤가?

이자벨 그라슬레: 복음서에서 기쁨은 현재의 시간에 존재하지 않는 하나의 역학이다. 신학적 용어로 우리는 메시아의 기쁨, 다시 말해 신, 즉 예수의 현존과 관련된 기쁨을 거론한다. 하지만 그것은 항상 나중, 훗날의 관점 안에 존재한다. 그것이 반드시 내세여야 하는 건 아니지만

그렇다고 현재인 것도 아니다. 이것은 모순되는 것처럼 보이며, 내가 상이한 시간성의 관점 안에서 기쁨이란 주제를 이해하는 편을 선호하는 것도 그 때문이다.

■ 행복해지는 법을 배우려면 사제에게 물어보는 게 좋을까, 정신분석가에게 물어보는 게 좋을까?

토니 아나트렐라: 모든 게 각자가 처한 상황에 달려 있다! 영적인 문제에는 영적인 대답이, 정신적인 문제에는 정신적인 대답이 주어져야 한다. 이 분야들에서 각각의 영역이나 문법을 혼동하면 안 된다. 세르주 르보비치 교수는 내게 이렇게 말했다. "사제들을 만나러 가는 사람도 있고, 정신분석가를 만나러 가는 게 더 나은 사람도 있다!" 물론 이쪽과 저쪽의 경계에 있는 질문들도 있지만, 우리는 그것들을 함께 다룰 수 없고 동시에 다뤄야 한다. 나는 지금 청소년기와 청소년기 이후 동안 부모 이미지의 취급과 연관된 모든 것을 염두에 두고 있다. 이를테면 낮게 평가된 부모의 이미지 구축은 개인이 자신의 남자다움 혹은 여자다움에 접근하는 것을 실패로 만들 뿐 아니라 복잡하게 만든다. 우리가 아버지에 대해 낮게 평가된 이미지를 갖고 있을 때 그와 정신적으로 화해하지 않는 한 자신을 남자로서 평가하기가 매우 어렵다. 동시에 우리는 하느님 아버지의 이미지와의 영적인 갈등 상태에 놓일 수도 있고, 형제 쪽에서 더 쉽게 제자리를 찾을 수도 있다. 그것은 형제를 위해 하느님 아버지를 감추는 영성으로 인도한다. 심리적이고 영적인 두 가지 문제는 서로 얽힐 수 있지만, 이때 우리는 사제와 함께 자신의 문제에 접근해서 하느님 아버지에 관해서도 똑같이 제기될 수 있는 이런 부모 이미지의 충돌을 밝힐 우려가 크다. 다시 한 번 말하지만 그런 의문에는

심리요법보다는 오히려 사제와 함께 자신에 대해 생각해 보는 것이 필요하다. 심리요법은 우리가 너무 고통스러울 때, 자기 자신의 힘으로 어떤 정신적 상황 또는 문제를 해결할 수 없을 때 필요한 것이다. 오늘날 우리는 건강 전문가들의 결탁과 통찰력의 부족으로 인해 존재의 문제들을 '심리학화'하고 의학화할 우려가 있다. 사소한 사고에도 심리학 응급실에 철저히 의존하는 것은 일종의 꼴불견이며, 정말로 해야 할 것의 반대편에 위치한다. 그들은 사람들에게 말할 것, 귀기울일 것, 차후에 일어날 충격을 피할 것을 강요하고 싶어한다. 이런 관점은 지나치게 단순화되고 위험한 것이다. 그것은 당사자들이 존재의 문제에 귀를 기울임으로써, 또는 상황들, 나아가 심리적 기제에 관해 설명함으로써 존재의 문제들을 치료할 수 있다고 믿는 그런 미디어 심리학을 흉내낸 것이다. 게다가 우리는 삶의 피해자들, 학대당하는 자들의 정신 상태를 만들고 있는데, 그것은 개인들을 책임감 없게 만들고 끊임없는 불평 속에 가둬 버린다. 상당히 많은 경우, 우리가 존재의 커다란 문제들에 관해 생각하기 위해 필요로 하는 것은 사제이지 전능함 속에 안주하는 정신 건강 전문가가 아니다. 대중적 심리 잡지들의 비약적 발전은 가장 염려스럽지 않은 사람을 위한 것이며, 정신을 혼란스럽게 만드는 데 일조하고 있다. 사람들은 심리학적 설명들로 자신의 머릿속을 가득 채우고 있는데, 그것은 제기되지도 치료되지도 않는 문제들에 대해 심리학자들, 정신과 의사들이 행한 합리화일 때가 많다.

파스칼 브뤼크네르: 만일 내가 정신분석가나 사제 중에서 하나를 선택할 수 있다면, 나는 오히려 사제에게 문의하겠다! 나는 정신분석가들에 대해 잘 알고 있다. 당신이 심각한 주제들에 접근하기가 무섭게 그들은 그것을 심리학화하는 경향이 있다. 따라서 우리는 자기 자신의 문제

들로 축소되고, 토론은 결코 끝날 수 없을 것처럼 보인다. 적어도 사제
와 함께라면, 설령 신자가 아니라도 우리는 세상과 신에 대한 관점을 교
환할 수 있다. 오늘날 위험한 것은 동양의 것이든 어떤 종파의 것이든
번창하는 새로운 영성 안에서 중심 인물이 아버지·구루·마술사·샤
먼·연인·정신분석가 등 모든 역할을 맡는다는 것이다. 이런 역할의
혼동은 매우 손실을 입히는 일이며, 그곳을 나오면 완전히 기가 죽어 버
리는 신봉자들의 정신적 허약함을 설명하고 있다.

■ 행복해지는 법이 배우기 어렵게 여겨진다면 일어나 앞으로 가는
법을 배울 수는 있을까?[5]

이자벨 그라슬레: 거기에는 방법도 비법도 필요치 않으며, 대신 시작
하는 말이 필요하다. 진복팔단의 명령도 그렇게 해석할 수 있다. 복음
서에서 예수는 누군가를 만날 때마다 그를 치료하고 치유하는 동시에
다시 일으켜 세운다. 그가 열 명의 나병 환자를 낫게 할 때——나병은
인간의 생명을 갉아먹는 모든 것의 상징이다——그들은 사제에 의해
그것을 확인받아야 한다. 그리고 단 한 명만이 예수에게 감사하러 오자
예수는 이렇게 말한다. "다른 아홉 명은 어디 있느냐? 자 일어나라[여기
서 그는 부활에서 사용한 것과 같은 동사를 사용하고 있는데, 이것은 무엇
보다 먼저 시작의 말이다], 너의 믿음이 너를 구했다."
　이 말을 어떻게 이해해야 할까? 어떤 지점까지 가는 치유가 있고, 다
른 것들은 여분의 구원이 필요하다는 것인가? 아니다. 열번째 나병 환

---

5) 앙드레 슈라키의 번역본에서 '……하는 자들은 행복하다'의 의미를 '걸어
라…!'로 번역했다.

자의 유일한 차이점은 자신으로의 선회를 행함으로써 돌아와 타인이 있다는 것을 발견하고, 그와의 관계를 재건한다는 데 있다. '너의 믿음이 너를 구했다' 는 프랑스어로도 매우 모호한 말인데, 그것은 우리가 그 말을 매우 기독교적인 의미로도 이해할 수 있지만 또한 인명 구조시의 단순한 의미로도 이해할 수 있기 때문이다. 물에 빠져 죽어가던 누군가가 자신과 타인에 대한 단순한 믿음에 의해 빠져나갈 힘을 단숨에 회복하는 것처럼.

■ 두 개의 행복관이 서로 마주 보고 있다. 한편으로 행복은 파스칼 브뤼크네르가 말한 것처럼 행운이고, 건설된 것이 아니며, 은총으로 받은 것이다. 또 한편 행복은 일종의 정복과 흡사하다. 행복은 운명이 강요한 것을 받아들이는 것일까? 아니다, 행복은 운명에 맞선 정복이라고 카뮈는 말했다. 당신은 이에 대해 어떻게 생각하는가?

파스칼 브뤼크네르: 거기에는 하나의 혼동이 있는데, 그것은 아마 행복과 자유 간의 시대적 상황에 의해 설명될 것 같다. 카뮈가 말한 것은, 결국 우리로 하여금 운명에 맞서 싸울 수 있게 해주는 것은 우리의 개인적인 자유라는 뜻이다. 그에게 자유는 즉시 행복의 동의어가 되어야만 했다. 나는 행복이 하나의 정복이라고 생각지 않는다. 행복의 정복을 위해 출발할 수는 있지만 결과를 확신할 수는 없으며, 예전의 똥보로 돌아갈 수도 있다!

행복은 은총의 영역일까? 나는 그렇다라고 줄기차게 주장하는 바이다. 우리는 우리가 체험하는 뜻밖에 닥치는 행복한 순간들의 주인이 아니다. 반대로 이 분야에서 우리의 자유는 운명이 우리에게 제공하는 행복을 받아들이고, 흘러가는 시간 속에서 어떤 은총의 순간이 열리는 것을 알려 주는 그 작은 찰카닥 소리를 포착할 줄 아는 데 있다. 그리고 그 은총의 순간은 시간의 흐름을 완전히 깨고, 일상의 반복과 관례를 끊고 우리를 좀더 높은 어떤 것 속으로 데려다 줄 것이다.

많은 이들이 그들에게 온 행복을 알아보지 못하고 불행으로 떨어지는데, 그것은 불행이 알아보기가 훨씬 더 쉽기 때문이다. 같은 현상이 사랑의 영역에서도 벌어진다. 남녀들은 좋은 짝을 기다리느라 평생을 보낸다. 그래서 나타나는 모든 이들은 멍청한 인간, 불완전한 사람으로 간주된다. 절대 좋은 짝이 못되는 것이다. 그들은 그들을 매료시킬 완벽한 존재를 기다리며 늙어가다가 깨닫는다. 그들이 만난 존재들을 사랑하고, 그들을 완전한 권리를 지닌 짝으로 인정할 권리를 부여받지 못했다는 것을.

■ 행복하다는 의식은 행복의 적이 아닐까?

토니 아나트렐라: 자신이 행복하다고 생각하는 것은 행복의 한계이다. 종교적 체험에 속하는 행복은 복음서의 진복팔단에 종속되어 있으며, 안락함과 혼동되지 않는다. 행복은 흔히 나중에 가서야, 지나간 뒤에야 발견된다: 그제서야 우리는 행복을 체험했다는 것을 깨닫는다. 우리는 생각한다. '그건 나를 풍요롭게 만들어 준 행복한 경험이었어.' 그건 아마 우리가 행복을 체험하는 그 순간에는 그것을 깨닫기 힘들기 때문일 것이다. 우리가 감사하다고 말할 수 있을 때, 다시 말해 은총의 행동에 의해 은총에 보답할 준비가 되어 있을 때 그만큼 더 우리는 우리가 행복한 순간을 체험했다는 것을 깨달을 수 있다.

4

신앙은 삶에 도움을 줄 수 있을까?

다리, 아치, 곤돌라

알랭 우지오

신앙이 무엇인지, 그리고 그것이 어떻게 우리가 사는 데 도움을 줄 수 있는지 말하기 위해 나는 세 개의 이미지를 사용하고자 한다. 세 이미지 모두 하나의 '아치'와 관계가 있다. 우선 다리의 아치. 그 다음엔 결합의 아치(궤), 그리고 마지막으로 홍수에서 구해 준 노아의 아치(방주).

다리의 아치

다리 위를 걸어감은 아치가 버텨 줄 것이라고 믿는 행위이다. 생각해 보면 다리는 낭떠러지 위에서 '버티기' 위해 가진 것이 아무것도 없다. 그것은 자신의 무게의 힘 때문에 무너져 내려야 마땅할 것이다. 그것은 오직 아치의 기적에 의해, 다시 말해 석재들간의 상호 의존의 관계 덕에 버티는 것이다.

다리 위를 걸어가는 건 신앙과 믿음의 행위이다. 신앙, 그것은 다리의 아치에 의해 받쳐지고 지탱될 거라는 굳은 확신이다. 신앙, 그것은 믿음의 한 형태이다. 게다가 '신앙(foi)'과 '믿음(confiance)'이란 단어들은 같은 뿌리를 갖고 있다.

나는 또 허공 위에서, 구경꾼들 앞에서 가느다란 줄 위를 걸어가는 줄타기 곡예사를 생각해 본다. 그것의 무게로 인해 평형봉은 오히려 곡예사를 떨어지게 할 수도 있다. 그런데 웬걸, 반대로 평형봉은 그를 붙들어 주고 지탱해 준다. 평형봉에 대한 믿음, 하느님에 대한 믿음은 일종의 이해할 수 없는, 거의 절대적인 확신이다. 그런데 그것이 당신을 지탱해 주고, 당신이 앞으로 나아가는 것을 도와 준다.

지오노는 전진하면서 자신의 세계를 구축하는 조물주와 같은 예술가에 대한 은유로 줄 위 곡예사의 이미지를 사용했다. 왜냐하면 예술가로 하여금 신과 겨루게 해주는 원동력인 예술가의 상상의 세계 말고는 줄의 반대편 끝에서 그를 지탱해 줄 만한 것이 아무것도 없기 때문이다![1] 이런 곡예사를 닮은 기독교인들은 하느님의 보이지 않는 손에 의해 허공에서 지탱되고 있는 줄 위에서 하느님을 향해 나아간다. 그렇다, 인생은 하느님의 기적에 의해 지탱되는, 그리고 하느님의 신비에 이르는 줄 위에서 균형을 잡으며 걷는 것이다. 하느님은 '반대편 기슭'이다.

그러므로 신앙은 일종의 이유 없는 신뢰이다. 우리가 무엇을 신뢰하는 것인지는 잘 모른다. 우리는 지탱하고 있는 다리의 신비, 지탱하고 있는 줄의 기적을 신뢰하는 것이다.

---

1) 지오노의 이런 이미지를 내게 환기시켜 준 에블린 프레셰에게 감사한다.

결합의 아치

결합의 아치란 하느님의 현존을 나타내는 큰 궤이다. 히브리인들이 이집트를 탈출해서 약속의 땅으로 가기 위해 사막을 건넜을 때, 결합의 아치는 무리의 선두에 있던 한 천막 밑에 있었다. 그 다음 예루살렘 성전이 지어지자 사람들은 그 궤를 그곳에 옮겨 놓았다. 그 다음 그 궤는 사라졌다.

불가사의한 것은 우리는 그 궤 안에 무엇이 있는지 모른다는 것이다. 돌멩이? 십계명? 약간의 만나? 우리는 그에 관해 아무것도 모른다. 많은 사람들은 심지어 그 궤 안에는 아무것도 없었다고까지 생각하고 있다. 그리고 마찬가지로 결합의 궤가 사라졌을 때 예루살렘의 성전 안에는 완전히 비고 아주 어두컴컴한 방 하나밖에 없었다. 완전히 빈 이 방이 바로 지성소, 하느님이 현존하시는 바로 그곳이다.

이렇듯 신앙은 수수께끼, 침묵, 하느님의 밤에 의한 자화(磁化)이다. 신앙은 확실성을 거부하는 하나의 방식이 아니다. 반대로 그것은 수수께끼에 대한 강박관념이고, 하느님의 침묵의 비밀을 엿듣는 것이다. 내 말은 **무**(無)가 하느님이라는 것이 아니라 그것이 우리가 생각하는 것과는 전혀 다른 하느님에 대한 최고의 표현이라는 것이다.

플라톤에게는 올빼미의 이미지도 같은 의미를 지닌다. 올빼미는 밤에만 볼 수 있는 동물이다. 빛이 있으면 올빼미는 장님이 된다. 올빼미는 빛이 있기 때문에 장님인 것이다. 올빼미의 실명이 빛 속에 있으면 어떻게 되는가의 증거이고 증명이다. 사도 서한이 히브리인들에게 말하는 것처럼 신앙은 우리가 보지 못한다는 것의 증명이다. 신앙은 하느님을 보지 못한다. 그것은 하느님이 우리가 보지 못하는 곳에 계

시다고 말해 준다. 그리고 그것은 우리를 둘러싼 사방이 온통 깜깜해
졌을 때 우리를 도와 준다.

노아의 아치

이 아치는 큰 궤 형태로 된 배이다. 노아와 그의 후손을 구한 아치
이다. 모두 노아의 후손들인 우리는 이 아치 덕에 존재하지 않음과
무(無)로부터 벗어났다.

신앙은 일종의 노아의 방주 안에서 위험과 죽음 위로 받쳐지고 지
켜지고 보호되고 구조될 수 있다는 굳은 확신이다. 구조된다는 느낌
이 우리에게 신앙을 주며, 그것이 우리의 신앙 자체이다.

매순간 우리는 죽음으로부터 구조된다. 우리가 다시 숨을 내쉴 때
마다 그 숨결이 우리를 살리고, 우리의 생명을 지탱해 주며, 우리로
하여금 쇠약함과 죽음을 통과하게 해준다. 매초마다 우리의 심장은
다시 뛰기 시작하고, 우리의 쇠잔한 몸에 다시 한 번 새 피를 공급한
다. 그것이 우리를 살려 주는 것이다. 우리의 생명은 항상 유예된 것
이고, 물로부터 구조되고 홍수로부터 구조되며 죽음으로부터 구조된
생명이다. 매순간 우리의 생명은 기적에 의해 구조되고 있다.

신앙은 우리가 일종의 이해할 수 없는 은총과 기적에 의해 목숨을
부지하고 있음을 느끼는 것이다.

라 퐁텐이라는 호인

여러분은 〈농부와 그의 자식들〉이라는 제목을 가진 라 퐁텐의 《우화》를 알고 있을 것이다. 자신이 죽어가고 있다는 것을 느낀 농부는 자식들을 불러 이렇게 말했다. "내가 유산으로 물려 주는 밭 속에 보물이 숨겨져 있다." 농부가 죽은 뒤 자식들은 밭을 가래로 파고 잡초를 뽑고 두벌김을 매고 경작했다. 그것도 몇 년 동안이나 씨뿌리기와 수확이 거듭되었다. 하지만 그들은 보물을 찾을 수가 없었다. 아무것도, 전혀 아무것도 없었다. 그러던 어느 날 그들은 밭에는 아마도 보물이 없을 것이라는 사실을 알게 되었다. 하지만 결국 보물이 있건 없건 그건 중요치 않았다. 왜냐하면 진정한 보물은 노동이고, 그것이 생산한 것이기 때문이다. 아버지가 자식들에게 물려 준 보물은 노동, 탐구, 보물에 대한 믿음이라는 보물이었다.

그러므로 진짜 보물은 신앙이다. 신앙이야말로 진짜 보물이며, 아마도 유일한 보물일 것이다. 진짜 보물은 하느님을 찾는 것, 최후의 수수께끼의 매혹, 성서를 끝없이 읽는 것, 세상이란 밭에서 일하는 것이다. 그리고 설령 실제로 밭에 숨겨진 또 다른 보물이 있다 해도 이 보물만으로 충분하다.

신앙, 그것은 진실해지는 법을 배우는 것이다[1]

외젠 드르베르만

나는 신앙은 우리가 살아가는 데 도움이 될 수 있다고 감히 처음부터 주장하면서 말문을 열겠다. (반면 종교 기관에 관해서는 같은 말을 주장할 수 없다.) 나는 인간으로서 우리는 어떻게 살고 있나라는 동일한 주제의 각기 다른 측면을 제공하는 네 가지 이야기를 해보겠다.

진실한 것과 마음대로 말하게 내버려두는 것

이것은 1941년에 있었던 일이다. 당시 독일군은 붉은 수염이라는 이름의 러시아를 상대로 전투를 개시하기로 결정했다. 나치에게 러시아인들은 열등 인간들이었다. 이런 확신에서 2천5백만 인명의 죽음이라는 결과가 발생했다. 당시 독일의 모든 가톨릭 주교들은 이 전쟁이 그리스도를 위해 볼셰비키(러시아 공산당원)의 무신론을 상대로 한 십자군 전쟁이라고 선언했다. 총통에게 선서하는 것은 하느님에게 선

<hr>

1) 독문학 박사 카트린 마즐리에 그륀베르크에 의해 번역된 말이다.

서하는 것이었다.

  젊은 농부 예가 슈테타는 전선에 보낼 군인으로 차출되었다. 그는 신학을 공부하지 않았지만 아주 명석한 분별력을 갖고 있었기 때문에, 그것의 이름으로 사람을 죽일 것을 강요하는 명령에는 따르지 않기로 결심했다. 그러니까 그는 양심상의 병역기피자가 된 것이다. 1935년부터 군복무가 의무화되었기 때문에 양심상의 병역기피자가 된다는 것은 스스로 사형시켜 달라고 하는 것과 같은 행위였다. 따라서 예가 슈테타는 정치 당국과 교회 당국으로부터 유죄 판결을 받았다.

  사람들은 그에게 빈에서 추기경과 면담할 것을 강요했다. 그는 가톨릭 교회의 견해와 상반되는 사적인 의견을 감히 가진 것으로 인해 꾸짖음을 당했다. (그리스어와 히브리어를 공부하지도 않은 그가 어떻게 그리스도의 메시지에 대한 해석의 열쇠를 가질 수 있겠는가?) 추기경은 그에게 교회에 불복종하는 것은 하느님께 불복종하는 것임을 환기시켰다. 그의 대답은 너무나 간단했다. "이 전쟁에서 수백만 명이 죽을 것이고, 그들의 재산도 약탈될 것이다. 나는 사람을 죽이라는 명령을 거부하는 바이다." 그는 처형되었고, 영성체조차 거절당했다.

  사실 이 남자는 완벽한 무명인이지만 적어도 두 전쟁의 전체 사망자수만큼의 평가를 받을 만한 가치가 있다. 왜냐하면 그는 우리에게 신앙이 어떻게 우리의 삶에 도움이 될 수 있는지를 정확히 보여 주고 있기 때문이다. 신앙은 한 사람의 고립된 개인으로 하여금 나라·교회·사회에 반대하고 나설 수 있게 해준다. 이것은 절대적인 문제이다. 왜냐하면 우리는 우리 양심의 목소리가 우리에게 지적하는 바를 보편적인 윤리적 법칙 안에 가두어둘 수 없기 때문이다.

  어떤 도덕도 어떤 사람에게 순교자가 될 것을 요구할 수 없다. 그렇지만 이 젊은 농부는 '카이사르의 것은 카이사르에게 돌려 주어라. 하지만 너의 마음은 하느님께만 속해 있다' 는 예수의 말을 엄격히 지켰다. 자, 이것이 신앙이 우리에게 줄 수 있는 첫번째 것이다. 그것은 우리에게 집단에 대해 개인으로 있을 수 있는 용기를 준다. 그것은 인간은 어떤 절대자와 대면했을 때에만 정말로 산다는 것을 분명히 드러낸다. 그런데 그 절대자는 국가·전통·교회를 비롯한 어떤 외부적 권위와도 혼동될 수 없다.

우리는 모두 절대자에게 할 말이 있다. 우리가 감히 그것을 표현할 때 우리에게 주어질 수 있는 가장 아름다운 것, 즉 하느님이 우리 안에 안배해 놓으신 것과의 이러한 공명을 해치게 된다. 따라서 문제는 왜 우리가 다른 사람——더 잘생기고 더 총명하고 기타 등등——이 아닌가 하는 이유를 아는 것이 아니라 우리 자신이 되는 것이다.

이 젊은 농부는 '진실을 행하고 거침없이 말하라' 는 마네의 신조대로 살았다. 그가 유죄성의 문제를 제기한 것인지는 나도 잘 모르겠다. 나의 두번째 이야기에서는 이 유죄성에 관해 말하려 한다.

이해하기 또는 비난하기

얼마 전, 한 스무 살 청년이 징역 2년을 선고받았다. 그는 어떤 아가씨를 강간한 혐의로 고발됐는데, 그는 계속해서 강간 혐의를 부인했다. 소송에서 그는 거만하게 보였고, 검사는 그가 유죄라고 믿었으며, 판사도 그 견해에 동조했다. 상당히 높은 사례금에도 불구하고 그의 변호사가 할 수 있는 것은 아무것도 없었다.

어머니의 충고를 듣고 그가 나를 만나러 왔다. 내 앞에서 그는 거의 30분 동안이나 침묵을 지키고 있었다. 차차 나는 사건에 대한 그의 설명을 듣게 되었다.

하나의 비밀이 그의 가족을 짓누르고 있었다. 그의 아버지는 알코올 중독자였는데, 그는 재판관 앞에서는 절대로 그 이야기를 꺼내려 들지 않았다.

자, 이것이 사건의 전말이다. 알코올 중독 치료센터에서 돌아온 아버지의 병이 강간이 일어난 것으로 추정된 바로 그 저녁 재발되었다. 아버지 앞에서 어머니가 아들과 딸에 대한 걱정으로 얼마나 두려워했을지 짐작이 간다. 그날 저녁 절대 일어나서는 안 될 일이 일어났다. 아버지가 어머니를 때리기 시작했을 때, 그들의 두려움은 그 남자에 대한 증오로 바뀌었다. 어머니와 아들이 손을 잡고 아버지를 손발이 떨어져 나갈 정도로 꽁꽁 묶었다.

그 다음에는 정신분석적인 표본의 도움을 받아야만 이해할 수 있는 어떤 일이 벌어졌다. 바로 그 순간 청년은 자기 자신의 아버지 · 어머니의 보호자가 되었다. 끔찍한 것은 그가 아버지**처럼** 되었다는 것이다. 그날 저녁 그는 술꾼이 **되어** 술을 마시기 위해 외출했다. 이때 문제는 그의 아버지가 어머니를 구타하고(하거나) 강간했느냐 하는 것이다. 거기에 폭력이 있었다는 것은 분명하게 드러났지만 성적 폭력은 결코 없었다. 그런데 그날 저녁 청년이 한 아가씨를 마구 때리긴 했지만 그녀를 강간할 의도는 없었다.

법정은 이 모든 것을 전혀 알고 싶어하지 않았다. 그 청년은 이미 범죄 기록이 있었던 만큼 더욱더 그랬다. 그는 열네 살 때 펠트옷을 훔친 적이 있었기 때문이다. 그 도둑질에도 그럴 만한 까닭이 있었으니, 아버지가 취했을 때 어머니가 그를 돌봐 달라고 이모집에 맡겼는데 그때 이모가 그에게 펠트옷을 입히고 그림을 그려 주곤 했던 것이다. 그가 열네 살 때 이모가 죽었다. 그때 그는 펠트옷을 훔친 것이다.

법은 그것을 절도로 불렀고, 법정은 범죄 기록을 언급했다. 하지만 여러분이 생각하는 것은 인간적인 판단이 될 것이다. 정신요법은 그 청년의 행위가 절도가 아니라 절대로 죽으면 안 될 한 인간을 다시 살아나게 하기 위해 마법의 수단으로서의 펠트 옷감을 차지하고 싶은 유혹이었다는 것을 이해할 수 있게 해준다.

이 이야기는 종교와 신앙의 두 가지 측면을 설명해 준다.

우선 우리가 타인들에 대해 내리는 판단의 대부분은 잘못되었는데, 왜냐하면 우리는 그들의 이야기를 모르므로 그들의 깊은 동기를 고려할 수가 없기 때문이다. 선(善)을 원하는 우리의 의도에도 불구하고 우리는 오류에 빠질 수 있다. 그렇기 때문에 산상수훈 끝에 나오는 그리스도의 말씀의 지혜는 그만큼 더 타당성 있게 보인다. "남을 판단하지 말아라. 그러면 너희도 너희 자신의 판단으로 인해 판단받지 않을 것이다."

30년 혹은 40년 후에 우리가 인간의 심리에 대해 더 많은 것을 알게 되었을 때, 우리의 '사법 제도'는 폐지된 것으로 여겨질 것이다. 오늘날 우리가 중세의 마술 재판을 더 이상 행하지 않는 것처럼. 우리는 아직도 사형 제도를 용납할 정도로 미쳐 있다. 일례로 오클라호마 한 주에서만 2001년도에 열여섯 번이나 사형이 선고되었다. 마찬가지로 우리는 뻔뻔스럽게도 '무한 정의'[2]라 불리는 어떤 작전을 잠자코 수용하여 수천 명의 군인을 전투에 내보내고 있다. 달라이라마는 2001년 9월 11일의 테러가 발생하고 이틀 뒤 이렇게 선언했다. "이것은 비폭력을 위한 무한 기회이다."

---

2) 참고로 말하면 이것은 2001년 9월 11일의 사건에 뒤이은 미국의 보복 작전 이름이다.

사실 종교의 진리를 이해하려면 인간의 종합적 심리 현상에 관해 철저히 다른 관점이 필요하다. 종교는 옳으려고 노력하는, 그리고 자기 자신의 정의를 부과하려고 노력하는 모든 의도의 목표이다. 실제로 인간은 자신이 비난받는다고 느끼지 않을 때에만 진리를 찾을 수 있다.

만일 그 청년이 적어도 내가 그의 무죄가 가능하다고 가정하고 있다는 것을 느끼지 못했다면, 그는 법정에서 입을 열지 않았던 것처럼 내게도 말 한마디 안했을지 모른다. 그렇지만 이것은 그저 누군가를, 그의 끝없는 고독 속에서, 그의 내면의 혼돈 속에서, 그리고 그의 선한 의지 안에서 이해하려고 노력하는 일일 뿐이다.

우리 모두는 거지

세번째 이야기는 오늘 아침 북역에서 벌어진 일이지만, 사실 그것은 세계 어느곳에서나 일어날 수 있는 일이다. 역에는 이슬비가 조금씩 내리고 있었다. 한 여인이 초라한 비닐 우산을 쓰고 앉아 있었는데, 그녀 옆에는 가방 두 개가 놓여 있었다. 그 가방 두 개가 그녀가 가진 전부인 것이 틀림없었다. 그녀는 눈을 감고 있었다. 갈색 이마 위에 그려진 표시들이 그녀가 알제리인이라는 것을 말해 주고 있었다. 이미 오래전부터 폭풍우가 몰아치고 있는 비참함의 바닷가에 난파당한 낙오자처럼 그녀는 거기에 있었다. 그것은 지난 시대의 식민지 전쟁의 폭풍우이지만, 또한 회교도의 광신에 의한 탄압과 함께 현재 알제리에서 벌어지고 있는 전쟁이기도 하다.

몇 분 동안 수백 명의 통행자들이 그 앞을 지나가면서도 그녀에게 관심을 기울이지 않았고, 단 한 명의 경찰도 위험에 처한 사람을 구조하지 않은 죄로 그들을 꾸짖으러 오지 않았다. 그렇지만 만일 누군가가 그녀를 위해 자신의 마음과 지갑을 동시에 열지 않는다면 그녀는 살아남을 확률이 희박했다. 그녀는 아무 권리도 없었고, 그녀가 당신에게 아무 존재가 아니듯 당신도 그녀에게 빚진 것이 없었기 때문이다.

오직 신앙만이 이런 무관심을 흔들고 변화시킬 수 있다. 나는 여기서 긍휼히 여기라는 기독교의 명령을 참고하려는 것이 아니다. 나는 그보다 파리에 도착했을 때 본 광고탑에 적힌 '모든 선물은 인생을 바꾼다'는 표어가 더 생각난다.

종교는 우리에게 훨씬 더 심오한 어떤 것을 가르쳐 준다. 만일 우리가 우리 자신에게 정직하다면, 우리는 북역에서 마주친 그 여인과 사실은 많이 흡사하다. 우리도 그녀처럼 거지인 것이다. 그런 일은 순식간에 진행될 수 있다. 병에 걸리고, 운명의 재난이 닥치고, 그리고 모든 것이 흔들리는 것이다. 우리 모두는 거지이다. 우리에게 속한 것은 아무것도 없으며, 우리는 아무것에도 '권리'가 없다. 인생은 남들과 나눠 가져야 하는 하나의 특별한 선물인 것이다.

마르틴 루터는 그것을 잘 알고 있었다. 은총에 대한 그의 교리는 이 주제를 둘러싼 필사적인 탐색이었다. 그가 죽었을 때, 사람들은 전통에 따라 그 머리맡 탁자에서 '우리 모두는 거지이다'라는 라틴어 원구를 인용한 구절을 발견했다. 그리고 루터는 자신의 손으로 이렇게 덧붙였다. '맞는 말이다.'

신앙과 연민

얼마 전 뒤셀도르프의 한 역에서 나는 사방으로 뛰어다니는 개 한

마리를 보았는데, 그 개는 주인을 찾고 있는 것이 틀림없었다. 프로이트는 모든 두려움을 '대상의 상실에 대한 불안'으로 묘사했는데, 그것을 보니 동물에게도 그건 사실이었다. 몇 분 만에 개의 운명은 '평온한 개'에서 '들개'로 곤두박질칠 수 있었다……. 이 예는 동물과 사람이 같은 감정을 느낀다는 것을 보여 준다. 속어는 어떤 사람들이 '개 같은 삶'을 산다는 것을 너무나 잘 말해 주고 있다. 왜냐하면 그들에게는 아무 권리가 없기 때문이다. 그런데 권리가 있는 것이 중요한 것은 아니다. 더 중요한 문제는 연민이다. 알베르트 슈바이처는 이런 의견에 공감했다. "연민은 보편적인 것이다. 그렇지 않다면 연민은 존재하지 않을 것이다."

그러므로 신앙은 연민을 가질 수 있는 우리의 능력을 무한대로 확장시킬 수 있도록 돕는 그런 힘이 되어야 할 것이다. 신앙은 우리가 인격체, 자기 자신이 되도록 돕는다. 신앙은 비난을 연민으로 대체하게 함으로써 우리가 유죄성 문제를 관리하는 것을 돕는다. 우리가 친절을 요구하기 위해 할 일은 아무것도 없다. 대신 신앙은 우리를 이 지구상의 모든 생명체를 향한 연대 의식에 민감하게 만든다.

그렇다, 신앙은 우리로 하여금 캄캄한 밤에 두 눈에는 보이지 않는 빛을 분간하게 해준다. 그 빛은 우리를 광명의 세계로 인도한다. 그것은 사랑에서, 그리고 실패의 혼돈 한가운데에서, 어떤 의미에 대한 약속에서 탄생하는 실존의 시이다.

신앙, 그것은 '나는 나이다'라고
말하는 법을 배우는 것이다

장 이브 를루

나는 사도 토마에게 많은 애정을 갖고 있다. 그는 몹시 의심이 많은 동시에 믿음 또한 깊다. 오늘날 우리는 의심을 거치지 않고서는 신자가 될 수 없다. 나는 이 회의주의가 건강함의 일부라고 생각한다. 왜냐하면 하느님의 이름으로 우리는 무슨 일이든 할 수 있고, 또 남에게 시킬 수 있기 때문이다. 우리가 가장 나쁜 악을 행하고, 하느님의 이름으로 유혈이 낭자한 전쟁이 벌어지는 것이 선에 대한 욕망 때문일 때가 많다. 그리고 스스로 '참된' 신자라고 말하는 아주 진지한 사람들이 그런 짓을 저지를 때가 많다.

우리가 신앙을 논할 때 나는 우리가 무엇을, 누구를 믿는지 아는 것, 그리고 절대자를 믿고 말하는 것은 언제나 상대적인 존재라는 것을 환기시키는 것이 중요하다고 본다. 자신의 한계, 자신의 무의식을 통해 하느님을 논하는 것은 언제나 한 사람의 인간이라는 것을 말이다. 설령 하느님이 친히 영감을 불어넣었다고 말하더라도 어떤 텍스트를 우상화할 수는 없다. '하느님의 말씀,' 그것은 언제나 한 사람이 이해한 그것이며, 그의 문화 안에서 해석하고, 그의 두려움 · 욕망 · 권력 의지에 의해 여과한 그것이다.

우상 숭배

우상 숭배란 우리가 보는 것에 의해 고정된 시선을 갖고 그것을 현실로 간주하는 것이다. 오늘날에는 그 어떤 과학자도 우리는 보는 것은 현실이 아니라 우리의 지각 수단이 포착할 수 있는 것이라고 말할 것이다. 현실은 항상 우리가 포착할 수 있는 것을 뛰어넘는다. 우상 숭배란 우리가 아는 것에 의해 고정된 이해력을 갖는 것이기도 하다. 우리는 모든 것을 충분히 알 수 없다.

시선과 이해력을 열린 상태로 유지하는 것, 그것이 신앙이 우리에게 주는 은혜이다. 그것은 우선 단순한 학문적 차원에서 주어진다. 그것이 과학만능주의자와 과학자를 구별하는 점이다. 과학자는 그가 아는 것 이상을 보는 사람이다. "내가 아는 것은 끝이 있지만, 내가 모르는 것은 끝이 없다."

감정적 차원에서 우상 숭배라 함은 우리가 사랑하는 것에 의해 고정된 마음을 갖는 것이다. 우리는 그토록 한 개인에게 종속될 수가 있는 것이다! 한 사람이 다른 사람에게 전부가 된다는 것은 지나친 일인데, 왜냐하면 나는 네게 부족한 것을 채워 줄 수 없고 그 반대도 마찬가지이기 때문이다. 이런 식으로 유한한 존재 위에 무한에 대한 욕망을 투사하는 것, 그것이 우상 숭배인 것이다. 신앙은 우리로 하여금 우리가 사랑하는 것에 의해 고정되지 않은 마음을 간직하게 해준다. 이것은 우리가 덜 사랑하거나, 또는 덜 잘 사랑한다는 의미가 아니다. 반대로 우리는 더 잘 사랑할 수 있다. 우리는 불완전한 사랑을 다져나가는 것이며, 상대방이 결코 모든 것이 될 수는 없다. 절정은 불완전 속에 있을 것이라고 본푸아는 말했다. 다시 말해 신자는 한계 안에서 사랑하는 것을 사랑한다. 그는 그것을 존중한다.

우상숭배자는 또 신앙이 그의 믿음과 그의 의견에 의해 고정된 사람을 뜻한다. 때로 우리는 하느님에 관한 우리의 의견을 하느님을 위한 것으로, 그리스도에 관한 우리의 의견을 그리스도를 위한 것으로 간주할 수 있다. 우리는 그리스도를 길·진리·생명으로 삼는 대신 하나의 우상으로 삼을 수도 있고, 보이지 않는 것의 보이는 이미지라는 의미에서 하나의 이콘으로 삼을 수도 있다. 신비주의적 체험 면에서 지금 우리는 모두 '암흑의 시대'로 불리는 시기를 거치고 있는데, 그러면서 우리가 잃는 것은 신앙이 아니라 우리의 의견이라는 받침대, 우리의 믿음이라는 버팀목이다. 그것은 아마 더 내적인 어떤 받침대, 우리를 서 있게 하고 우리가 존재하는 것을 허락해 주는 내적인 '나는 나이다'의 존재 자체를 되찾기 위해서일 것이다.

그것이 내가 생각하는 니체와 십자가의 성 요한의 차이이다. 가면을 벗기는 것이 중요하지만, 그것은 가면 뒤의 얼굴에 대한 애정 때문이어야 한다.

토마는 의심한 뒤에 확인을 필요로 한다. "손가락을 넣어 보지 않고는……." 그는 매우 현대적인 사람이었다. 그는 이성적이다. 아무것이나 믿는 것이 중요한 것이 아니라 확인하는 것이 중요한 것이다. 우리는 어리석음·폭력·죽음보다 현실이 더 강하다는 예감을 갖고 있는가? 그리스도가 부활했다고 말할 때 우리가 하는 말의 의미는 무엇인가? 그것은 설령 어리석음·폭력·죽음이 존재할지라도 그것들이 최후의 승자는 아니라는 것이다. 토마가 내가 감동을 주는 것은 그 때문이다. 우리는 고통과 유한성의 핵심 자체에서 찢어진 상처 자국을 갖고 있는 이 남자 안에 있는 뭔가 다른 것을 건드릴 수 있다. 그리고 사랑이 죽음보다 강하다는 것은 말이나 믿음이 아니라 현실의 예감이요,

확신을 가진 신앙이다. 말만 가지고서는 그것을 말하기에 부족하다.

신 앙

신앙은 우리의 모든 폐쇄 장치들 안에 출구를 설치하는 것이요, 우리를 설명을 초월한 곳으로 가게 만드는 것이다.

사람들이 예수에게 날 때부터 소경인 이를 데려오자 제자들이 물었다. "누가 죄를 지었느냐, 누구에게 잘못이 있느냐? 그냐, 그의 부모냐?" 오늘날에도 역시 같은 질문이 반복되고 있다. 왜 이런 재난, 이런 병이 생길까? 어떤 이들은 설명을 찾는다. 내가 놀란 것은 예수가 설명의 길이 아닌 다른 길로 인도했다는 것이다. "그도 그의 부모도 아무 잘못이 없다." 그는 원인 찾기를 그만두라고 했다. 왜냐하면 원인 뒤에서 우리는 아마도 죄인——나든 남이든——을 찾는중일 것이기 때문이다. 우리는 최초의 원인과 죄인을 찾느라 많은 시간을 낭비할 수 있다. 그런데 예수는 이렇게 덧붙였다. "그 병은 하느님의 영광을 드러내기 위한 것이다." 우리들 중 많은 이들에게 이 말은 더 이상 아무 의미가 없을 것이다. 어떤 점에서 고통이 하느님의 영광을 드러내기 위한 기회가 될 수 있단 말인가? 그런데 '하느님의 영광'은 '존재, 의식의 무게'를 의미한다. 질병을 통해 의식·주체가 드러날 수 있다. 질병을 통해 나는 '나는 나이다' 즉 주체가 된다.

이렇듯 질병·시련·불의라는 이상한 이콘들을 통해 신앙은 우리에게 심판하고 비난하는 대신 나에게 닥친 일을 의식의 기회로 삼도록 이끈다. 신앙은 스스로를 피해자로 여기는 것을 멈추는 것이고, 자신의 증상의 객체가 되기를 중단하고 그것의 주체가 되는 것이다.

나는 내가 가진 병 자체가 아니다. 내가 하나의 병을 앓고 있는 것 뿐이다. 정통파 신학에서 내가 살아 있는 그리스도의 세상에서 행하는 모든 신앙 행위는 신격화 행위이다. 그리고 '나는 나이다' 인 자가 '나는 나이다.' 나의 한계를 통해, 비단 과거에서뿐만 아니라 매순간 유일하고 대체할 수 없는 형태로 그분은 구현될 것이다.

질문과 대답

장 이브 를루: 외젠 드르베르만, 당신은 우리가 더욱 인간적이 되도록 돕는 신앙에 대해 말했다. 최근의 사건들에 비추어 살인을 부추기고, 우리를 더 비인간적으로 만드는 신앙에 대해서도 몇 마디 덧붙일 수 있겠는가? 우리가 광신이라고 부르는 그런 신앙병들에 대한 치료법이 존재하는가?

외젠 드르베르만: 신앙은 언제나 이데올로기로 퇴화할 위험을 안고 있다. 이데올로기는 사람들을 끌어들이고 싶어한다. 신앙은 하나의 사는 방법인데도 사람들은 신앙을 하나의 교의로 만들어 버린다. 그래서 처음에는 존재의 명령이었던 것이 나중에는 교육의 문제, 교화가 되어 버린다. 종교 제도의 힘은 이런 말장난을 지배하는 데 있다. 하지만 사람들은 이런 교조주의와 함께, 그리고 그것의 권위에 복종하면서 살 수 없다.

나의 아버지는 신교도였고, 어머니는 구교도였다. 어머니는 아버지와 결혼하기 위해 자식들은 모두 구교도로 만들라는 서약을 해야 했다. 그래서 내가 구교도가 되었다. 결혼 직후 목사가 우리 집을 방문하여 아버지에게 어떻게 아내가 그런 약속을 하도록 내버려둘 수가 있느냐고 물었다. 아버지는 그에게 만일 모든 자식들이 자신의 아내처럼만 된다면 그건 너무나 다행스런 일일 거라고 대답했다. 아버지는 순박한 광부였지 신학자가 아니었던 것이다. (가장 위험한 것은 신학을 공부하는 광

부의 자식들이다!) 하지만 서로 사랑하는 한 가족의 구성원들을 분열시
키기 위해 하느님을 이용하는 종교 제도를 비난한 아버지가 옳았다.

모든 종교는 태양에 관해 말하지만, 그 다음엔 불행히도 있을 수 있는
가장 옳은 방법으로 그것을 보려면 그들의 창을 통해 보아야 한다고 설
명한다. 따라서 창이 태양보다 더 중요하게 된다.

시나이 산 위에서 모세는 하느님에게 묻는다. "당신의 이름이 뭡니
까?" 하느님은 모세에게 그것을 알면 안 된다고 대답한다. 그것을 아는
것을 허락하는 형이상학인 전통은 존재하지 않는다. 모세가 알 수 있는
단 한 가지는 하느님의 대답이다. "나는 지금도 있고, 앞으로도 있을 그
이다."

■ 장 이브 를루, 비난하지 않는 신앙의 시선에 관한 당신의 이야기를
빈 라덴에게 적용하면 어떻게 되나? 빈 라덴은 서양에서 악을 상징하
는 인물이다.

장 이브 를루: 나는 지금도 나 자신에게 질문을 던진다. '어떻게 가장
고귀한 것들을 타락시켜서 타인에게 강요할 수 있을까?' 우선 우리들
각자 안에 있는 근본적인 불안, 개인적인 차원에서나 집단적인 차원에
서 힘에 대한 의지를 통해 보상을 추구하도록 만드는 공포가 있다. 이
위협적인 상대와의 대화에서 고려해야 하는 것은 이것이다. 공포·불
안이 폭력을 낳는 것이다.

폭력에는 더 큰 폭력으로 대응할 수 있다. 네가 한 사람을 죽이면 나
는 네 마을을 쓸어 버리겠다. 이것이 정글의 법칙이다. 우리는 또 똑같
은 폭력으로 대응할 수 있다. 눈에는 눈, 이에는 이라는 식으로. 이것이
모세의 법칙으로서, 이것은 이미 폭력에 대한 하나의 한계이다. 그리스

도는 양심으로 폭력에 대응하라고 제안한다. 하지만 무기를 택하기 전에 어떻게 말을 택할 수 있으랴? 모든 말이 우리의 해석에 맡겨지는 만큼 그것은 더욱더 그러하다. 그렇다면 어떻게 우리를 문자 속에 가두지 않고, 대신 사람을 구하고 치유하는 말 쪽으로 가게 하는 해석을 내리겠는가?

이슬람교에 관해서는 모든 문제가 텍스트의 각기 다른 해석 차원에 있다. 우리의 교회에서도 말에 대한 설명을 말을 위한 것으로 간주함으로써 생각을 중단시키는 교리 교육은 죄가 될 수 있다. 코란에 대한 어떤 해석이 코란을 대신하고 살아 있는 말씀을 대신할 때, 그건 이슬람교도 마찬가지이다. 그것이 사람을 죽이는 것이다.

■ 신앙은 신자들의 전유물이 아니다. 종교와 무관한 이런 신앙은 하느님에 대한 신앙만큼 사는 데 도움을 주는가?

외젠 드르베르만: '만일 네가 가는 길 위에서 부처를 만나면 그를 죽여라!'고 불교는 주장한다. 이것은 어떤 고정된 표현도 신과 동일시될 수 없다는 뜻이다. 성직을 행하거나 정신요법을 행하면서 나는 내게 하느님에 관해 말하는 수많은 사람을 만나게 된다. 모든 경우 나는 '하느님'이란 말 뒤에 그들이 그들 자신의 아버지에 대해 갖고 있던 두려움을 감추고 있다는 것을 알게 되었다. 문제는 제도적인 교회가 그런 경험들을 되찾는 이유가 사람들로 하여금 그의 유년의 두려움에서 벗어나는 것을 금하기 위해, 교리상의 규범 안에 있지 않은 사람들을 배제하기 위해서라는 사실에서 발생한다.

오래전부터 나는 악평받아 왔는데, 그것은 내가 시인들과 예언자들의 식으로만 하느님에 관해 말할 수 있다고 생각하고 있기 때문이다. 이것은 예수가 《신약》에서 행한 방법이다. 시인들과 작가들은 자기들끼리 싸우지 않는다. 반대로 만일 당신이 신학자들에게 권력을 주면 모든 성서는 병법서로 바뀔 것이다! 우리가 신앙에 의해 사는 대신 하나의 교회제도에 속해 있는 이유가 거기에 있다.

빈 라덴으로 말하면 나는 우리의 생각이 편협하다고 생각한다. 여기서 문제가 되는 것은 종교적 광신이 아니라, 아무도 인정하고 싶어하지 않는 우롱당한 권리를 주장하는 정치적 테러리즘이다. 20세기에는 어떤 국민도 피를 흘리지 않고서는 제국주의에서 벗어날 수 없었다. 알제리 전쟁은 테러리즘이 섞인 살육이었다. 그러나 그것이 없었다면 알제리는 오늘날 독립국이 되지 못했을 것이다.

한 가지 예외가 있으니 그것은 동태복수법——눈에는 눈——때문에 세계 전체가 분별력을 잃었음을 상기시킨 간디이다. 1945년 간디는 히로시마 폭격에 관해 이렇게 말했다. "히틀러가 히틀러를 이겼다." 나는 아프가니스탄에서도 빈 라덴이 결국 빈 라덴을 이기게 될까봐 정말로 두렵다.

■ 우리의 삶에 도움이 되는 것이 신앙인가, 아니면 은총인가?

장 이브 를루: 고대의 전통에서 은총과 자연, 인간의 노력과 신의 선물은 서로 대립하지 않았다. 새가 날려면 두 날개가 필요하다. 만일 내가 '존재하는 그'에게 나의 모든 한계를 열면, 거기서 일치가 이루어진다. 나의 신앙과 은총이 조화를 이루는 것이다.

■ 신앙은 고통을 참는 것, 고통과 싸우는 것을 돕는 것인가, 아니면 고통으로부터 초연해지도록 돕는 것인가?

장 이브 를루: 고통과 대면하는 것에는 몇 가지 단계가 있다. 어느 누구도 그리스도보다 더 잘할 수는 없다. 먼저 그것을 거부하고 그것과 싸운다. "이 잔을 피할 수만 있다면……." 불의·어리석음·고통에 관한 어떤 배려도 없이 거부해야 한다. 따라서 내가 생각하는 신앙은 고통과 맞서 싸우는 것이다. 이것은 우리가 어떤 병을 대할 때 벌어지는 일이기도 하다. 그것을 치료하기 위해 모든 것을 해보는 것이다. 그러나 만일 병을 고치기 위해 모든 것을 다 해보았는데도 고통과 죽음이 거기 있다면 우리는 두번째 단계에 들어가게 된다. 상황을 받아들임으로써 내게 일어나는 일이 의식의 성장으로 귀착할 수 있게 하는 것이다. 이때 신앙은 나로 하여금 인간성을 잃지 않게 해준다. 가장 참을 수 없는 상황에서 그리스도는 인간으로서의 존엄성을 잃지 않는다. "저들이 내 목숨을 빼앗는 것이 아니라 내가 그것을 주는 것이다." 바로 그 순간 신앙은 내가 사는 것뿐만 아니라 죽는 것도 도와 준다. **살아 있는 정신으로 죽는 것 말이다!**

5

자신의 감정을 두려워해야 할까?

감정의 우려를 무릅쓴 복음서

알랭 우지오

나는 '자신의 감정을 두려워해야 할까?' 라는 질문에 곧장 접근하지 않겠다. 나는 그저 예수의 우화 속에 나타난 감정의 위치에 관해 몇 가지를 지적해 보겠다.

먼저 이런 질문을 던져 보자. 감정이란 무엇인가? 우리는 기쁨·분노·공포·슬픔·혐오·놀람[1]이라는 여섯 개의 기본 감정을 구별할 수 있다. 주목할 만한 것은 이런 감정들이 영장류에게도 존재한다는 것이다. 인간에게서 이것들은 상징적인 몸짓·손짓으로 나타나며, 일련의 특정한 생리학적 데이터들(심장 박동, 피부 체온 등)과 결부되어 있다. 이것은 폭넓게 생물학·성별·유전학('기질'을 참고하라), 여성의 경우에는 생리 주기에 의해 미리 결정된다. 남성 호르몬인 테스토스테론은 공격성을 부추기고, 여성 호르몬(특히 프로게스테론)은 걱정과 우울한 기분을 조장한다.

---

1) 《감정의 성》(45쪽)에서 알랭 브라코니에 의해 인용된 폴 에크만의 말을 참고하라.

방탕한 아들과 큰아들의 우화(〈누가복음〉, 15장)

우리 어디 한번 예수의 우화들 가운데 하나에 대한 심리학적 설명
을 해보자. 나는 온전히 비종교적인 방식으로 이 우화를 읽어보겠다.
마치 종교적 의미가 없는 신문의 사회면 기사를 보듯.

옛날에 무정부주의적이고 반체제주의적인 한 아들이 있었다. 그는
아버지의 집을 떠나기로 결심한다. 그는 가족이 경영하는 농장에 머
물고 싶지 않다. 그는 청년·개인주의자·비타협주의자로 남고 싶다.
그러나 몇 년 뒤 중년이 된 그는 자신의 종교적·성적·금전적 해방
에 실망한다. 그는 아버지의 집으로 돌아가기로 결심한다. 그는 안전
한 집을 되찾고 싶다. 그리하여 그는 가족·종교·경제의 가치를 깨
닫게 된다. 그는 자신의 목숨을 구하고 싶다. 그의 삶에서 남은 건 그
뿐이기 때문이다.

자, 이것이 방탕한 아들의 우화이다. 그런데 이 방탕한 아들에게는
형이 있다. 그렇다면 큰아들의 우화는 우리에게 어떤 이야기를 들려
줄까?

옛날에 인형처럼 얌전한 한 아들이 있었다. 그는 부모의 집에 남는
다. 그는 가업을 계승할 마음의 준비를 한다. 이 큰아들은 보수주의
자·전통주의자에 가깝다. 그는 가족의 전례와 종교적·도덕적 가치
를 존중한다. 그러나 몇 년 뒤 모든 게 엉망이 된다. 중년이 된 큰아들
은 동생이 돌아오자 인생 중반기의 유혹에 빠진다. 그는 인생의 절반
이 지난 지점에서 청소년기의 위기를 맞는다. 그는 아버지, 그의 하느
님에게 반항하기 시작한다. 그리고 그 반항의 대상에는 그의 본처도
포함되어 있는 것 같다. 그는 말한다. "나는 그렇게 오랜 세월 동안 아

버지를 위해 일하면서도 한번도 즐겁게 논 적이 없었습니다. 나는 한 번도 잔치를 열어 본 적이 없었습니다." 그도 인생에 속은 것일까? 그리하여 큰아들은 집으로 돌아가기를 거부한다. 그는 자신의 목숨을 구하고 싶다. 왜냐하면 그의 인생에서 남은 건, 그리고 앞으로 사는 데 도움이 되는 건 그것뿐이기 때문이다. 그러면 큰아들도 방탕한 아들처럼 부모의 집을 떠날 것인가? 그것도 불가능한 일은 아니다. 이야기는 그것을 말해 주지 않기 때문이다.

이렇듯 이 이중 우화는 하나의 엇갈림 같은 구조를 갖는다. 큰아들, 즉 보수주의자 아들은 아버지의 집에 들어가기를 망설이면서 비상할 수도 있고, 항의의 위기가 끝난 뒤 방탕한 아들로서의 삶을 시작할 수도 있다. 방탕한 아들은 반항아의 길 끝에 다시 아버지의 집으로 돌아와 충실하고 보수적인 새로운 큰아들이 될 수도 있다.

우리는 흔히 무정부주의적이고 방랑벽이 있는 방탕한 아들과 규율을 잘 지키고 한곳에 정착해 사는 큰아들을 대비시켜 왔다. 그런데 사실 그들은 우리가 생각하듯이 그렇게 다르지 않다는 것을 확인하게 될 것이다. 하지만 그들이 완전히 다른 방식의 회심을 겪는 건 사실이다. 내가 '회심'이라고 부르는 것은 방탕한 아들의 '내향성 폭발'과 큰아들의 폭발을 말한다. 방탕한 아들의 내향성 폭발은 의기소침·싫증·슬픔이다. 그래서 그는 부모의 집으로 돌아가기로 결심한다. 큰아들의 '폭발'은 분노·질투·반항이다. 그는 부모의 집으로 돌아가기를 거부한다.

그러니까 이 두 형제는 각기 다른 감정의 영향을 받고 있다. 작은아들은 내향적인, 심지어 자기 처벌적인 감정의 영향을 받고 있다. 그의 자기 처벌적인 감정들(두려움·걱정·슬픔·죄책감·수치심)에 의해 주체는 그가 느끼는 정서의 원인을 그 자신에게 돌린다. 반대로 큰아들은 외향적인 감정의 영향을 받고 있다. 그의 외향적인 감정(분노·질투)에 의해 주체는 자신의 감정의 원인을 외적인 것으로 돌린다.[2]

작은아들(방탕한 아들)의 감정은 느낌에서 기인한다. 반대로 큰아들의 감정은 사건에서 기인한다. 내향적인 감정과 달리 외향적인 감정은 과장된 표현 안에서만 진정될 수 있다. 화를 내는 행위, 심지어 이 화를 과장하는 행위가 당신을 진정시킨다.

하지만 방탕한 아들의 이런 내향성 폭발과 큰아들의 이런 폭발 이전에 두 형제는 서로 비슷하다. 그렇다면 이런 유사함은 어디에 있을까? 그것은 둘 다 그들의 감정을 표현하기를 거부한다는 사실에 있다. 그들은 어떤 희생을 치르더라도 규칙을 따르기를 원한다. 마치 그들의 감정을 죽이고 싶어하는, 아니면 적어도 그들의 감정에 상처를 입히고 싶은 사람처럼. 마치 그들의 결정이나 타인과의 관계는 오로지 이성적이고 계약적이며 비인격적이어야 한다는 것처럼.

큰아들에게 그것은 너무나 분명하다. 그는 마치 수도원에서 살 듯 부모의 집에서 산다. 그는 자신에게 있는 모든 욕망, 모든 애정, 모든 감정을 억누르기로 한다. 그는 영원히 인형처럼 얌전하고, 장난감 병정처럼 규율을 잘 지킬 것이다. 그는 규율을 잘 지키고 개성 없고 얌전하고 정돈되고 오선지처럼 규칙적이다. 감정도 없고, 표현도 없고, 개성도 없다. 모범적인 사무원이다. 그의 동생은 신앙도 법도 없이 사

---

2) 내향적 감정들은 여성적인 것으로, 외향적 감정들은 남성적인 것으로 보일 수 있다.

는 반면, 큰아들은 부모가 정한 계율의 톱니바퀴 외 아무것도 아니며, 부모라는 지붕의 들보에 불과하다. 그는 전통적인 우파의 순응주의자이다. 물론 농장의 명의는 그에게 있으며(아버지에게는 사용수익권만 있다), 물론 그는 ‘즐길 권리’(이렇듯 수도사 같은 사람에게 이 얼마나 천한 말인가)를 청할 수 있을지 모른다. 이를테면 친구들(만일 그에게 친구가 있다면)과 즐기기 위한 새끼염소 한 마리 같은 것 말이다. 큰아들의 특징은 계약의 인간이라는 것이다. 그는 그 노동의 대가로 양식과 집을 얻는다. 그는 아무에게도 빚진 것이 없다. 그는 아무에게도, 아무것도 요구하지 않는다. 특히 그의 고용주에게 그렇고, 그의 아버지에게는 더욱 그렇다. 선물, 그는 모른다! 반항, 그는 모른다! 은총, 그는 모른다! ‘거저,’ 그는 그런 말을 모른다! 정확한 계산이 좋은 친구를 만든다. 왜냐하면 그것이 어느 누구의 친구, 채무자가 되는 것을 막아 주기 때문이다. 큰아들의 금언은 ‘감정도 금물, 얽히는 것도 금물!’

그렇다면 방탕한 아들은 어떤가? 물론 그도 마찬가지다. 감정, 그는 그것을 모른다. 아니, 오히려 알고 싶어하지 않는다. 여기서 우리는 다음과 같은 판단을 내릴 수 있다.

여자들? 사랑? 사양하겠다! 방탕한 아들은 사랑도, 사랑의 감정도 알고 싶어하지 않는다. 큰아들은 자신도 그렇다고 말한다. 방탕한 아들은 창녀들하고만 관계를 가진다. 가격이 매겨진 관계가 더 안심이 되고, 더 마음이 놓이는 것이다. 주고받았으니 나는 아무에게도, 아무것도 빚진 것이 없다. 사랑에 관한 한 노동과 노무 계약이 최선이고, 가장 확실하고 가장 덜 의심스러운 것이다. 감정도 없고, 불평도 없고, 연루됨도 없고, 미련도 없다.

고용주와의 관계는 어떤가? 마찬가지다. 작은아들은 굶주리면서도 돼지에게 주는 콩을 먹기를 거부한다. 왜일까? 그건 아마 그가 유대교도의 법에서는 돼지를 먹는 것뿐만 아니라 돼지의 접촉에 의해 더럽혀진 음식을 먹는 것조차 금하기 때문일 것이다. 하지만 거기에는 또 그가 고용주와 맺은 노동 계약을 조금이라도 위반하지 않으려는 이유도 있을 것이다. 그 계약은 돼지에게 먹을 것을 주는 것이지, 그가 돼지에게 주어야 하는 것을 먹어도 된다는 허가는 아닌 것이다. 방탕한 아들은 누구에게도 아무것도, 심지어 콩마저도 빚지고 싶지 않다! 규칙에 관한 한 포기란 없고, 상대방, 즉 타인에게 선점권을 주는 법도 없다.

그렇다면 아버지와의 관계는 어떤가? 그 역시 마찬가지다. 물론 우리는 그가 아버지를 떠나면서 어떤 감정을 표명했다고 생각할 수도 있다. 하지만 그는 당시의 민법전에 의거해 '응당 내게 돌아올 재산의 몫을 달라'고 말하면서 자신의 안에 있던 그런 감정을 소독해 버린다. 그리고 마찬가지로 아버지의 집으로 돌아오기로 결심할 때도 감정보다 규칙을 좋아하는 그의 태도는 달라지지 않는다. 그가 아버지에게 제안하는 것은 분명하고 명백한 계약이다. 그는 아버지의 아들('파파보이')이 되고 싶지도 않고, 급여 없이 일하는 것도 원치 않는다. 그는 단지 머슴이 되고 싶은 것이다. 그는 자신의 일을 할 것이고, 고용주인 아버지에게 복종하는 대가로 집과 식기, 그리고 아마도 품삯을 받을 것이다. 사람의 정신을 부식시키는 환각과 감정의 측면에 종지부를 찍는 데에는 정확한 결제보다 좋은 게 없다.

요컨대 방탕한 아들은 큰아들이 되고 싶어한다. 그에게나 큰아들에게나 감정은 관계를 악화시킬 우려가 있는 것이고, 마음은 사람을 죽이는 것이며, 계약서만이 사람을 살게 하는 것이다.

반대로 아버지는 두 아들과 정반대의 위치에 있는 것이 분명하다. 사실 '방탕한' 사람은 작은아들이 아니라 아버지이다. 그는 관대함·애정·인심·감정 면에서 방탕하다. 그는 또한 오해·불합리 면에서도 '방탕'하다. 방탕한 아들에 비하면 그는 너무나 현실에서 동떨어져 있다. 작은아들은 머슴의 계약을 원하는데 아버지는 그에게 자유로운 아들의 지위를 주고, 발에는 신발을 신기고, 손가락에는 반지를 끼워 준다. 작은아들은 노후를 위해 안정되고 규칙적인 수입을 원하는데 아버지는 저금통을 깨고, 살진 송아지를 잡는다. 아들은 자신의 온전한 독립성을 갖기 위해 머슴이 되고자 하는데, 아버지는 자유를 수여함으로써 그를 은혜의 채무자로 만든다.

큰아들에 대해서는 오해도 그만큼 복잡하다. 아버지는 큰아들에게 집의 모든 소유권은 그에게 있다고 말하지만(기억을 더듬어 보면 사실 그는 재산을 두 아들에게 나누어 주었다), 의식적으로나 무의식적으로나 그는 마치 모든 게 자기 것인 양 행동한다. 왜냐하면 그는 작은아들을 위해 큰아들과 상의도 하지 않고 살진 송아지를 잡았기 때문이다.

그의 관대함은 전부이거나 하나도 없거나가 아니라, 전부이면서 하나도 없는 영역에서 나온다. 그는 모든 것을 주면서 아무것도 주지 않는다. 너무 많이 포용하는 사람은 잘 포용하지 못한다. 가장 좋은 것은 재산과 정의의 적이 되는 것이다. 지나치게 좋은 것일지도 모르지만.

결론적으로 말해 두 아들은 그들의 감정을 두려워하며, 아버지는 자신의 감정을 가지고 남들을 겁나게 만든다고 할 수 있다. 감정은 사람을 겁나게 만든다. 우리가 비인간적이고 계약에 의한 규칙의 대피소를 찾는 것도 바로 그 때문이다. 모든 행동을 규칙에 의해 성문화시키는 것이 과거에는 왕실에서의 '에티켓'의 역할이었고, 지금도 노동계약 협정 같은 예절의 관습들이 하고 있는 역할이다. 관습은 사회

질서, 다시 말해 애정과 감정을 가진 주체들간의 비인간적인 매개물
들을 만들어 낸다.

감정은 진정한 것

더 일반적으로 볼 때 감정과 마찬가지로 우리의 욕망도 우리를 두
렵게 만든다. 왜냐하면 그것은 우리로 하여금 균형을 잃게 만들기 때
문이다. 우리가 욕망에 휩쓸리면 휩쓸릴수록 마치 그 자체가 자신의
해독제를 퍼뜨리듯 그것은 금욕과 규율에 대한 욕망을 더욱더 많이 퍼
뜨린다. 여기에 모순이 있다. 욕망을 죽이는 기능을 하는 규칙이 사실
은 그 욕망 자체에서 발생한다. 욕망은 불균형을 야기하기 때문에 이
불균형에 대처하기 위해 그 자체가 규칙의 욕망을 퍼뜨리는 것이다.
　따라서 우리는 자신의 감정을 두려워해야 할까? 물론 그렇지 않다!
감정은 절대적으로 진정한 유일한 것이다. 나는 사람들이 영화관에서
우는 것을 많이 본다. 우스꽝스러운 일이나 그건 진정이다. 또 나는
사람들이 자신의 어머니가 죽었는데 울지 않는 것도 많이 본다. 말도
안 되지만 그 또한 진정이다. 우리는 감정을 가지고 속일 수는 없다.
감정을 느끼거나 느끼지 않거나 둘 중 하나이기 때문이다. 더 이상
왈가왈부할 게 없다. 우리가 어떤 감정을 느껴야 한다거나 느끼면 안
된다고 생각하기 위해 자기 자신에게 설교하는 모든 것, 이 모든 것
은 생각들, 말대꾸들, 의무와 도덕들, 한마디로 말해 진짜가 아닌 것
의 영역에서 나온다.
　이것은 말로가 한 말과도 일맥상통한다. "모든 것을 무시하는 사람
이 헌신, 희생, 또는 그런 종류의 어떤 것을 정말로 만나게 되면 이전

의 그는 끝장난다." 그렇다면 왜 그럴까? 그건 그저 그가 감정을 느끼기 때문이다.

물론 감정은 당신으로 하여금 길을 잃게도 하지만 당신을 구해 주는 것도 아마 그것 자체일 것이다. 무엇으로부터? 삶의 지루함으로부터.

평화로운 감정에 대한 찬사

미셸 라크루아

나는 우선 과거를, 그 다음에는 현재를 돌아봄으로써 주어진 질문에 접근하고 싶다. 이 질문에 대해 과거에는 어떤 대답이 주어졌고, 오늘날에는 어떤 대답이 주어지는 추세에 있는가? 대개 전통적인 대답은 긍정적인 것이었다. 그렇다, 자신의 감정을 두려워해야 한다고 사람들은 말해 왔다. 1960년대까지 세 가지 비난이 집중되었다.

우선 예의범절을 내건 비난. 19세기와 20세기 전반의 예절서들은 무례하게 보일 수 있으므로 자신의 분노·놀람·기쁨·불쾌감을 드러내지 않는 게 좋다는 말을 지치지도 않고 되풀이하고 있다. 어린이와 어른 모두 자기 자신을 엄격히 통제할 것을 강요당했다. 진정한 검열이 감정 표현을 억압했다. 과거의 예절에 관한 담론들의 기초가 되는 이상은 조심성과 신중함으로 가득 찬 사람이다. 한편 사회학자이자 역사가인 노르베르트 엘리아스는, 이 자제력은 중세말에 시작되어 19세기에 절정에 이른 감정 표현에 대한 억압의 결과라는 것을 입증했다.[1]

감정에 대한 두번째 비난은 철학과 과학에서 나왔다. 전통적인 철

---

1) 《서양의 원동력》(포켓 출판사)을 보라.

학적 인류학의 지배적인 태도는 사실 합리주의이다. 철학은 감정이 인간성을 상실시키고, 우리의 가치를 떨어뜨리며, 우리를 동물적인 존재로 격하시키는 사건이라고 생각한다. 철학은 탁월한 기능들·이성·의지를 찬양한다. 철학에 따르면 그것들 속에 인간의 특성이 있다고 인정된다는 것이다.

과학적인 인류학도 같은 방향으로 갔다. 우리를 **호모 사피엔스 사피엔스**로 특징짓는 고대 생물학에 대해 생각해 보자. **사피엔스**란 말이 두 번이나 들어갔다! 이것은 인간의 이성적인 차원을 강조하는 다소 억지스러운 태도이다. 1960년대까지 감정을 등한시해 오던 아카데미의 심리학에 대해서도 생각해 보자. 심리학이 감정을 검토하기로 동의한 것은 전적으로 실용적인 관점에서였다. 감정은 쓸모가 있는가 없는가라고 그들은 물었다. 아카데미의 심리학에 의해 제공된 대답은 대체로 쓸모가 있다는 것이다. 감정이 인류의 진화 과정에서 긍정적인 역할을 해온 것을 그들이 인정한 것이다. 감정은 적응 기능을 발휘해 왔다. 그리하여 분노는 상대방에게 깊은 인상을 주었고, 그 결과 생존을 위한 투쟁에서 유리한 조건이 되었다. 놀람은 두 눈을 크게 뜨는 현상을 동반함으로써 더 잘 볼 수 있게 해주었다. 불쾌감은 해가 될 수 있는 물질들을 피하게 해주었다. 하지만 오늘날처럼 문명화·기술화되고 보호되는 세상에서 유전적으로 설계된 이런 도구들은 이제 쓸모없게 되어 버리고 말았다라고 그들은 덧붙였다. 감정은 본래의 적응 기능을 잃어버렸다. 이제 그것은 행동을 방해하는 낡아빠진 장치가 되었다. 일종의 **핸디캡, 행동의 실패**가 되어 버린 것이다. 이것이 지난 1950년대와 1960년대에 아카데미 심리학이 감정에 적용한 부정적인 수식어들이다.

세번째 비난은 제2차 세계대전 후에 사회정치적 필요성을 내걸고 행해졌다. 그때는 1930년대의 감정의 범람에 대한 기억이 너무나 생생했다. 그들은 독재자들에게 열광하여 뉘른베르크나 베네치아 광장에 집결한 군중들을 기억하고 있었다. 그들은 공산주의의 위험한 열광을 보았다. 따라서 감정은 역사의 진정한 위험으로 여겨졌다.

같은 시대에 냉전의 압력하에 엄청난 핵무기가 퍼져 나갔다. 따라서 군중 심리 속을 떠돌던 유령이 국가의 원수가 되어 자기 자신에 대한 통제력을 상실하고 무분별하게 핵전쟁의 단추를 누를 수도 있었다. 그대까지만 해도 감정은 하나의 위협처럼 여겨졌다.

동시에 사람들은 조직적이고 계획화되고 합리적인 사회를 꿈꾸고 있었다. 그것이 1950년대와 1960년대 기술주의의 거대한 신화였다. 이런 유토피아 앞에서 감정은 약한 고리처럼 보였다. 그것은 조직되고 통제되는 사회의 멋진 질서를 위험에 빠뜨렸다.

이제 과거를 떠나 현재로 돌아오자. 모든 것이 마치 오랜 배척의 세월이 흐른 뒤 감정은 결국 자신의 무가치함에서 풀려난 것처럼 진행되고 있다.

현대인은 감정을 경멸하는 낡은 관점에 등을 돌린다. '감정을 두려워하는 짓은 이제 그만,' 이것이 우리 시대의 라이트모티프(중심 사상)이다. 우리는 지금 감정의 복귀를 목격하고 있다.

이러한 변화의 원인에 관한 질문은 이 발표의 범위를 벗어난다.[2] 그래서 나는 이런 복귀를 증언하는 몇 가지 상징적인 지표들을 지적하는 것으로 만족하려 한다.

첫번째 지표는 종교적인 것의 복귀이다. 우리 시대의 많은 개인들

---

2) 우리가 펴낸 《감정 예찬》(플라마리옹 출판사)을 참고하라.

에게는 교의, 교리문답, 신조의 길을 찾는 것보다 인간의 감수성 자체 안에서 하나의 종교적 **체험**을 경험하려고 노력하는 것이 중요하다. 우리는 신비주의적인 상태의 맛, 최면 상태, 의식이 바뀐 상태, 엑스터시(황홀경), 광대한 느낌, '영감'을 맛보고 싶어한다. 한마디로 우리에게 필요한 것은 **종교적 감정**이다.

두번째 지표는 정기적으로 여론을 뒤흔들어 놓는 커다란 감동의 결집들이다. 우리는 지금 군중 심리의 폭발들, 예상될 수 있거나 예상 밖일 수 있는 사건들에 의해 야기된 충격들(다이애나 황태자비의 사망, 뒤트로 사건, 1999년 8월 11일의 일식, 1998년과 2000년 사회당의 거듭된 승리, 2001년 9월 11일의 테러 등)을 목격하고 있다.

세번째 지표는 정신요법이 퍼뜨린 메시지이다. 이론적·임상적 접근의 다양성을 뛰어넘어 정신요법은 강력하게 주장되는 다음 세 가지 원칙과 다시 만난다.

—— 감정 그 자체는 병적인 것이 아니다.

—— 병적인 것, 정신의 균형을 해치는 것은 감정을 느끼는 사실이 아니라 그것을 억압하고, 그것의 존재를 부정하고, 그것을 발언되지 않는 것들 속에 가둬두는 것이다.

—— 따라서 정신적 치유·회복은 감정의 해방을 거친다.

네번째 지표는 오늘날 정치가들의 이미지이다. 우리는 그들에게서 지도자와 경영인으로서의 능력 외에 '감정의 능력'을 기대한다. 그들은 사물을 느끼고, 그들의 동포를 볼 때 감정 이입을 경험할 수 있어야 한다. 최고 또는 최악을 공유하는 것, 그것은 때로는 기쁨(결승전 경기 때 경기장에 함께한 그들의 존재를 참고하라), 때로는 슬픔·분노·비탄(9월 11일의 사건에 직면한 부시를 참고하라)이 될 것이다.

다섯번째 지표는 현대 뇌병리학의 영향으로 감정을 재평가하는 인류학이 등장한 것이다. 여기서 나는 안토니오 다마시오의 작업을 언급하지 않을 수 없다. 임상적 관찰의 토대 위에서 그는 감정을 배척하기는커녕 합리적이고 이성적인 행동이 그것에 근거한다는 것을 입증했다. 그는 감정을 필요 조건으로 예상했다. "이성의 동력은 감정을 필요로 한다." 다마시오는 그렇게 썼다.[3]

요약해 보자. 과거, 우리는 '자신의 감정을 두려워해야 하는가?' 라는 질문에 그렇다라고 대답했다. 반대로 현대인은 그렇지 않다라고 대답한다. 그러면 다음과 같은 질문이 따라온다. 전적으로 시대를 따라야 하나? 무조건적인 명예 회복을 받아들여야 하나?

내 입장은 모든 것을 고려한 것이 될 터이다. 근본적으로 나는 감정을 두려워할 필요는 없다고 본다. 대신 반대로 신중히 행동하고 분별력을 행사하는 것이 중요하다. 사실 우리가 두려워해야 할 것이 몇 가지 있다. 감정보다는 감정의 **나쁜 사용**을 더 두려워해야 한다. 달리 말하면 이렇다. 우리가 우리의 감정적 삶에 제공하는 방향이 인격의 각성, 정신 수련을 촉진하고 그것들을 풍부하게 하는가? 나는 이 질문에 긍정적으로 대답할 자신이 없는데, 그것은 각자가 현대 사회 안에서 목격할 수 있는 세 개의 표류 때문이다.

우선 '항상 더'를 추구하는 경향. 우리는 항상 더 많은 감정의 강도를 원한다. 우리는 최대한 많은 강한 인상을 비축하려고 노력한다. 우리는 흥분 · 동요에 특권을 부여하고, 소비적 의식 안에서 아드레날린을 분비시키는 상황을 되풀이한다. 이를테면 17시에 우리는 (회사에서) 고무줄처럼 튕겨 나간다. 20시에 우리는 마음을 조마조마하게

---

3)《데카르트의 오류》(오딜 자콥 출판사)를 참조하라.

만드는 텔레비전 드라마를 바라본다. 23시에 우리는 떠들썩한 파티에 간다……. 이건 물론 희화한 것이지만 우리 시대의 풍조를 잘 반영하고 있다.

다른 표류는 인위적으로 되는 경향이다. 우리의 감정적 삶은 기술화의 영향 아래 놓여 있다. 우리는 빠른 자동차, 비디오 게임, 복잡한 스포츠 장비, 놀라운 합성 이미지들 등의 기술적 도구들에게 우리를 자극해 달라고, 우리를 전율시켜 달라고 끊임없이 요구한다. 그리고 이것은 소박하고 자연스런 것을 원천으로 하는 감정들을 희생시키고 있다.

결국 두려움·불쾌감·심한 공포·혐오 같은 부정적인 감정들 쪽으로의 점진적 변화가 발생하고 있다. 통계에 의하면 영유아 시절부터 하루에 3시간 30분('정상적'인 시청 시간)씩 텔레비전을 봐온 청소년은 4만 건의 살인 장면과 3천 건의 성적 공격을 목격한 셈이라고 한다.

이 세 가지 표류의 결과는 분명하다. 우리는 평화스럽고 평온하고 관조적인 감정들, 다시 말해 내면 생활을 풍부하게 해줄 수 있는 감정들, 자연의 아름다움과 예술 작품들과의 접촉을 통해 형성되고, 느리고 자유로운 방식으로 세상에 존재하는 것을 전제로 하는 감정들을 저버린다. 한마디로 충격 감정이 관조적인 감정을 가린다.

이것은 나로 하여금 이런 결론을 내리게 한다. 감정을 두려워할 필요는 없으며, 반대로 우리의 감정적 삶에 주어진 방향을 걱정하는 것이 시급하다. 감수성의 악화를 막아야 한다. 만일 그렇게 하지 않으면 우리는 인간은 점점 더 흥분은 많이 하지만, 역설적이게도 느낄 줄 아는 능력은 점점 줄어드는 상황에 이르게 될지 모른다.

앙드레 구넬: 감정은 자발적인 것인가, 아니면 만들어지는 것인가?

미셸 라크루아: 둘 다이다! 문화의 다양성을 벗어나는 유전적이고 자연적인 차원이 있다. 행동연구학자들은 기본적인 감정들——두려움·기쁨·분노·불쾌감——의 표현은 문명의 다양성과 상관없이 동일하다는 것을 확인했다. 따라서 이런 감정들은 미리 짜여지고, 대대로 상속되는 유전의 핵심이다. 그리고 동시에 감정은 가장 환영받는 표현들 속에서 다양화된 문화적 스테레오 타입들을 따르게 된다.

질문: 감정 교육의 한계는 어디인가?

미셸 라크루아: 감정의 영역은 교육의 차원에서 너무나 등한시되고 있다. 그런데 인간이 외부의 환경과 맺는 첫번째 관계는 감정의 교류를 토대로 한다. 우리 삶의 첫번째 나눔은 감정의 나눔이다. 어머니와 젖먹이의 관계를 생각해 보자…….

그렇기 때문에 모든 교육자에게 할당되어야 할 한 가지 목표가 있으니, 그것은 한 아이가 타고난 감정을 나눌 수 있는 소질을 유지시키고 발전시키는 데 몰두하는 것이다. 미국에서 큰 성공을 거둔 책이 있었으니 다니엘 고울만의 《감성 지능》이 그것이다. 이 책은 사회의 많은 문제들——폭력·공격성 등——이 감정의 나눔과 감정 이입 기제의 기능 저하로 인한 것임을 입증했다.

두번째 목표는 아름다운 작품들과 접촉함으로써 감수성을 예민하게 만드는 것이리라. 일반적으로 문학·연극·미술의 대작들은 우리의 감정적 삶을 풍부하게 해줄 수 있는 거대한 광맥이다.

질문: 개인의 감정이 집단의 감정이 될 수 있나?

미셸 라크루아: 감정의 특징은 상호 관계 안에 포함된다는 것이다. 따라서 '서로' 주고받는 감정의 전염이 있을 수 있다. 심리학자들에 의해 드러난 부모와 자식의 관계에 관한 영향 기제가 생각난다. 또 어떤 문학 교사가 시를 향한 자신의 열정을 모든 반 아이들과 나누는 영화《죽은 시인의 사회》도 생각난다.

질문: 감정은 심리 영역에 속하나, 느낌 영역에 속하나?

미셸 라크루아: 감정과 느낌을 구분하는 기준은 감정에는 순간적이고 일시적인 면이 있는 반면, 느낌은 일정 기간 동안 지속된다는 것이다. 두번째 기준은 모든 감정에는 육체적·신체적 차원, 즉 심장 박동, 호르몬 분비, 호흡 리듬의 변화 등이 있다는 것이다.

사형집행인의 감정

프랑수아 비조

나는 어떤 국가적 범죄의 증인의 관점에서 감정을 논하려 한다. 사실 크메르 루주[1]의 국가적 범죄는 우리 서양의 역사와 만나는데, 그것은 우리 문명 역시 아주 오래전부터 민족 말살과 집단 학살에서 출발하여 발전해 왔기 때문이다.

이런 관점에서 나는 우리가 이런 큰 집단적 비극에 빠졌을 때, 특히 자신의 감정을 두려워하면 안 된다고 주장하는 바이다. 감정은 사실 우리의 동물적인 부분이기도 하지만, 가장 비극적인 충동에 휩싸였을 때 인간을 위한 진정한 방패막이 돼주기도 하는데, 그것은 민족 말살에 장애가 되는 것이 감정이기 때문이다.

사실 모든 큰 범죄들이 자행되기 위해서는 감정이 배제되어야 한다. 사형집행인은 자신의 일이 반복적인 일, '직업적인' 일이 되면 더 이상 감정을 느끼지 않으려고 노력하며, 사형을 집행할 때 감정을 추방한다.

내가 크메르 루주에 의해 포로수용소에 투옥되었다가 풀려난 것도

---

1) 1960년대 프랑스에서 교육을 받은 마르크스주의자들이 결성한 캄보디아의 혁명파 조직이다. 〔역주〕

다 이 때문이다. 나는 나를 심문하고 처형하는 일을 맡은 사형집행인과 일정 수준의 공감대를 갖고 있었다.[2] 그런데 우리 사이에 어떤 유대가 생겼다는 단순한 사실에서 그가 느낀 감정은 그로 하여금 나를 고문하거나 처형해서는 안 된다는 확신으로 인도했다.

그는 툴 슬랭 감옥의 소장이었다. 간수들에게 정확한 규칙에 따라 고문하는 방법을 가르친 게 바로 그였다. 그는 매우 교육적인 태도로 냉정함과 태연함의 필요성을 강조했으며, 고문은 잔혹성의 폭발도 사디즘도 아니라고 강조했다. "죄수들을 구타하는 행위가 잔인하다는 여러분의 생각을 없애야 한다. 여기서 친절은 통하지 않는다. 여러분은 국가적인 이유에서 그들을 구타해야 한다." 그는 그렇게 썼다. "더 이상 희생자에게 동화되지 못하게 하고, 따라서 그것을 감수하게 만든 그러한 고문의 원동력은 인간성 상실이었다. 나는 타인이 느끼는 것을 더 이상 느끼지 않음으로써 나의 감정들을 마비시켰고, 그래서 아무 감정 없이 고문할 수 있었다."

자신의 감정을 중시하는 것이 중요한 까닭이 거기 있는데, 왜냐하면 그와 반대로 감정을 잃은 인간이 모든 큰 비극들을 초래하기 때문이다.

자신의 감정을 느끼고 표현하는 것과 그것을 차단하는 것, 사람이 이 두 상황에 똑같이 잘 적응하며 산다는 것을 지적하는 것은 기이한 일이다. 자기 자신의 투옥 직전에 행한 담화에서 이런 감정의 분리를 잘 설명하고 있는 것도 예의 그 교도소장이다. 그는 지난 몇 달 동안 크메르 루주 지도자들의 광기로 '내부의 적들'을 제거할 필요성이 절정에 달하게 되었다고 설명한다. 그리하여 모든 혁명가들이 툴 슬랭

---

2) 몇 년 뒤 그는 4만 건의 사형을 집행한 사실을 인정했다.

에 갇혀 고문당하고 자백하고 결국 처형되고 말았다. 그는 자기 자신의 순서가 가까워졌음을 잘 알고 있었다. 매일 아침 출근 때마다 그가 돌아오지 않을까봐 두려웠던 아내는 울음과 비명으로 자신의 걱정을 떠들썩하게 표현했다. 이렇듯 그녀는 타인들의 고통과 고문의 현장 근처에서 아무 감정 없이 살았지만, 자기 자신의 남편으로 인해서는 엄청난 불안을 느꼈다. 이렇듯 우리는 한쪽으로는 울면서 다른 한쪽으로는 냉담할 수 있다.

우리는 우리의 감정을 무서워하면 안 된다. 우리가 두려워해야 하는 것은 인생 자체에 대한 신경을 제거한 우리 자신이다!

반대로 대형 국사범의 경우, 이런 감정의 신경 제거는 필요한 일로 여겨진다. 그렇게 하려면 국가는 우리에게서 감정을 제거해야 한다. 그럴 때 국가는 정부들이 항상 사용해 온 작은 '비결'을 갖고 있으니 '목표는 수단을 정당화시킨다'는 것이 그것이다. 우리들 각자로 하여금 감정 표현을 자제하게 하는 것이 이 악마적인 문구이다. 도달할 목표의 크기가 거기 도달하기 위해 사용되는 수단을 정당화시키는 그 순간부터 인간은 자신의 동물적인 상황을 벗어나 인간의 역사적 상황 속으로 들어가는 것이다. 수단은 곧 감정의 단절을 말한다. '목표'는 우리에게 더 이상 감정이란 없다는 것을 정당화시키는데, 그것이 학살 명령에 맹목적으로 복종하는 것을 가능케 한다.

미셸 라크루아: 크메르 루주처럼 주민 대다수를 몰살하는 것을 목표로 삼은 한 나라의 정치가가 인지적이고 지적인 방법만 가지고 국민에게 인정받을 수 있을까? 내가 보기에 민족을 말살하는 정치가는 어떤 이상에 대한 열정·열광을 선동함으로써 감정적 지렛대도 사용

할 줄 알아야 할 것 같다.

프랑수아 비조: 내가 전에 말했다시피 민족 말살을 실행하려면 물론 감정은 잠시 제쳐 놓아야 한다. (더 나은 것은 단절하는 것이다.) 반대로 표어들은 군중을 동원할 수 있도록 사전에 많은 역할을 하는데, 왜냐하면 그것들을 통해 감정에 영향을 미침으로써 하나의 혁명을 일으킬 수 있기 때문이다.

앙드레 구넬: 내가 아는 한 남자는 알제리 전쟁 당시 자기 집에서 아내와 아이들이 목이 잘려 나간 채 죽어 있는 것을 발견했다. 그는 무기를 들고 밖으로 나가 볼일을 보고 있던 다른 여자들과 다른 아이들을 향해 쏘았다. 그로부터 10년 뒤, 그는 수치심과 후회 속에 살면서 내게 이렇게 말했다. "그때 내가 감정에 휩싸이지만 않았더라면 얼마나 좋았겠습니까!"

질문: 왜 그 사형집행인은 당신을 살려 주었나?

프랑수아 비조: 나도 잘 모르겠다. 그때 그는 스물일곱 살이었고, 나는 서른 살이었다. 당시 감옥에 있던 50여 명의 죄수들 중에서도 유독 나와 그 사이에 일종의 기이한 우정이 싹텄다. 그들은 모두 처형당했다.

미셸 라크루아: 세네카 또는 마르크 오렐의 작품에는 기쁨도 슬픔도 느끼지 못함으로써 인간성을 초월한 상태에 이른 어떤 사람의 얼굴이 등장한다. 그것은 지난날 많은 세대들이 꿈꾼 하나의 이상이었

다. 그런 경험을 겪은 후 당신은 금욕주의에 대해 어떤 생각을 갖게 되었나? 금욕주의는 인생의 사건들에 직면해서도 냉정할 수 있는 그런 인간을 찬양하는데.

프랑수아 비조: 당신은 지금 한 개인에 대해 말하고 있다. 그런데 내가 말한 그 사형집행인은 하나의 국가 체제 안에서 복종했다. 그들은 국민의 적들 또는 간첩들(그들은 나를 그렇게 생각했다)을 제거해야 한다는 혁명적 질서에 도달하려는 목표를 갖고, 어떤 대의를 위해 그렇게 했다. 그건 상당히 다른 것이다.

종교의 귀환과 감정의 귀환

앙드레 구넬

나는 종교의 영역 안에서, 더 특별하게는 기독교의 관점에서 감정에 관해 생각해 보려 한다.

불 신

자신의 감정을 불신해야 할까? 기독교는 불신보다는 믿음을 강조한다. 기독교에서 신자를 특징짓는 것은 그가 믿음을 갖고 있고 믿는다는 사실이다. 다시 말해 하느님에 대한 믿음(신교에서 널리 알려진 한 찬송가에 '너의 길을 하느님께 의탁하라' 라는 구절이 있다), 삶에 대한 믿음(삶은 천하지 않고 가치가 있으며, 상실이나 소멸이 아니라 구원이 예정되어 있다는), 세상에 대한 믿음(세상이 나쁜 것은 우연히 그런 것이지 본질적으로 그런 것은 아니다. 결국 긍정적인 것이 부정적인 것을 이길 것이다), 타인에 대한 믿음(이웃이나 동포는 잠재적인 형제이며, 절대로 완강한 적이 아니다), 성서·교리·가르침·의식·인물들·제도들에 대한 믿음, 마지막으로 하느님의 사람들, 우리가 믿고 나아가 자신의 죄를 고백하는 성직자들에 대한 믿음(그들 중 하나가 처신을 잘못하면 그것은 우리가 그에게 부여하는 신뢰를 저버린 것이기 때문에 그만큼 더 크게 여겨진다)을 갖고 있다는 것이다. 그리스어로나 라틴 어로 같은 낱말인 피스티스(pistis)나 피데스(fides)는 신앙이나 믿음을 의미한다.

신앙과 믿음 간의 이런 밀접한 관계에 이의를 제기하고 싶진 않다. 하지만 나는 종교에서는 불신이 맡은 중요한 역할이 있다고 확신한다. 나는 불신을 멀리하거나 쫓아 버리려고 애쓰는 대신 그것을 실천하는 법을 배우는 것이 중요하다고 생각한다. 어쩌면 나는 불신보다는 오히려 의심에 관해 말해야 할지 모르겠다. 《리트레》 사전에 따르면 '누군가를 믿지 않는 것'은 그가 우리를 속이고 있다고 생각해서 절대 신용하지 않는 것을 의미하는 반면, '누군가를 의심하는 것'은 그가 진실한가를 의심하고 그 말을 신중하고 조심스럽게 받아들이는 것을 의미한다. 그가 하는 말을 대뜸 원칙적으로 거부하는 것은 아니지만 검토하고 숙고해 본 다음에만 받아들이겠다는 것이다. 이것은 철저한 거부가 아니라 말만 듣고서는 믿지 않는, 확인을 원하는 사람의 신중함 또는 조심성이다.

나는 아무것도 믿지 않고 의심하고 재보고 측정하고 평가하는 이런 비판적 태도가 종교에 필요하다고 생각한다. 왜냐고? 그것은 종교의 이중성 또는 양면성 때문이다. 루돌프 오토의 말처럼 이것은 매력적인 동시에 소름 끼친다. 놀라운 동시에 끔찍하다. 이것은 성인들에게 영감을 불어넣고 살인자들을 선동한다. 이것은 때로는 광대한 너그러움을 낳고, 때로는 무자비한 테러를 낳는다. 이것은 가장 예민한 지성을 자극하고 가장 터무니없는 미신을 조장한다. 어떤 고대의 전설은 천사들이 나쁘게 변한 것이 악마들이라고 선언한다. 가장 천사 같은 것 안에 언제 깨어날지 모르는 악마적인 것이 언제나 내재되어 있는 것처럼 하느님은 악마의 얼굴을 하고 있다. 종교는 가장 좋은 것과 가장 나쁜 것을 동시에 갖고 있는데, 이 둘은 서로 떼어 놓을 수 없다. 신자이면서 사상가인 내가 보기에 종교는 천사 같은 면이 악마 같은 면으로 변모하는 것을 막기 위해 긍정적인 것을 발전시키고 부정적인 것을 억압하려는 끊임없는 투쟁 속에서만 그것의 진실, 정당성, 진정한 의미를 발견할 수 있는 것 같다. 종교는 부단히 자기 자신을 불신해야 하는데, 왜냐하면 종교가 우리에게 제공하고 공급하는 것의 이면이기도 하고 반대편이기도 한 타락이 그것을 위협하기 때문이다.

종교적인 감정도 더도 말고 덜도 말고 꼭 종교적 교의·의례·제도만큼만 불신해야 하는데, 그것은 비단 우리가 감정이 문제 있다고 생각해서 그런 것만이 아니라 종교적인 것과 관계되는 모든 것이 그렇듯 감정들 속에는 천상의 것과 지옥의 것이 뒤섞여 있기 때문이다.

감정과 느낌

이 두 단어는 동의어가 아니다. 감정은 감정적 삶 전체를 가리키는 말이 아니라 감정적 삶의 한 측면, 또는 한 형태를 가리킨다.

이 두 라틴어는 '감정(émotion)'이란 단어를 만들기 위해 결합된다. 밖에, 외부에 존재하는 것을 가리키는 ex와 '움직이다, 옮기다, 이동하다'라는 뜻의 movere. 내 주변에서 벌어진 것, 또는 다른 곳에서 온 것이 나에게 영향을 미치고 내 마음에 스며들고 나를 동요시키고 나를 흔들 때 그것은 감정이 있는 것이다. 반대로 내가 무슨 일이 일어났는지를 파악하지 못했거나 거기에 이해 관계가 있거나 관련되었다고 느끼지 않아서 냉담하고 냉정하고 아무 변화 없이 있을 때 그것은 감정이 없는 것이다. 어떤 영화, 어떤 소설, 어떤 그림, 어떤 음악이 어떤 사람에게는 그저 스쳐 지나가고 아무런 영향도 주지 못하고 낯선 것으로 남을 수 있다. 그렇다고 해서 그가 무감각하거나 냉혹한 사람이라는 결론을 내려서는 안 된다. 내적인 삶, 감정적 삶이 밖에서 오는 모든 것을 수용하지는 않는다. 게다가 풍부한 감수성을 지닌 사람이 그들을 감동시키지 않는 어떤 사건들, 어떤 상황들에 대해서는 폐쇄적이거나 무감각할 수 있는 반면, 다른 사람들은 거기서 엄청난 감동을 느낄 수도 있다. 감정은 어쨌든 처음에는, 그리고 부분적으로는 일어나고 돌발하고 불쑥 나타나고 충격을 야기하고 공격하듯 우리를 엄습한다. 감정은 우리와 충돌하고, 우리를 혼란에 빠뜨리고, 우리를 방해하고, 우리의 균형을 깨뜨린다. 감정은 우리를 움직이게 만든다.

이런 충격 또는 혼란 앞에서 우리는 두 개의 상반되는 평가를 찾아낼 수 있다. 첫번째 평가는 감정이 부정적이고 위험하다고 판단하여 그것을 피하고 싶어한다. 금욕주의와 동양의 일부 구도 사상에서는 해탈, 거리두기를 권한다. 거기서는 아무것도 그것을 혼란스럽게 할 수 없도록 내적인 삶을 계발하고 강화하는 자기 수련을 통해 외재성에 대비하도록 권유한다. 거기서는 행복, 지혜의 비밀이 우리 안, 우리의 의식, 우리의 생각, 우리의 내밀하고 은밀한 삶 깊숙이 있는 반면 외적인 것, 감정은 표면적인 것에 속하며 환상·거짓·동요·무질서·파괴만을 가져온다고 간주한다. 반면 서양에는 만남·관계를 강조하는 사람들이 많다. 그들은 우리를 둘러싼 것과의 교환의 망 속에서 다른 사람들과의 우호적 또는 적대적인 대면 속에서만 진정한 삶을 살 수 있다고 생각하며, 인생의 의미는 모험을 추구하고 도전에 응하는 것, 요컨대 외재성에 마음을 여는 데 있다고 생각한다. 여기서는 반대로 감정이 긍정적이고 유익한 것으로 여겨진다. 왜냐하면 감정은 감금된 상태로부터 우회시키고, 자신으로부터 벗어나도록 격려하고, 위험을 무릅쓰도록, 다시 말해 존재하도록 유도하기 때문이다. (존재하는 것은 단지 사는 게 아니다. 존재하다(exister)라는 말 속에는 외재성을 의미하는 ex가 있다.)

다시 종교 이야기로 돌아가자. 기독교는 우리의 영적인 삶이 외부, 하느님으로부터 온 말에서 시작되며, 거기에 종속된다고 강조한다. 우리의 영적인 삶은 복음서의 선언과 예언을 통해 외부에서도 들린다. 이 말이 누군가에게 영향을 미치면, 그것은 그에게 신앙을 불러일으키고 개종시키며 그의 인생의 방향을 바꾼다. 다시 말해 말이 그를 혼란에 빠뜨린다. 따라서 말은 감정이다. 왜냐하면 말은 밖으로부터 와서 휘젓고 움직이게 하는 것이지 안에서 내적 명상, 자신의 존재의 깊이에 대한 발견, 또는 타고난 지혜의 연마에서 출발한 것이 아니기 때문이다. 하지만 기독교는 또 이런 외적인 말과 창조 때 우리 안에 묻혔거나 새겨진 진실 사이에는 일치·동의·합류가 존재한다고 생각한다. 그래서 말이 우리 안에 뿌리를 내리면서도 우리를 소외시키지 않는 것이다. "외부에서 오는 자신의 목소리와 내부에 존재하는 진리를 비교할 줄 하는 자들만이 (하느님을) 이해한다." 아우구스티누스는 그렇게 썼다. 한쪽에서는 감정이 느낌을 만나 그것을 깨우고, 다른 한쪽에서는 감정이 일시적이고 피상적인 것으로 머무는 것을 느낌이 방해한다. 정신적 삶에는 두 가지가 다 필요하다. 감정 없는 느낌, 외재성에 대해 닫혀 있는 내재성의 연마만큼이나 느낌 없는 감정, 지나친 흥분(surexcitaion)이나 도취(extase)도 경계해야 한다. (이 두 단어에도 외재성을 의미하는 ex가 들어 있다.) 이것들이 사람을 흔들어 놓는 것은 이로울 때도 많지만, 재건으로 이끌지 않기 때문에 재앙을 초래한다. 감정의 외재성과 느낌의 내재성, 혹은 종교적인 어휘를 사용해 공표와 명상은 살아 있는 진정한 신앙 속에서 결합된다.

감수성과 종교

기독교 영성의 역사에서 우리는 감수성이 영향을 미치는 주된, 또는 종속된 공간에 따라 연속적인 순간들을 구분할 수 있다.

고전 시대인 18세기에 신앙은 이성적이고자, 적어도 합리적이고자 했다. 전도의 말들은 매우 분명하면서도 지적이었다. 그것은 민중을 위한 신학 강의와 흡사했다. 그것은 교리를 설명하고 해설했다. 그것은 논리적인 논쟁을 통해 설득하고, 영적인 삶을 풍부하게 해주려고 노력했다. 우리는 지식과 생각에 특권을 부여하는 종교를 갖고 있었다. 거기에서는 물론 감정에도 주어진 역할이 있었지만 그것은 거의 드러나거나 표현되지 않았다. 그것은 억눌리고 눈에 띄지 않는 부차적인 것으로 남았다. 우리는 그것을 내세우지 않았다.

18세기말 감정에 대한 재평가 작업이 실시되어 훗날 낭만주의의 탄생을 촉진하게 된다. 1799년에 발간된 그 유명한 《종교론》에서 독일의 신교 신학자 프리드리히 슐라이어마허는 이렇게 썼다. "신앙은 느낌이다." 지성이 아니라 느낌이라는 것이다. 그와 동시에 1802년에는 독실한 구교도인 샤토브리앙이 《기독교의 정수》를 발간했는데, 거기서 그는 사람들이 항상 그래 왔듯 기독교가 가장 진실한 종교임을 밝힐 뿐 아니라 가장 친절하고 가장 감동적인 종교, 가장 부드러운 감정과 가장 강한 감정을 일으키는 종교, 우리의 지적인 요구뿐 아니라 심정적 요구를 가장 많이, 가장 잘 만족시키는 종교임을 증명하려고 노력했다. 그는 자신의 개종을 의미심장하게 이렇게 이야기했다. "난

울었다. 고로 난 믿었다." 19세기에는 신교에서 부흥 운동과 경건주의라는 두 가지 형태의 영성이 발전했다. 이 두 영성은 감정을 연마시켰고, 거기서도 역시 사람들은 많이 울었다. 1841년 한 신교도 여성이 샹봉 쉬르 리뇽을 지나면서 그녀가 참석한 예배를 다음과 같이 묘사했다. "말이 시작되기가 무섭게 사람들은 전율하기 시작했고, 결국엔 회중 전체가 하나의 오열에 불과하게 되었다." 슐라이어마허의 말에 따르면, 사람들은 목사가 현자이기를 기대하지 않고 위대한 바이올리니스트 같은 예술의 거장이기를 기대했다. 사람들은 그에게 가르쳐 줄 것을 요구하지 않고 감동시켜 줄 것을 요구했다.

제1차 세계대전 후에 신교는 이런 감정의 우세에 저항했다. 영적인 삶은 감정을 추구해서는 안 되며, 하느님의 말씀을 듣고 이해하고 받아들이려고 노력하는 것이다라고 그는 주장하고 있다. 그리하여 선교는 사람들에게 성서를 잘 읽는 법을 가르칠 때 청중들을 지루하게 만드는 것에 대해서는 별로 걱정하지 않는, 꼼꼼하고 때로는 세심한 성서 연구가 되었다.

이제 다시 감정의 시대가 돌아온 것일까? 무성한 찬양, 감정을 드러내는 신앙심 형태의 발전 같은 여러 징후들이 그것을 지적하는 것처럼 보인다. 이것이 나쁜 일일까? 만일 두 가지 조건이 축적된다면 반드시 그렇지만은 않으며, 천사가 악마로 바뀌는 것을 막는 데 필요한 비판적 불신이 끼어드는 곳이 바로 그곳이다.

우선 감정은 악화되는 것을 피하기 위해 통제되어야 하며, 그것을 지속적으로 위협하는 감정의 폭발과 탈선으로부터 보호하기 위해 한 방향으로 모아져야 한다. 감정을 지속적으로 위협하는 감정의 폭발과 탈선들로는 정신적 흥분의 조작, 또는 감동에서 감동으로, 충격에서

충격으로 가는 극도의 흥분이 있는데 이것은 느낌·내면화를 무시한
다. 자신과 자기 자신의 감정을 조롱하는 유머가 여기서 매우 중요한
역할을 한다.

두번째로 감정은 생각을 밀어내고 대체하려 해서는 안 된다. 마음
과 정신, 느낌과 이성, 아름다움과 논리는 서로를 배척하거나 모순되
어서는 안 되며 서로 보강해 주어야 한다. 바흐의 〈브란덴부르크 협주
곡〉과 모차르트의 오페라는 거의 수학적인 구성, 대수학 증명만큼이
나 정확하고 신중하게 고려된 구성을 갖고 있으며, 그런 것이 그 작품
들에 감동적 힘을 부여한다. 철학적 작품들도 존재하는데, 이를테면
스피노자의 《윤리학》 중 제5권이 생각난다. 그것은 대단히 지적인 동
시에 아름다운 작품으로, 그것이 불러일으키는 감정이 그것의 이해를
돕는다. 우리가 감정을 생각을 면하게 해주는 게으름의 베개로 사용할
때 그것은 위험해진다. 마찬가지로 생각이 스스로 냉정하기를 바라고,
인간의 걱정·두려움·희망에 개의치 않을 때 그것은 위험해진다.

감정을 불신하는 것은 좋다. 하지만 불신하는 것이 멀리하고 없애
고 제거하는 것을 의미하지는 않는다. 감정을 불신하는 것은 감정에
합당한 자리를 부여하고, 그것을 잘 사용하는 법을 배우는 것이다.

프랑수아 비조: 당신은 정말로 감정이 우리의 동물적인 부분에 속
한다고 말할 수 있는가?

앙드레 구넬: 동물과 인간 사이에 한 가지 공통점이 있다면 그것은
행복과 불행을 느낄 수 있는 능력, 고통을 느낄 수 있는 능력이다. 동
물의 고통이란 말이 있는데, 그 말은 혹자들이 주장하는 만큼 우리에

게 낯설지는 않다.

인간의 동물적 부분, 신성한 부분, 또는 악마적인 부분을 분리하기는 어려운 것 같다. 모든 것이 뒤얽혀 있다. 파스칼은 천사 같은 것이 재빨리 악마 같은 것으로 바뀐다는 것을 멋지게 입증했다. 아주 열성적인 신자들의 집에 있는 얼마나 많은 하느님의 그림들이 악마적인 것에 속해 있는가? 우리가 비판하지 않는 천사는 악마가 된다. 우리가 우상으로 만드는 신은 악마가 되어 버린다.

미셸 라크루아: 오늘날 종교적 삶 안에서 감정과 비교해 종교적 감수성의 추세는 어떠한가?

앙드레 구넬: 신앙 부흥 운동의 교조적인 움직임과 함께 감정이 돌아오고 있다. 나는 그것이 올바르다고 보고 있는데, 왜냐하면 인간의 감정적 부분을 부인하는 이성적인 측면을 강화함으로써 지나치게 감정을 불신한 시대가 있었기 때문이다. 거기에도 위험한 면이 있는데, 왜냐하면 그런 집단 안에서 감정이 깊은 생각, 자기 자신의 재검토를 피하게 만드는 게으름의 베개가 되는 것을 자주 목격했기 때문이다. 우리는 이제 사람들에게서 잊혀진 어떤 경험에 도움을 청하고 있다. 나는 우리가 찬양의 심미적인 부분을 되살려야 한다고 확신하고 있다. 그렇다고 게으름을 조장해서도 안 되겠지만.

프랑수아 비조: 그렇다면 감정은 하느님의 존재의 신비에 가장 직접적으로 접근하는 방법이 될 수 있을까? 왜냐하면 그것은 이성에도 지성에도 속하지 않기 때문이다.

질문과 대답

■ 우리는 사랑의 감정에서 출발하여 오랜 기간 동안 하나의 커플을 구성하는 것인가?

앙드레 구넬: 감정만 가지고 커플 생활을 건설하는 것이 아니지만 반대로 감정 없는 커플은 건설하지 않는다. 흔히 최초의 감정적 충격은 느낌의 발전을 가져온다. 돈 후안의 말처럼 위험은 사랑할 시간도 갖지 않은 채 감정에서 감정으로 옮겨다니는 것이리라. 사랑은 이타성을 전제로 한다. 만일 우리가 결합되면 우리는 여전히 둘이며 하나가 되지 않는다. 융합되는 사랑 안에서는 둘 중 하나, 때로는 둘 다 으스러진다. 사랑 안에서 그대로 둘로 남는 법을 알아야 한다. 그래야 상대방에 대한 이런 지속적인 놀람, 놀라움이 존재할 수 있다.

■ 감정은 가정 교육 안에서 어떤 자리를 차지할까?

미셸 라크루아: 사회 차원에서도 허용되는 감정과 금지되는 감정이 있는 것처럼 가정이라는 소우주 속에도 감정을 이해하고 체험하는 어떤 방식이 있다. 어떤 가정에서는 슬퍼할 권리가 없으며 떠들썩한 즐거움이 필요하다……. 다른 어떤 가정에서는 분노를 표현할 수 없다. 계집아이는 울 수 있지만 사내아이는 울 수 없다 등. 그런 것이 어떤 이들에게는 훗날 어른이 되었을 때 그들의 감정적 삶을 짓누르는 금지된 부

담을 덜기 위해 정신요법에 호소할 필요성을 느끼게 할 정도로 억압이 될 수 있다.

■ 감정이 없으면 지적인 인간이 될 수 있을까?

앙드레 구넬: '지성'이란 단어에 함정이 있어 그 질문에 대답하기가 쉽지 않다. 우리가 이성은 계산적이고 기술적이라는 생각을 가지고 이성과 감정을 구분하기 시작한 건 17세기부터였다. 하지만 이성은 지성이 아니며, 이성은 현실의 한 측면은 포착하지만 다른 많은 측면들은 놓쳐 버리고 만다.

반대로 이해심은 비록 그것이 공감만을 의미하는 건 아니지만 공감의 한 요소를 내포한다. 성서의 전통에서는 **로고스**——분별 있는 말——와 **아가페**——사랑——라는 두 표현 사이에 하나의 관계가 수립되었다. 하나는 다른 하나 없이 이루어질 수 없다. 다시 말해 생각을 이용하지 않는 감성은 없으며, 감정을 고려하지 않는 생각은 없는 것이다.

프랑수아 비조: 최근 뉴욕에서 일어난 사건은 어쩌면 우리의 두려움을 쫓아내기 위해서일지 모르지만, 아무튼 오래전부터 그려 온 상상을 구현한 어떤 사람이 나타나는 것을 보고자 하는 우리의 모든 희망도 무너지고 말았다는 것을 확인해 주었다. 그래도 우리는 계속해서 진실에 눈을 감고 이성을 발휘하는 역사가 되어야 할 역사에 어떤 의미를 부여하려고 노력해야 할까? 인간의 존재는 그가 등장한 세상에서 살 자유의 영역에 속하는 생각 외 다른 주된 생각 없이 그를 벌거벗겨 놓는 순간부터 만들어진다. 거기에 모든 신비와 비극이 있는 것이다. 인간이 자신의 행동 영역에 속하는 것을 생각할 수 있는 그 순간부터 그의 행동 능

력은 그의 생물학적 본질로 요약될 수 없을 것이다.

앙드레 구녤: 9월 11일의 테러는 바로 감정을 선동하기 위해 행해진 것이다. 미국의 힘에 타격을 미칠 수 있는 방법에는 여러 가지가 있다. 하지만 동요를 야기하고 군중을 선동하기 위해 그 방법이 선택되었다. 미국 정부의 응수 속에 적들에게 대항할 필요성이 들어 있다면, 적어도 미국 국민의 감정을 관리할 필요성도 있을 것이다. 우리는 거기서 감정이 무기도 되는 동시에 중요한 정치적 요인도 되는 것을 분명히 확인했다. 이것은 매스미디어에 의해 확대되었다. 1914년에 발생한 사라예보의 암살 사건은 유럽에 충격을 주었지만, 오늘날 우리가 건물에 부딪치는 비행기를 본 것처럼 그 사건을 보지는 못했다. 감정의 규모가 달라졌고, 정치는 그것을 무시할 수 없는데, 그건 어쩌면 때로는 최악의 상황을 초래하는 것 같다.

6

더 이상 희망이 없을 땐
어떻게 살아야 할까?

"삶은 아무런 가치가 없다, 하지만 아무것도 삶만큼의 가치는 없다"[1]

알랭 우지오

누군가에게 더 이상 희망이 없을 때, 아마 가장 시급한 일은 그가 희망을 되찾는 것이 아니라 희망 없이 사는 법을 배우는 것이리라.

명석한 인간의 임무는 이 희망의 부재에서 어떤 의미를 찾는 것이다. 또 절망과는 거리가 먼 이런 희망의 부재가 사는 맛을 줄 수도 있다는 것을 발견하는 것이다. 내가 몰두하고 싶은 것은 이런 전복이다.

현재의 힘

죽음이란 예를 들어 보자. 우리들 중 대다수에게 죽음은 삶을 희망도 없고 의미도 없게 만드는 것으로 여겨진다. 삶은 죽음에 의해 종결된다. 삶은 소멸에 의해 감금된다. 사전에(태어나기 전에 나는 무엇이었나?), 그리고 위에서(내 위에는 무엇이 있나?), 그리고 내세에서(죽음 이후 나는 어떻게 될까?).

---

1) 말로, 《정복자들》(그라세 출판사, 216쪽)에서 가린의 입을 통해 한 말이다.

하지만 자, 여기 죽음이 있다. 특히 우리는 그것을 결정적인 것, 돌이킬 수 없는 것으로 생각하지만, 우리 인생의 매순간에 결정적이고 '무시할 수 없는'(사람들의 말처럼) 중요성을 부여하는 것도 그것이다. 사실 죽음 이후의 또 다른 삶을 믿는 것은 이승에서의 우리 삶의 유일하고도 결정적인 중요성을 '회피하는' 하나의 방식이다. 반대로 만일 우리가 이승에서의 삶 외의 삶에 대한 희망을 갖고 있지 않다면 지금의 이 삶이 중요해진다. 삶은 자기 앞에 있지 않다. 삶은 지금이다.

그다지 오래되지 않은 일인데, 나는 류머티즘으로 몸을 움직일 수 없어 안락의자에만 앉아 있는 한 노인을 만난 적이 있다. 그는 내게 이렇게 말했다. "저기, 창문 너머에 있는 저 나무를 바라볼 시간을 갖기 위해 나는 여든 살이 되기를 기다려야 했다오." 그리고 이렇게 덧붙였다. "일생 동안 나는 일하고 경력을 지키느라 너무 많은 시간을 잃어버렸소. 자존심을 지키기 위한 하찮은 일들에 너무 많은 에너지를 낭비한 거요……. 그런데 이제 와 생각해 보니 일과 야심·명성, 이 모든 것은 인간이 자신의 인생을 망치기 위해 발견한 최고의 방법들인 것 같구려." 또 노인은 이런 말도 했다. "그렇소, 이제 나는 늙었지만 바로 지금 나는 마지막으로 내 인생을 가지고 뭔가를 만들기 시작했소. 왜냐하면 내가 지금 만드는 것을 나는 정말로 즐기고 있기 때문이오. 왜인지 아시오? 그건 내가 곧 죽으리라는 것, 그리고 더 이상 인생을 맛볼 수 없게 될 때가 곧 올 거라는 걸 알고 있기 때문이오. 그렇소, 그건 앙드레 지드의 다음과 같은 구절이 내게 가르쳐 준 것이기도 하오. '죽음에 대한 지속적인 생각이 인생의 가장 작은 순간에 가치를 부여한다.'" 그리고 그 노인은 이렇게 덧붙였다. "내가 후회하는 건 좀더 일찍 시작하지 못한 점이오. 자기가 언제 죽을지는 아무도 모르는 거니까 말이오."

같은 의미에서, 조금 역설적으로 비칠지 몰라도 나는 우리 인생은 그것이 단 한번뿐이라는 바로 그 사실에 의해 영원해진다는 말을 덧붙이고 싶다. 이것은 말로가 그의 저서 《왕도》에서 한 말이다. "당신이 다른 것이 아닌 이것이 될 것이다, 다른 것이 아닌 이것이었을 것이다라는 확신을 갖는 것이 당신 자신의 인생의 포로가 되는 길임을 의심하지 말라." 물론 이건 끔찍한 구절이지만, 이는 또한 체험된 것에 엄청난 밀도, 부서지지 않고 영원하고 불멸하는 밀도를 부여한다.

이것은 또한 얀켈레비치가 《죽음》에서 한 말이기도 하다. "존재했던 사람은 이제는 더 이상 존재하지 않았던 사람이 될 수 없다. 이제부터는 살았다는 이 극도로 막연하고 신비한 사실이 영원성을 위한 그의 노자(路資)인 셈이다."[2] 그가 살았다는 사실이 **영원한** 진실이 된다. 그리고 그가 경험한 것도 영원한 진실이 된다. 게다가 우리의 문법적 관례도 그것을 증명하고 있는데, 왜냐하면 우리는 '뒤랑 씨가 1740년부터 1828년까지 산 것은 사실이다(과거형이 아니라 현재형으로)'라고 말하기 때문이다. 그가 살았다는 사실과 과거에 겪은 것은 영원히 진실이다. 그래서 나는 이승에서의 우리의 삶이 우리가 살기 위해 가진 유일한 것이라고 말하면서도 그것이 영원한 삶에 관한 기독교의 가르침에 반대된다고 생각지 않는 것이다. 왜냐하면 영생은 이승에서의 삶이 영원해진 것이기 때문이다. 왜냐하면 그것은 하느님의 영원성과 기억 속에서 영원히 보존될 것이기 때문이다.

이렇듯 영원하도록 만들어진 것은 이승에서의 삶이라는 것을 생각하면서 사는 것이 당신이 겪는 일들에 강한 밀도, 무한한 힘, 결정적

---

2) 이 구절은 W. 얀켈레비치가 살았던 건물 위에 그를 추모하여 붙인 동판 위에 적혀 있다.

이고도 절대적인 중요성을 부여한다.

그것은 오늘에 독자적인 영광을 부여한다. "인생은 아무런 가치가 없다, 하지만 아무것도 인생만큼의 가치는 없다." 이 말은 인생에 진지한 태도를 부여하고 힘을 실어 준다. "세상의 공허함에 대한 강박관념·확신 없이는 힘도 없고 진정한 인생도 없다."[3] 부조리에 맞서, 희망 없음에 맞서 존재하는 것, 이것은 인생에 정열과 분노를 부여한다. 희망 없이 사는 것에는 어떤 형태의 즐거움이 있다. 이런 즐거움이란 명민함을 수용한 데서 오는 즐거움이요, 흥분하지 않는 즐거움이다.

우리는 흔히 더 이상 희망이 없다는 사실이 자살을 부추긴다고 말한다. 사실 그 두 가지가 반드시 관련이 있는 것은 아니다. 나는 자기들에게 희망이 없다는 사실에 대해 전혀 염려하지 않고 현재의 이 순간들을 아주 잘 사는 사람들을 알고 있다. 반대로 나는 항상 삶이 달라질 수 있다는, 또는 달라져야 한다는 희망을 갖고 있다는 바로 그 이유 때문에 현재를 아주 못 사는 사람들도 알고 있다. 자살하는 사람들은 주로 이들이다. 희망 없이 사는 것은 행복하게 사는 하나의 방법일 수도 있다.

자신을 내일의 희망에 맡기지 않고 사는 행위. 이것은 인생에 진지함과 즐거움뿐만 아니라 지금 이 순간의 자유를 부여한다. 자유란 자신의 운명에 개입할 수 있다는 의식이다. 우리의 자유는 이 운명에 높은음자리표나 낮은음자리표를 그릴 수 있는 것이다. 우리의 자유란 우리의 인생을 노래도, 비명도, 탄식도 만들 수 있는 것이다. 설령 연주할 곡이 미리 정해져 있다 해도.

---

3) 말로가 《정복자들》(229쪽)에서 가린의 입을 통해 한 말이다.

희망이란 '실패한 다음에는 어떻게 할까?' 라는 질문에 대한 대답이다. 자유란 '피할 수 없는 실패를 앞두고 어떻게 해야 할까?' 라는 질문에 대한 결심이다. 자유란 한밤중의 번개요, 순수한 상태의 감동이요, 무(無)에 직면해, 무를 위해 사는 아량이다.

절망 덕분에 존재하는 신앙

더 이상 희망이 없다는 사실이 초래할 수 있는 마지막 '기회'는 신앙의 기회이다.

왜냐하면 신앙은 결함 속에서만 나타날 수 있기 때문이다. 하느님과 은총에 대한 신앙은 우리에게 더 이상 미래에 대한 신앙이 없을 때에만 생길 수 있다. 신앙은 우리가 갖고 있을 일종의 희망적 '성향(기호)'에서 생기는 것이 아니다. 그것은 우리가 갖고 있을 일종의 절망적 '성향'에서도 그만큼 생기는 것이다.

우리를 하느님 쪽으로 밀 수 있는 것은 우리의 절망이다. 우리를 은총 아래로 밀 수 있는 것은 인생의 부조리 앞에서 우리가 갖는 명철함이다. 이 세상에 신은 부재한다고 생각하는 우리의 고정관념이 하느님으로 하여금 우리를 이 세상에 던져 버리게 만든다.

'은총이 우리의 등짝을 후려쳤다'고 베르나노스는 말했다. 우리가 은총이 있을 수 있다는 모든 희망을 잃어버린 바로 그 순간 그것은 비겁하게 우리를 공격한다. 우리가 은총을 발견하려면 가장 극단적인 가난까지 가봐야 한다. 가난한 자들은 행복하다, 왜냐하면 천국이 그들의 것이기 때문이다. 천국에 대한 희망을 잃어버린 자들은 행복하다, 왜냐하면 바로 그때 천국이 그들에게 오기 때문이다.

절망 자체는 우리를 하느님에게 인도할 수도 있고, 우리가 하느님
께 투신하게 할 수도 있다. 오직 신앙·희망·사랑만이 하느님에게로
가는 길이라고 간주하는 것은 잘못된 것이다. 마찬가지로 불안·절
망·고독한 느낌도 우리를 그곳으로 인도할 수 있다. 이것이 '마음을
다하여 하느님을 사랑하라'고 밝힌 타르굼〔아람어 《구약성서》본〕이 보
여 주고 있는 바이다. 이 말은 자기 마음의 두 가지 경향, 즉 삶과 행
복을 향한 경향뿐 아니라 죽음과 불행을 향한 경향도 함께 가지고 하
느님을 사랑하라는 의미이다. 방탕한 아들의 우화를 상기해 보는 것으
로 충분하다. 그를 아버지의 품으로 미는 것은 분명 그의 절망이다.

베르나노스의 모든 주인공들이 증명하는 것처럼 절망은 초자연적인
것으로의 일종의 접근이다. 인생은 의미가 없고 미래는 희망이 없다
는 걸 우리가 알았을 때, 그때 우리의 밤의 균열 속에서 하느님이 태
어나신다.

왜냐하면 우리가 결국 우리 희망의 헛됨뿐 아니라 우리 절망의 헛
됨마저 발견하는 바로 그때 하느님은 집요한 도전처럼 나타나기 때문
이다.

왜냐하면 절망의 헛됨도 있기 때문이다. 그리고 '오만한 거드름,'
스스로 절망했다고 말하고 절망에 빠지는 오만한 거드름의 의미에서
도 '헛됨'을 이해해야 한다. 스스로 절망했다고 말하는 것은 자신에
게 중요성을 부여하는 하나의 방식이기도 하다. 사람들은 결국 그의
불평·비참함·부조리에 싫증을 내게 되고 말 것이다. 그렇게 되면 은
총은 대범함, 절망에 대면한 태평함 자체의 은총으로 나타날 것이다.

마침내 내가 나 자신의 눈에마저 띄지 않은 채로 지나갈 수 있을 때
그때가 은총이다. 그래서 너무나 솔직하고 너무나 수수하고 너무나
투명한 이런 형태의 삶 안에서 나는 희망이 무엇인지 더 이상 모르겠

고, 절망이 무엇인지 더 이상 모르겠다. 나는 오직 믿음과 평화가 무엇인지만을 알 뿐이다.

불가능한 고독

리타 바세트

'우리'는 존재하는 않는다. 더 이상 희망이 없는 건 '우리'가 아니라 나, 너, 그녀 또는 그이다. 그리고 욥을 위로하기로 굳게 결심한 친구들은 '~하기만 하면 된다'는 말 속에 빠져 버리고 만다. 그것은 하느님 또는 인간에 대한 어떤 믿음도 그 자체로서 오류 없는 방법은 아니라는 것이다. 욥에게 그런 것처럼 말씀은 나를 절망 밖으로 이끄는 길 위에서 망설이는 내 발걸음으로부터 오는 것이다. "어찌하여 그분은 고달픈 자에게 빛을 주시고 영혼이 괴로운 자, 죽음을 기다리는 자들에게 왜 (죽음 아닌) 생명을 주실까?"(《욥기》, 3장 20절) 욥의 긴 독백은 이렇게 끝난다. 거기서 그는 결코 잉태되지 않았더라면, 결코 태어나지 않았더라면 하는 바람을 외치며 울부짖는다. 그가 말하는 '그분'은 누구일까? 대화할 수 없고, 그래서 욥이 '사방을 포위하고' 있다고 말한 무한한 하느님이다. 빠져나갈 수 있다는 모든 희망을 파괴하려고 궁리하는 것처럼 보이는 하느님을 어떻게 신뢰할 수 있겠는가? 그리고 더 이상 희망이 없는 것보다 더 나쁜 게 있다. 그건 바로 살 수도 죽을 수도 없는 경험, '죽음을 기다리지만 그 죽음은 그들을 위한 것이 아닌' 그런 사람들이 되어 보는 경험이다. 더 이상 '나'라고 말할 수도 없어서 셀 수 없이 많은 무명의 '영혼이 괴로운 자들'

틈에 끼인 자의 어지러운 변화무쌍함. 철학자 키에르케고르가 그의 저서 《절망론》이나 《죽음에 이르는 병》에서 고통을 고려한 것은 총명하고 정직한 처사였다.

다른 사람들이 존재한다

다른 사람들이 존재하는 만큼 그들의 존재는 구체적인 의미에서 희망을 **대신**할 수 있다. 일시적으로 희망의 자리를 차지하는 것이다. 왜냐하면 서툰 말과 몸짓에도 불구하고 그들은 움직이는 모래알 같은 사람들 사이에서 지표들이 되어 주기 때문이다. 단순한 육체적 현존을 통해 그들은 우리의 인간성에 관한 이야기를 들려 준다. 지속적인 기간 동안 존재로부터 뿌리 뽑힌 우리가 스스로를 유령처럼 느끼는 반면, 그들은 우리가 살아 있다는 것을 모르는 채 우리의 모습을 비춘다. 비록 말은 없지만 가상하게도 그들은 우리 곁에 있다. 그래서 세 명의 친구는 욥의 머리맡에서 7일 밤낮을 지켜보고 있으면서도 처음에는 '고통의 심연' 앞에서 입을 다물어야 할 것 같은 생각을 갖게 된다. 완전함과 무한함을 뜻하는 성서의 숫자 7은 욥이 바닥 없는 절망의 바닥까지 가 그곳에서 말씀을 되찾게 하기 위해 쓰인 것이다. 욥의 곁에 앉은 친구들의 소박한 밀도가 살아남으라는 호소 중에서 가장 은근하면서도 가장 강한 것이 아닐까? 그들의 육신은 친구가 그들과 같이 존재하는 것을 보고 싶은 욕망을 표현하지 않는가? 그것들은 죽음의 요새에까지 스며들기를 고집하는 인생의 관들이 아닌가? 좀 더 친숙한 용어로 표현하자면 생명이 표본병 밖에서 오는 만큼 '사방이 포위된' 나비에게는 희망이 있다.

여기서 나는 J. Y. 를루의 《부조리와 은총》에 나오는 놀라운 증언을 생각한다. 인간을 탐색하는 긴 순례 도중에 그는 그의 마지막이자 하나뿐인 소유물을 도둑맞는다. 그의 생각과 사고의 자취를 기록한 은밀한 일기가 그것이다. 길바닥에 주저앉은 그의 눈에 뜨거운 커피 한 잔과 크루아상 빵 두 개를 들고 다가오는 카페의 웨이터가 보인다. 손님 하나가 **남몰래** 주문해 놓고 가버린 것이다. 살과 피를 지닌 타인을 통해, **타인**은 거기까지 슬그머니 끼어든 것이고 거기서 바로 그 순간 작가는 '바닥을 차고' 다시 올라온다.

하지만 만일 아무 일도 생기지 않으면?

또는 만일 살아 있는 다른 이들로부터 우리에게 오는 것을 더 이상 전혀 인식할 수 없다면, 그리고 더욱 강한 이유로 인생의 절정에 있는 **타인**으로부터 우리에게 오는 것을 전혀 인식할 수 없다면 어떻게 될까? 그렇다면 이런 외침이 있을 것이다. "나의 울부짖음이 강물처럼 흐른다."(〈욥기〉, 3장 24절) 그것은 누구에게 하는 말이 아니라 치명상을 입은 짐승으로서의 나의 외침이며, 어쩌면 거기서 나는 생존하게 될 것이다. 이것은 다른 사람들과 **타인**을 향한 말로서, 이긴 인생이 아니다라고 외치기 위해, 죽고 싶은 나의 욕구를 말하기 위해, 가장 자유로운 방식으로 하느님을 연루시키기 위해, 나 자신을 비난하(도록 내버려두)지 않으면서 파괴하고 싶은 나의 욕망과 반폭력을 명명하기 위해 되찾은 것이다. 설령 말은 사람을 죽일 수 없고, 느낌은 더더욱 그렇다고 내게 말해 주는 사람이 아무도 없다고 해도 말이다. 욥이 스스로에게 허락한 것이 바로 그것이며, 하느님이 동의하고 축복한 태도가 바로 그것이다. "나의 종 욥이 나에 대한 말을 많이 했다." 하느님은 두 번이나 그렇게 말한다.(〈욥기〉, 42장 7절)

뱃속에서 나는 꾸르륵거리는 소리를 들으면 생존에 관한 어떤 견해가 생각난다. 이것은 불행이 닥치고 모든 희망이 사라졌을 때 느낀 이런 **절단**에 관한 어떤 것을 표현한 것은 아닌가? "만일 네 손이나 발이 너를 넘어지게 만들면 그것을 잘라 너로부터 먼 곳으로 던져 버려라!"(〈마태복음〉, 18장 8절) 비록 그렇게 멀리 두는 것이 절단만큼이나 고통스러운 일이라 해도, 이런 상징적 절단에서 우리는 우리에게 닥친 일을 먼 거리에 두는 데 대한 동의를 들을 수 있다. 이때 우리에게 닥친 일을 가지고 완전히 혼동하지 않는 것이 중요하다. 왜냐하면 우리는 이제 땅에 넘어진 그 사람이 아니고, 그와는 전혀 다른 사람들이기 때문이다. 절망한 자라는 우리의 정체성을 잘라내기로 동의한 그 순간 우리는 이런 낙담에서 벗어난다. 설령 그것이 네 손이나 발만큼이나 중요해 보여도 '그것을 너로부터 멀리 던져 버려라!'

십자가 위에서의 예수의 외침에서 이 이로운 폭력으로부터 뭔가를 발견할 수 있지 않을까? 그것은 '하느님'을 향해서 한 것이지, 그가 일생 동안 친숙했던 그 모든 번뇌의 아버지를 향해 한 것이 아니다. "왜 나를 버리셨습니까?" 이 비통한 '위대한 외침'을 통해 예수는 그를 산 자로부터 단절시키는 어떤 공포를 그 자신의 내부에 간직하기를 거부했듯이, 삶에 대한 그의 모든 희망을 죽이는 버림받음을 거부한 것이 아닐까? 마르코[마가]와 마태오[마태]만이 외침을 언급하고 있는데, 거기서 예수는 땅의 암흑 속에서 모두에게 버림받은 채 죽는다. 〈누가복음〉과 〈요한복음〉의 경우는 다르지만, 나는 예수가 수난당하는 동안의 각기 다른 순간들을 반영한 네 이야기들이 결국은 상호 보충하는 관계에 있다고 생각한다. 마르코와 마태오는 그리스도가 모든 희망의 상실을 경험하는 그때를 소홀히 하지 않는데, 그것은 마치 우리에게 이렇게 말하기 위해서인 듯하다. 이 남자는 우리의 동포들 중 하나다. 말로 표현할 수 없는 이런 순간까지 그를 지켜봄으로써 우리는 하느님 자신이 범인을 뛰어넘는 이 동포를 통해 탈출구 없는 절망을 몸소 체험했다는 걸 느낄 수 있다.

삶은 어떻게 우리의 목숨을 부지해 줄까?

더 이상 희망이 없다는 것은 전에는 희망이 있었다는 것을 전제로 하며, 우리는 그것이 어떤 상황이라는 것을 어느 정도씩은 알고 있다. 따라서 여기서는 인생이 다시 돌아가기 시작할 때까지, 그리고 우리가 무덤에서 빠져나올 수 있도록 산 자가 우리를 도와 주러 올 때까지 지탱하는 것이 중요하다. 구체적으로 말해 잠에서 깨어나자마자 도저히 극복할 수 없을 것처럼 보이는 이 새로운 하루의 끝에 어떻게 이를 수 있을까? 우리는 시간 속에 표지들을 부여할 수 있다. 규칙적인 간격으로 감정이 통하는 사람과의 접촉을 인정하면서 하루를 시간별 또는 반나절의 기간으로 세분하는 것, 어떤 시간까지 '지탱하는' 것, 그런 다음에는 소식을 보내고 다시 한 번 어떤 시간까지 지탱하는 것이다. 인류로서 한 형제 또는 자매와 함께 수립한 이 지표들은 우리로 하여금 인간의 시간에서 벗어난 어떤 기간에 인간미를 부여하도록 허락한다.

그리고 만일 폭력적인 것은 덜하지만 희망의 상실이 몇 달 혹은 몇 년까지 늘어나면 어떻게 될까? 그렇게 되면 문제되는 것은 현실적으로 인간의 세상에 속하고자 하는 우리의 욕망이다. 우리는 (아직도)

인간들 사이에서 교환된 말만이 우리를 **살아 있는** 인간으로 만든다고 믿고 있는 것인가? 우리가 희망의 부재 안에 갇힌 것이 우리 자신이 모든 질문과 대답을 하려는 강박적 욕구와 관련이 있다고 느끼고 싶은 건가? 우리는 만일 하느님이 **타자**라면 그 말은 그것이 우리의 신격화된 독백이 아니라는 것을 자각하고 싶은 것인가? 우리는 우리가 아닌 다른 사람들과 교환한 말의 잔치에서——다른 어느곳이 아닌 이 곳에서만——생명의 **말씀**이라는 고가의 진주들을 발견하기를 원하는 것인가?

만일 그렇다면, 만일 타인에 대한 그런 개방이 우리의 진정한 발언권 덕에 움직이기 시작하는 것이라면, 우리는 우리보다 더 '항구적인' 뭔가와 누군가가 우리 뒤에서 지금까지 우리의 생명을 유지시켜 주었다는 것을 깨닫기 시작할 수 있다. 우리는 우리 안에서 존재한다는 확신과 계속 존재하고 싶다는 희망 앞에 주어진 삶과 접촉한다. 성서에서 욥은 비록 아무도 그의 말을 듣는 것 같지 않아도 끊임없이 이 뭔가와 누군가에게 말한다. 어쨌든 그는 자신이 하는 말을 듣는다. 그리고 그렇게 함으로써 그는 자신의 말이 하느님의 귀에 들릴 수 있다는 미친 희망 속에 살고 싶어한다. 어쨌거나 그는 자신을 말하는 존재로 인지함으로써 자신은 모르고 있지만 인간의 세상에 대한 소속감을 유지하고 있고, 그를 광기로부터 구해 주는 것도 아마 그것일 것이다.

하지만 우리가 더 이상 말하지도 부르지도 나누지도 못할 때가 온다. 그때 유일한 휴식은 죽음으로 체험되는 것 속으로 내려가도록 놔두는 것일 수 있다. 이것을 어떻게 받아들이고, 거기에 동의하며, 죽음에 대한 우리의 두려움보다 더 크고 더 지속적인 그 뭔가와 누군가를 어떻게 믿을 수 있겠는가? 그건 아마 일상의 작은 몸짓에 정신을

온통 집중할 수 있는 인간의 능력을 발견함으로써 견디기 힘든 현재
의 무궁한 연장으로 이해되는 어떤 미래가 행사하는 매력으로부터 그
의 정신을 돌려 놓음으로써 이루어지는 듯하다. 그를 단련시키는 고독
에 동의하면서 내 수중에 있는 생명을 보존하는 데 얼마 되지 않는 자
신의 모든 에너지를 쏟아붓는 게 중요하다.

　그런데 타인의 괴로움이 우리의 일상적인 몸짓이 영향을 미치는 거
리 안에 있을 때가 있다. 도스토예프스키의 《우스운 인간의 꿈》은 지
긋지긋한 삶을 끝내기로 결심한 한 남자가 마지막 순간에 그에게 도
움을 청하러 온 굶주린 소녀로 인해 방해받는 모습을 이야기하고 있
다. 결국 남자는 자살하지 않게 된다. 골고다 언덕에서 예수에게도 두
명의 죄수에게도 더 이상 희망이 없을 때, 예수가 자신이 버림받았다
고 소리친 직후, 그리고 어쩌면 그가 그 사실을 큰 소리로 말했기 때
문에 그 사실로부터 멀어짐으로써 그는 동포, 〈누가복음〉에 나오는
'또 다른' 죄수의 비탄도 듣게 된다. 마치 타인의 절망이 그를 다시 삶
의 흐름 속에 뿌리박아 놓기라도 한 듯이.

　희망이 그것을 남아 돌아갈 만큼 가진 사람들로부터 오지 않을 때
가 있다. 가장 복잡하게 뒤얽힌 상황에서 우리에게 희망을 돌려 주는
것은 더 이상 희망이 없는 사람들일 때가 간혹 있다. 그들은 그 부족
함으로 우리를 채워 준다. 왜냐하면 그들은 아직까지 우리에게 있고,
우리가 아는 것보다 훨씬 더 위대한 것으로 드러나는 이 대수롭지 않
은 인생을 나눌 수 있는 능력을 우리 안에 (다시) 불러일으키기 때문
이다. 이 타인들은 **살아 있는 그리스도**가 우리에게 부여한 능력을 우
리 안에 다시 불러일으킨다. 레비나스에게 내가 그의 얼굴에서 읽고
그의 몸에서 느낄 수 있는 것은 타인의 궁핍으로서, 그것은 '대답할
수 있는 능력'이라는 어원적 의미에서의 나의 '책임감'을 일깨우고

나를 부추긴다.

나를 뭔가와 누군가를 위해 존재하게 함으로써 삶과 다시 접촉하게 하는 것도 그이다. 따라서 모든 것이 내게는 괴로움, 타인과의 관계에 관한 갈증에 대한 지각 안에서, 다시 말해 그의 존재에 관한 우리의 지각 안에서 결정되는 것처럼 보인다. 그것은 그의 상황이 우리의 상황보다 더 나빠서가 아니다. 어떤 경우에도 우리는 누군가의 고통과 절망의 정도를 평가할 수 없다. 하지만 만일 우리에게 그로 인해 감동받는 특권이 주어진다면, 우리의 허무의 요새였던 이 출구 없는 절망 안에 어떤 틈이 생기게 된다.

드니 틸리나크: 당신은 공허함 속에서 희망을 내포하는 절망의 네 단계를 묘사했다. 당신은 희망을 어떻게 정의하겠는가?

리타 바세트: 나를 살아가도록 부추기는 것, 나를 삶 속으로 초대하는 것은 그런 역동성이다. 다시 말해 '인생은 살 만한 가치가 있는 것이다.' 누군가가 '나는 더 이상 살고 싶지 않다' 라고 말하는 걸 볼 때 나는 가장 충격을 받는다. 살고 싶은 욕망, 그것은 우리가 다른 사람에게, 친자식에게도 줄 수 없는 유일한 것이다.

알랭 우지오: 그 살고 싶다는 욕망 말이다, 만일 그것이 생물학과 관련이 있다면 모든 사람이 그것을 가지고 있는 것인가?

리타 바세트: 나는 그렇다고 생각한다. 하지만 그건 오로지 생물학적인 것만은 아니다.

드니 틸리나크: 내가 보기에 그것에는 예상의 측면도 있는 것 같다. 우리는 현재 안에 있으며, 미래에 있을 어떤 것을 갈망한다. 거기에 전형적으로 유대 그리스도 절충교적인 특징이 있는데, 거기서 역사는 하나의 방향으로 나아가고 그리스도의 재림과 함께 변전, 시간의 종말, 영생의 희망을 향해 집중된다. 시간에 대해 순환적 개념을 가진 사회들——힌두교 사회, 불교 사회, 애니미즘 사회——에서는 사정이 다른 듯하다.

조르주 무르타키: 나는 그리스인 부모를 둔 동방 유대교도인데, 유대 그리스도 절충교적 관점에서 희망에 대한 정확한 정의가 존재한다고는 생각지 않는다. 나는 다양한 종교적 공동체들이 아주 아름다운 관계를 맺고 있었던 어떤 나라에서 성장했는데, 그곳에서 희망은 삶 이후에 두번째로 오는 것이고, 삶은 즉각적인 것이었다. 카이로에 사는 이집트인들은 주택난 때문에 공동 묘지에 살면서도 매우 즐거워했다. 그들은 그곳에서 죽은 이들과 우애가 돈독한 관계를 맺고 있었다. 죽음에 대한 우리의 두려움에 대한 해독제 구실도 하는 희망이 그들에게는 그다지 쓸모 있지 않았다.

리타 바세트: 그렇다면 그것은 죽음이 삶의 관점에 완전히 받아들여지고 통합된 것이다. 유대인들의 샬롬 개념도 그런 인생관이다. 지금 이 땅 위에서 충만한 것이다.

조르주 무스타키: 유대인들은 현재에 우선권을 부여한다. 죽음은 아주 먼 훗날의 일인 것이다. 희망은 사실 삶을 축소시키는 공상이다. 여러분은 절망과 희망 없음을 같은 차원에 놓지만 나에게 그것들은

같은 것이 아니다. 희망이 없는 것은 일시적일 수 있지만, 절망은 일종의 깊은 비극 속에서의 파멸인 것이다.

리타 바세트: 그건 정도의 문제이다. 희망의 부재 속에도 억눌러지지 않는 체념이 있고, 더 깊이 내려가다 보면 우리는 절망 속에 빠지게 된다.

조르주 무스타키: 나는 내 친구들 중 한 명의 이야기를 쓴 적이 있다. 내가 전쟁과 도시 위에 떨어지는 폭탄에도 불구하고 알렉산드리아에서 태평하고 행복한 삶을 살고 있을 때, 그 친구는 포로수용소(처음엔 아우슈비츠, 그 다음엔 마타우젠)에 있었다. 그런데 그 친구는 불결한 환경과 끔찍한 생활 여건 속에서도, 그곳에서 나갈 수 있다는 희망은 없고 대신 하루하루 아무것도 기대할 수 없는 삶에 대한 분노를 가지고서도 그 7년을 나처럼 태평하게 살았다.

그는 '걱정 말거라. 우리는 여기서 나가게 될 거야. 왜냐하면 우리는 선민이니까' 라고 말하는 아버지에게 화를 냈다. 만일 희망을 기대하고 있었다면 그는 패배를 인정했을 것이고, 가스실의 땔감으로 사용되어 연기로 날아갔을는지 모른다…….

희망 없음의 은총

조르주 무스타키

　'살다(vivre)'는 움직임 · 창조 · 에너지 · 역동성을 함축하는 타동사
이다. 반대로 '희망'은 역동성은 없고 풍부할지는 모르지만 대신 수
동적이고, 때로는 무기력한 기다림의 동의어이다. 포로수용소에서 신
의 보호에 대한 희망을 많이 가진 사람일수록 더욱더 죽음에 대처하
지 않은 채로 끌려갔다. 비록 대중적인 표현에서는 '희망이 살게 만
든다'고 단언하고 있긴 하지만, 나는 사는 것과 희망하는 것 사이에
어떤 종속 관계나 인과 관계가 있다고도 생각지 않는다.

　물론 이 두 단어 사이에 어떤 신비한 관계가 있긴 하다. 이 두 단어
는 서로 보충적 · 적대적인 관계도 아니지만 공존한다. 더 이상 희망
이 없을 때——사람들이 힘든 상황에 처하거나 인생의 끝에 놓여서
——그들은 갑자기 뜨거운 열정을 획득한다. 모든 것이 명백해지고
진정되고 제자리를 찾기 시작한다. 여기서 희망의 부재는 재난이 아
니라 풍부해짐이다. 나는 더 이상 희망이 없다는 바로 그 이유 때문에
변화하고 아름다워지는 사람들을 보았다. 마치 희망의 부재가 그들을
더욱 인간답게 만들기라도 한 것처럼.

　오직 희망하라고 기독교의 신앙은 대답하지

하늘은 끊임없이 감시하고 너는 죽을 수 없다
내 말을 믿어라 기도는 희망의 외침이다,

뮈세는 그렇게 썼다. 이 말은 내게 하나의 위로처럼 보인다! 설령 희망의 부재가 우리를 불안과 혼란 속에 빠뜨릴 수는 있어도, 우리로 하여금 현재의 다급함과 미래의 하찮음을 자각하게 만들 수는 있다.

나의 노래들은 아름다운 오늘의 우월함을 표현하고 있다. '매순간 이 인생 전체라네, 계획도 없고 습관도 없다네'[1] '살아 있을 동안 즐겨라, 죽은 다음엔 얼마든지 쉴 수 있으니!' 아주 직접적인 이런 메시지들은 스스로 설득력이 있기를 바란다.

어느 날인가 한 아가씨가 내게 '나는 영원한 행복의 상태를 선언한다'라는 주제로 글을 써달라고 부탁해 왔다. 나는 한참 후에야 그녀가 하고자 하는 말을 이해할 수 있었다. 그녀가 원한 것은 희망이 아니었다. 그녀는 행복한 상태가 전적이고 즉각적이기를 바란 것이었다.

나는 아라공의 발라드(짧은 정형시)도 같은 관점에서 생각하고 있다.

만일 다시 가야 한다면 나는 이 길을 다시 가리라,
너의 가혹한 공격 아래에서도, 내일은 노래한다!

여기서 노래하는 내일은 불확실, 희망, 자신의 인생을 바치는 대상인 소망이다. 나는 삶이 희생을 요구하지 않고 흘러가기를 바란다.

나는 여정의 풍부함을 경험하게 해주는 것이 여행의 목적임을 보여주는 카다피의 너무나 아름다운 시《이타크》를 인용하고 싶다.

---

1) 〈인생의 시간〉을 보라.

복음서의 메시지 안에서도 우리는 좋은 소식이 이미 도착했다는 것을 알 수 있다! 우리는 그것을 기다리지 않는다. 그것은 앞으로 올 약속이 아니다. 대신 뭔가가 이미 변화했고, 뭔가가 이미 이루어졌다.

따라서 희망이 우리의 모든 것을 위로해 주어서는 안 된다. 시오란도 가능한 대안으로서의 자살은 그에게 살 수 있는 힘을 준다고 말했다.

나는 다음과 같은 말로 자신의 논문을 마친 어느 스무 살 청년의 말을 인용하면서 글을 마칠까 한다. "병, 다시 말해 희망의 부재는 자유롭고 깊이 있는 삶의 맛을 확장한다."

리타 바세트: 만일 희망의 부재가 사람을 사람답게 만든다면, 그렇게 되기 위해 어떻게 해야 하나?

조르주 무스타키: 이건 내가 자주 확인한 사실이다. 우리가 인생의 절대를 만질 때, 그리고 우리로 하여금 상황이 달라질 것이라고 믿게 할 만한 희망이 더 이상 없을 때 우리는 자신의 상황에 전적으로 몰두하고, 이전 같았으면 절대로 주는 수고를 하지 않았을 어떤 차원을 그것에 부여하게 된다. 설령 우리가 극도로 고통스러운 상태에 있다 해도 우리는 그것을 제압할 수 있다. 왜냐하면 우리는 거기서 풍부함을 보기 때문이다.

리타 바세트: 죽음에 임박해서도 우리는 남아 있는 시간 속에서 평화를 발견할 수 있다.

조르주 무스타키: 우리는 죽을 거라는 걸 알고 있으면서도 마치 죽

음이 계획에 예정되지 않은 것처럼 살고 있다! 하지만 반대로 생의 마지막에 죽음이 임박한 것으로 나타날 때에야 사람들은 이런 관점을 재고하는 것, 마치 곧 죽을 것처럼 인생을 사는 것이 절박하다는 것을 알게 된다.

드니 틸리나크: 비록 요즘 즉시주의(instantaneisme)가 판을 치고는 있지만 나는 그것을 믿지 않는다. 정해진 시간이 되면 한 사람은 그의 개인적 과거, 가족과의 과거, 그의 집단적 기억, 그의 문화의 총체에 불과하게 된다. 지금 이 순간은 이 모든 것을 회고하게 할 뿐이다. 그것은 점차로 사라져 버리며, 나는 그것을 믿지 않는다. 그것은 때로 영원을 갈망하는 하나의 공허한 방법이 되기도 한다.

조르주 무스타키: 나는 미래가 불확실하다는 것을 역사가 증명한 어떤 문화 속에서 자랐다. 정복자들은 사라졌다. 중요한 것은 우리가 계속해서 하루하루를 살아가는 것이다. 나는 주지주의 없이 그것을 실천해 왔다.

나는 세상이 다시
환희로워질 것을 믿는다

드니 틸리나크

만일 희망이 삶에 대한 가공하지 않은 의지에 불과하다면 사형수, 궁지에 몰린 사람을 제외한 모든 사람이 희망을 갖고 있을 것이다. 사형수에게는 더 이상 희망이 없지만, 대신 그에게는 다른 것이 남아 있으니 소망이 그것이다. 따라서 나는 희망과 소망을 기꺼이 대립시키고자 한다.

희망 없이 세상에서 어떻게 살 수 있을까? 이 질문은 역설적으로 보이는데, 그것은 비극들·범죄들·전쟁들에도 불구하고 동시대의 세상 속에는 역시 도처에서 희망의 망령이 꿈틀대고 있는 듯이 보이기 때문이다. 기술·응용과학은 각자에게 더 나은 삶, 더 길어진 수명에 대한 희망과 함께 개인들의 성숙을 허락하는 민주주의적 전망을 제공한다. 우리는 지구촌 안에서 모든 사람의 운명의 동일성에 대한 의식이 탄생하는 것을 목격하고 있으며, 모든 사람이 자신에게 연대책임이 있고 상관성이 있다는 것을 잘 느끼고 있다. 그것은 경솔하게 남을 믿는 현상이 후퇴하고 있다는 인상을 주며, 그것은 더 많은 개인의 자율성을 허용할 것이다.

따라서 점점 더 많은 사람들이 점점 더 많은 희망을 갖고 있다. 현대 세계에서 도망친 것은 오히려 소망이며 초월성이다.

이 세상 도처에서 우리는 문화·전통·관습·창조 신화, 드러난 진실, 집단적 믿음은 사라지고 금기들이 덤벼들어 마르셀 고세가 **마술의 풀림**으로 묘사한 것으로 세상을 인도하고 있다는 느낌을 받게 된다. 우리는 세속적인 세상에 있으며, 존속하는 종교는 집행유예를 받은 상태다! 성스러운 것, 눈에 보이지 않는 것, 영적인 것은 소외되고 사적인 공간 속으로 점점 더 추방된다. 문화도 마찬가지로 민속화될 위기에 처해 있다. 원사 시대가 끝날 즈음 인간이 자신의 언어뿐만 아니라 신들에게 기도하는 법, 옷 입는 법, 종족을 번식하는 법, 집짓는 법을 다양화하기 시작했을 그때, 다양성의 순환이 시작되어 문화의 다채로운 다원성과 함께 문명의 다양한 무늬를 부여했다. 이 시기는 회의적인 무관심과 소비자 운동가의 히스테리의 혼합에 가까운 전반적인 상태 속에서 다시 문이 닫히게 된다.

따라서 우리는 종합적이고 사람을 안심시키는 문화적 다양성의 실질적 또는 잠재적 종말을 확인하고 있다. 이 역사적 순환은 거대한 혼란 속에서 끝난다. 고독 속에 유폐된 자아들은 점점 더 그들의 불안정, 보람 없음, 그 위에 그들의 무용성에 대한 자각에 사로잡혀 우주의 나비들처럼 흔들리고 있다. 그들은 쾌락주의·범신론·금욕주의의 혼합 속에서 길을 잃고 있고, 무한하고 창조된 것이 아니라 처음부터 존재하는 세상에 대해 말하는 영성이 요즘 유행하고 있다. 그곳에서는 모든 것이 변한다. 따라서 유일한 목표는 그들의 입장에서 가능한 한 가장 적은 악이 되는 것이다. '느긋하게' 있는 것이 잘사는 것의 기준이 된 것처럼 보인다…….

우리 현대 서구인들은 역사 이후 속에 있으며, 우리는 텔레비전을 통해 그것을 훔쳐보는 자들이다. 다른 곳, 다른 세상에서 역사는 티

투스 리비우스·미슐레 또는 브로델의 이야기들을 지금도 계속하고 있다! 최근 빈 라덴은 어떤 믿음들, 어떤 문화들은 난폭하게 대응하지 않아도 암살되지 않을 수 있다는 것을 우리에게 통고하기 위해 나타났다. 사실 나는 그의 '니힐리즘'을 회의적이고 기술에 바쳐진 포스트모던한 인간의 부분과 중세에 우리 조상들이 그렇게 했듯이 그를 신자로 만드는 역사적인 부분 사이에서 참을 수 없는 것이 되어 버린 하나의 긴장으로 해석하고 있다. 물론 그가 나쁜 방법으로 옹호한다고 믿는 것은 조만간 파괴될 것이다. 온 인류가 회의주의에 빠질 것이고, 인간은 내재성 속에서 살도록 강요될 것이다. 하지만 내재성은 한순간밖에 갖지 못할 것이다. 왜냐하면 인간은 경제 제도가 낳는 거짓 희망들에 싫증이 날 것이기 때문이다.

　세포의 삶 또는 우주의 발견들은 환상이 깨진 것들이다. 우리는 이 모든 것이 법칙을 따른다는 것을 알고 있다. 우리는 우리의 기대, 우리의 상상, 우리의 꿈, 우리의 동경을 더 이상 베토벤의 〈월광〉 소나타의 달에 투사할 수 없을 것이다. 다른 곳에 투사해야 할 것이다. 시공 밖에서 오직 하느님만이 우리에게 뭔가를 말하고 개입할 수 있다.

　따라서 나는 중기적으로 볼 때, 큰 변모의 대가로 일신교는 소비 사회와 함께 갈 범신론이나 내재설보다 더 큰 미래를 갖고 있다고 믿는다. 왜냐하면 인간은 소망 없이는 아주 오랫동안 살 수 없기 때문이다.

질문과 대답

리타 바세트: 내가 보기에 희망은 사물을 체험하는 인간다운 방법에 근접한 것 같다. 내게 내일까지 살아남을 뭔가가 있는가, 없는가? 놀랍게도 소망과 희망의 상실은 공존할 수 있다. 왜냐하면 우리는 '내일 어떻게 살 것인가'에 관한 희망이 없는 상황에서 살면서 동시에 '언젠가 나는 여기서 빠져나갈 거야'라는, 소망의 영역에 속하는 일종의 확신을 체험할 수도 있기 때문이다. 그건 매우 산만하고 극히 사소한 상황이다……. 사람들이 삶을 지속하기 위해 투쟁하는 것도 그 때문이다.

드니 틸리나크: 희망은 개인적인 것이다. 그것은 나의 갈망들, 나의 욕망들이다. 소망은 나의 이웃, 그리고 그것을 초월해 인류 전체를 끌고 들어가는 것이다.

■ 만일 소망이 합의, 일어난 일에 대한 일종의 동의라면 그것이 체념과 근본적으로 다른 점은 무엇인가?

리타 바세트: 일어난 일에 동의하는 것은 체념하는 것이 아니다. 베르나르 드 클레르보는 '동의하는 것은 구조되는 것이다'라고 말했다. 그것은 나의 상황을 있는 그대로 명철하게 받아들이는 것이다. 내가 동의할 때, 나는 나 자신의 연대책임자이다. 나는 '나와 함께 느끼며' 내 안에 있는 것을 상대로 싸우지 않는다. 내가 겪는 것을 받아들임에 따

라 나는 다른 것에도 개방된다. 그것이 인생의 종말에 놓인 사람들의
비밀이다.

드니 틸리나크: 일어난 일에 동의하는 것은 나의 자유를 끌어넣는 일
처럼 보이는 반면, 체념은 존엄성을 가진 인간이라면 그에 대해 분개하
는 것이 당연한 어떤 세상을 좀더 수동적으로 받아들이는 것이다.

■ 조르주 무스타키의 쾌락주의 안에서 반항은 어떤 자리를 차지하나?

조르주 무스타키: 극히 중요한 자리를 차지한다. 무기력하고 수동적
인 상황에 비해 그것은 추진력 있는 요소, 비파괴적인 요소이다. 그것
은 즐겁고도 필요한 충동이다. 그 충동이 어떤 폭력을 유발할 수는 있
지만, 그것은 절대 살인적인 폭력이 아니다. 모든 혁명은 절대 쾌락의
추구이다.

리타 바세트: 폭동에는 생의 분발이 있다. 상황이 견딜 수 없기 때문
에, 내가 그것을 열등한 삶——사람들은 우월한 삶이라고도 말한다
——으로 간주하기 때문에 분노와 폭동은 나로 하여금 인생을 축소하
고 작게 만드는 것으로부터 거리를 두게 만들 것이다. 그것의 장점 속
에서 현재를 살아야 하는 데 대한 염려가 낮게 평가되어서는 안 된다.
예수가 들판의 백합을 보라고 말할 때, 그가 하고자 한 말은 다름 아닌
현재는 내게 속한 것이다라는 것이다.

■ 그렇다면 폭동은 삶의 고통에서 벗어나는 하나의 방식인가? 그것
은 하나의 치료법인가, 아니면 최후의 아픔 속에서 치유될 수 없는

상처의 표현인가?

리타 바세트: 반항하기에 이른 것은 이미 상당히 좋은 양상 속에 들어와 있음을 의미한다. 가장 어려운 것은 그들에게 닥친 일에 의해 액화되어 물구덩이 상태로 축소된 사람들을 대면하는 것이다. 따라서 누군가가 논쟁 속으로 들어갈 때 나는 기쁘다. 왜냐하면 거기에는 일종의 분발이 있기 때문이다. 이를테면 욥은 말할 수 없는 상태로 일주일을 보낸다. 그가 점점 더 과격해지는 말투로 반항하기 시작하는 순간부터 어떤 삶의 에너지가 돌아온 것처럼 보이며, 그는 희망의 완전한 부재 상태에서 벗어난다.

알랭 우지오: 욥을 볼 때 가장 난처한 것은 그가 하느님에 대해 반항하는 것이다. 만일 우리가 반항이 그 안에 있는 하느님의 힘이 다시 나타나는 거라고 말할 수 있다면 우리는 대만족일 것이다. 욥의 반항은 따라서 죽음과 악에 대한 하느님 자신의 반항이라 할 것이다.

리타 바세트: 그는 그가 가진 하느님의 이미지에 반항하고, 친구들이 그에게 묘사한 하느님의 이미지에 반항한다. 왜냐하면 그것은 잘못을 벌하려고 애쓰는 하느님이기 때문이다. 하느님은 그런 분이 아니며, 그의 편이라는 것을 이해하려면 그는 이 모든 길을 거쳐야 할 것이다.

■ 가장 잔인한 것은 다른 누군가에 대한 희망의 부재이다. 더 이상 그에 대한 희망이 없을 때 어떻게 그와 함께 살 수 있을까?

드니 틸리나크: 그럴 때 우리는 비극의 한가운데에 있게 된다. 비록

이 관계에 출구가 없어 보이더라도, 그래도 역시 그 자신을 위해 그를 사랑하는 것 외에 다른 방책은 더 이상 없다.

알랭 우지오: 사도 바울의 말이 생각난다. "다음의 세 가지가 남습니다. 믿음·소망·사랑 중 가장 위대한 것은 사랑입니다." 이 말을 우리는 이렇게 해석할 수 있다. "다른 사람에게서 더 이상 소망할 수 없을 때, 그래도 그를 사랑할 수 있을까?"

리타 바세트: 사랑은 두 명의 타인을 포괄한다. 내가 누군가를 사랑하면 나는 내가 그에게 가진 믿음, 내가 그를 위해 가진 소망 안에서 그를 사랑하는 것이다. 그건 내게 닥친 일이기도 하다. 내가 이런 말을 한 것이 너무나 생생하게 기억난다. "그가 마지막 숨을 내쉴 때까지, 그리고 내가 마지막 숨을 내쉴 때까지 나는 그[1]가 삶 속에 뿌리를 내릴 수 있다고 믿을 것이다." 그것은 동시에 그와 하느님에 대한 믿음, 신앙이고 소망이고 사랑이다.

■ 그를 믿지 않고, 그의 능력을 믿지 않으면서 누군가를 사랑할 수 있을까?

조르주 무스타키: 그를 사랑하는 것은 그를 믿는 것이다. 설령 겉으로는 비관주의자로 보일지 몰라도.

알랭 우지오: 성서에서는 '서로 사랑하는 것은 하나의 육체로 존재하

---

1) 이것은 나와 극도로 가까운 어떤 존재를 말하는 것이다.

는 것이다' 라고 말하고 있는데, 여기서 나는 하나의 육체를 '하나의 결함' 으로 해석하고 있다. 따라서 나는 전도된 결론에 도달한다. 누군가를 사랑하는 것은 우리가 그에게, 그리고 어쩌면 자신에게도 절망하기 때문에 그를 사랑하는 것이라는. 우리는 함께 절망한다. 그리고 우리로 하여금 손을 잡고 서로 사랑하게 만드는 것은, 밤중에 함께 길을 잃었다는 사실에 대한 묵계가 있기 때문이다.

■ 희망의 부재에는 기분 좋고 마음 놓이게 하고 안락하기까지 한 뭔가가 있지 않은가?

조르주 무스타키: 거기까지 가서는 안 된다. 경우가 다를지 몰라도 우리가 가진 것에 의해 제한되지 않으려면 잃을 것이 아무것도 없는 것처럼 행동해야 한다. 스스로 소외로부터 해방되려면 더 이상 잃을 게 아무것도 없어야 한다. 다만 거기까지 간 것은 유감스런 일이다.

드니 틸리나크: 엄밀하게 프로이트적인 의미에서 우울증의 쾌감이 있다. 즉 리비도(성 본능)가 다른 대상에 집중할 수 없는 큰 슬픔이 활동하는 순간이 있다. '될 대로 되라지' 하는 경향에 빠지도록 내버려두는 쾌감. 거기에는 허무주의의 커다란 에로티시즘, 어떤 유혹, 우리들 속에 있고 우리가 극복하고 승화시킬 줄 알아야 하는 파국의 본능이 있다. 그것은 하느님에 대한 소망만큼이나 뿌리 깊으며, 어떤 관련이 있는 것으로 보인다.

리타 바세트: 절망 속의 쾌감은 나를 혼란스럽게 만드는데, 왜냐하면 '쾌감' 이 있을수록 나는 우리가 너무 깊이 간 것이 아닌가 생각되기 때

문이다. 우리는 파멸하지 않기 위해 자신을 방어한다. 정말로 깊이 갈 때 만나게 되는 것은 고통이다. 그 순간 '잃어버릴 것이 아무것도 없는' 유쾌하지 않은 상태 속에 우리를 해방하는 뭔가가 있다. 이때 우리는 더 밑으로 갈 수 없고, 다시 올라갈 것이다. 하지만 미리 이런 깊이의 고통에 빠지는 것을 면제받을 수는 없다.

■ 조르주 무스타키, 당신은 '예수가 지옥으로 내려왔다'는 〈사도신경〉의 구절에 의미를 부여하는가?

　조르주 무스타키: 예수의 일생은 생명과 지옥 간의 영원한 협상이었다. 예수는 천국에 이르기 전에 지옥의 고통을 당했다. 그가 그의 과업, 즉 그의 삶을 완수했을 때 그는 지옥을 포함하여 모든 곳을 거쳤다.

■ 조르주 무스타키는 '나는 나의 고독과 함께 절대 외롭지 않다'고 노래했다. 그 말은 여러분에게 무엇을 떠올리게 하는가?

　리타 바세트: 내게는 그 말이 고독이 고립을 뜻하는 상태, 내가 타인들, 타인과의 관계로부터 단절된 단계보다는 훨씬 더 부드럽고 더 진정된 어떤 것처럼 들린다. 타인들, 타인과의 관계로부터 단절된 상태는 훨씬 더 위험하다. 나는 나라는 존재와 맞닥뜨려야 하기 때문에 삶의 어떤 도정에 필요한 것으로 여겨지는 이 단계에서 나는 나 자신으로 존재하고(혹은 존재하거나), 나 자신으로 발견되는 경험을 해야 한다. 그런 다음에야 나는 고독을 사랑할 수 있고, 고독은 친구가 된다.

　조르주 무스타키: 그 노래는 나와 바르바라와의 관계에서 탄생했다.

그녀는 슬라브 사람이었고, 나는 근동 사람이다. 우리가 서로 끌린 것은 어쩌면 그래서였을지 모른다. 어느 날 나는 그녀의 〈고독〉이란 노래를 들었는데, 그건 아주 비장한 노래였다. 그 노래는 그녀를 생각하는 내 가슴을 아프게 했다. 나는 답가를 만들어 그녀의 고통을 달래 주고 싶었다.

드니 틸리나크: 나는 특히 어떤 감탄·경탄의 상태에서 고독이 내게 정착할 때 나의 고독과 함께 아주 빨리 외로움을 느끼는데, 왜냐하면 그때 나는 그것을 공유하고 싶기 때문이다. 말로처럼 나는 전달할 수 없는 모든 것은 무의미하다고 생각한다. 나는 고독을 좋아하지 않는다. 그것은 나를 가두고, 나를 두렵게 한다.

알랭 우지오: 나는 여러 해 동안 '우정의 SOS'의 상담자로 일했다. 그것은 자살하고 싶어하는 사람들의 말에 귀기울여 주는 단체이다. 우리는 거기서 절망에 의한 자살은 비교적 적은 반면, 고독에 의한 자살은 그보다 훨씬 더 많다는 것을 확인했다.

리타 바세트: 그것은 내가 확인한 사실을 확증해 준다. 가장 나쁜 것은 상황 속에 있지 않다. 설령 상황이 나의 모든 탈출구를 앗아 간다 해도. 가장 나쁜 것은 그것을 누구하고도 나눌 수 없다는 것이다. 타인과의 관계는 결정적이며 정신적 생계 유지비라 할 수 있는 이것이 없다면 탈출구가 없는 것이다. 만일 내게 타인과의 교환의 가능성이 없었다면 무엇이 내 인생의 출구가 됐을지 모르겠다.

조르주 무스타키: 하나의 분명한 의미를 지니고 있고, 자발적인 행위이며, 우리가 침착하게 동의하는 자살도 있다.

알랭 우지오: 성서에도 많은 자살의 경우가 등장하는데 각각의 경우마다 모두 다른 체험을 나타낸다. 사울의 자살은 '볼장 다 본 자를 위한 볼장 다 본 자'의 표현으로, 이때 나는 자살을 택하겠다. 전세는 그에게 불리해졌고, 그에게는 출구가 없었다. 자살은 마지막 자유의 행위로서 피할 수 없는 죽음을 자기 자신에게 부여하는 방법이다. 또한 타인의 이익 때문에 솔로몬 왕에 의해 버려진 하인의 자살이 있다. 그리고 유다의 자살도 있다. 그것은 분명 가장 복잡하고 흥미로운 자살이다. 유다의 배신을 설명하기 위해 많은 가설들이 돌고 있다. 그것들 가운데 하나로 유다는 예수가 죽을 때 하느님 왕국에 자리를 마련하기 위해 천국의 문이 열릴 거라고 생각했다는 가설이 있다. 우리는 하느님 왕국의 도래를 위해 유다가 예수를 넘겨 주었다고 상상할 수 있다. 그런데 예수가 죽고 사흘 뒤 하느님 왕국이 도래하지 않은 것을 보고 유다는 자신이 잘못했기 때문에 자신이 틀렸다는 것이 발각되기를 바라는 마음으로 자살했을 것이라는 얘기다. 왜냐하면 그가 잘못을 저질렀기 때문이다. 그렇다면 희망을 갖지 않는 행위가 좌절된 희망을 갖는 행위보다 바람직하지 않을까?

드니 틸리나크: 절망의 표면에 머무는 것보다 절망의 바닥까지 가는 편이 더 숭고하고 탈출구도 많다면, 누군가가 다시 나타나 인생의 카드를 다시 나누어 줄 거라는 희망 속에 모든 것을 포기하는 편이 낫다. 좌절된 희망은 슬프고 흉하다.

■ '절망적인 상황은 없다, 오직 절망하는 사람이 있을 뿐이다'라고 누군가 말했다. 희망의 부재는 무엇보다 먼저 우리의 세계관 때문일까?

리타 바세트: 우리는 고통을 비교할 수 없다. 또한 나는 희망 부재의 정도를 비교할 수 없다. 실제로 우리는 사방이 막힌 상황에서 살면서도 뭔가를 발견하는 사람들을 볼 수 있다. 또 어떤 사람들은 우리가 보기엔 절망적이지 않은 상황에 있으면서도 절망적인 상황을 산다. 중요한 것은 사람들이 경험하는 것은 흔히 그들의 개인적 역사의 반향이라는 것이다. 나는 그저 그들이 경험한 것의 격렬함을 들어 주기만 하면 된다.

■ '하느님의 은총으로 산다'는 말은 무엇을 뜻하는가?

드니 틸리나크: 그건 이 세상에 속해 있지 않음에도 불구하고 이 세상을 움직이는 누군가에 의해, 우리의 존재가 의미를 부여받기를 바라는 희망에 의해 지탱되는 상태로 사는 것을 말한다.

7

타인을 받아들이는 법을 배울 수 있을까?

타인을 받아들이는 것은
좀더 잘살기 위한 하나의 방법

알랭 우지오

　다른 사람을 받아들일 때, 반드시 그들의 장점·결함과 함께 있는 그대로, 우리에게 보여지는 그대로 받아들여야 하는 것은 아니다. 다른 사람을 받아들이는 것, 그것은 그들이 우리가 모르는 어떤 신비, 그들을 변화시킬 수 있는 어떤 미래를 갖고 있다는 것을 받아들이는 것이다. 그들을 받아들이는 것, 그것은 따라서 하나의 믿음의 행위요, 기대의 행위이다. 그리고 그런 의미에서 그것은 사랑의 행위이다. 왜냐하면 다른 사람을 받아들이는 행위와 마찬가지로 사랑은 무엇보다 먼저 믿음의 행위요, 기대의 한 형태이기 때문이다.

　다른 사람을 받아들이는 것, 따라서 그것은 무엇보다 먼저 **믿음의 행위**이다. 사람들은 흔히 믿음은 눈에 보이지 않고 붙잡을 수 없는 것(이를테면 하느님)을 눈에 보이는 분명한 것으로 만들어 놓는 거라고 생각한다. 나는 그것과 정확히 반대되는 것을 말하고 싶다. 믿음, 그것은 분명하고 이해할 수 있는 것으로 여겨지는 것을 신비하게 만드는 세상에 대한 시선이다. 그리고 다른 사람을 받아들이는 것이다. 왜냐하면 그것은 우리가 잘 안다고 생각하는 것을 이해할 수 없는 신비한 것으로 만들어 버리는 시선이고, 어떤 형태의 믿음이기 때문이다.

그렇다, 다른 사람을 받아들이려면 우리는 그가 붙잡을 수 없는 존재라는 것을 알아야 한다. 그는 미지의 누군가가 되고, 수수께끼가 된다. 그리고 그렇기 때문에 우리는 그를 받아들일 수 있는 것이다.

다른 사람을 받아들임으로써 우리는 그를 판단할 수 없을 뿐만 아니라 알 수도 없게 된다. 왜냐하면 그는 하나의 신비이고, 신비로 남아야 하기 때문이다. 누군가를 사랑하는 것, 그것은 자석에 끌리는 것처럼 그의 신비에 끌리는 것이다. 누군가를 받아들이는 것, 그것은 그의 신비를 존중하는 것이다.

'네 이웃을 네 몸처럼 사랑하라' 는 계율이 〈레위기〉(18장)에 처음 등장할 때, 그것은 이웃의 알몸을 보는 것을 금하는 일련의 계율 바로 뒤에 나타난다. 성서에서는 먼저 이렇게 말한다. "네 아버지나 어머니, 네 형제나 누이의 알몸을 보지 말아라." 그리고 조금 뒤에 이렇게 덧붙인다. "네 이웃을 네 몸처럼 사랑하라." 사랑을 위해 다른 사람은 하나의 금기이며, 심지어 알몸 · 비밀 · 신비를 발견하면 안 되는 하나의 금지 사항이다.

이웃을 받아들이는 것, 그것은 그에게 이렇게 말하는 것이다. "형제여, 당신의 웃음 또는 주름, 당신의 장점 또는 결함이 내게는 당신의 진정한 정체를 가리는 뿌연 거울에 불과하오. 그렇소, 보다시피 당신은 내가 당신에 대해 알 수 있는 모든 것에 혼란을 일으키고 있소. 당신 앞에서 나는 근시가 되오. 내가 당신을 안고 있다고 믿을 때에도 당신을 향해 내민 내 팔로 안고 있는 건 허공뿐이오. 그리고 나의 입술을 당신의 눈꺼풀에 갖다댈 때 나는 어떤 신비의 빛을 보는 장님에 불과하오."

따라서 다른 사람을 받아들이는 것, 그것은 그의 신비를 믿는 행위이기도 하지만 또한 **기대의 한 형태**이기도 하다. 자신의 이웃을 받아들이는 것, 그것은 눈에 보이는 것을 거슬러서, 자명한 사실들을 거슬러서, 우리가 그에 관해 볼 수 있고 알 수 있는 모든 것의 **반대 추론에 의해** 기대하는 것이다.

자신의 이웃 · 형제 · 아들 · 남편을 받아들이는 것, 그것은 그가 영락에 빠졌을 때 그 대신 그 자리에 있기를 바라는 것이다. 그에게 이렇게 말하는 것이다. "약속하건대 당신은 쓰러지지 않을 것입니다. 당신은 소생할 것입니다."

다른 사람을 받아들이는 것, 그것은 따라서 믿음 · 소망 · 사랑의 행위이다. 그런데 왜 사도 바울은 사랑이 믿음과 소망보다 위대하다고 말했을까? 내가 보기에 그것은 사랑, 다른 사람을 받아들이는 것에 대한 요구가 정의와 도덕에 대한 요구들보다, 심지어는 하느님에 대한 우리의 믿음과 소망이 우리에게 강제할 수 있는 것들보다도 우선권을 가지기 때문인 것 같다.

카뮈는 말했다. "만일 내가 나의 어머니와 정의 중에서 하나를 선택해야 한다면 나는 나의 어머니를 택하겠다." 마찬가지로 나는 감히 이렇게 말하겠다. 만일 믿음과 사랑, 소망과 사랑 중에서 하나를 택해야 한다면 나는 사랑을 택해야 한다.

다른 사람을 받아들이는 일은 때로 일종의 희생을 낳는데 그것은 믿음과 소망의 의무로 인한 희생일 수 있다. 착한 사마리아인의 비유를 통해 우리에게 그것을 증명한 것은 예수 자신이다. 그 사마리아인은 유대인임에 틀림없는 한 부상자에게 다가간다. 그런데 사마리아인들의 종교는 유대인과 가까이하는 것을 금하고 있었다. 그들이 보기에 유대인들은 더러운 사람들이었기 때문이다. 우리는 항상 누군가에게는 더러운 사람이다! 사마리아인들은 자기들이 더러워지지 않기 위해 유대인들을 멀리해야만 했다. 하지만 그 사마리아인은 구원의 손길을 내밀기 위해 그의 신앙의 가르침을 무시하고 유대인에게 접근한다. 다른 사람을 받아들이는 것은 그에게 다가가느라 길을 잃고 몸을 더럽힐 위험을 감수하는 것이다.

내가 덧붙이고 싶은 말은, 다른 사람들과의 연대감에 대한 요구는 소망에 대한 요구보다 훨씬 더 큰 의무일 수 있다는 것이다. (지금 나는 우리 자신을 위한, 천국에 대한 우리의 소망을 말하는 것이다.) 시몬 베유는 스페인의 일부 사제들은 스페인 전쟁 때 교회로부터 파문당해 권리를 박탈당한 공화당원들·무정부주의자들과 연대하기 위해 성찬의 전례를 포기했다는 것을 우리에게 알려 주고 있다. 그 사제들은 그런 식으로 그들이 보는 방식에 따라 천국을 포기하고, 천국에 대한 그들의 소망을 포기한 것이다. 구원과 용서의 빵을 거부한 것은, 사랑과 연대감은 그들의 개인적 구원에 대한 소망에 비교할 수 없는 절대적인 요구 자체라고 생각했기 때문이다.

다른 사람을 받아들이는 것은 그들이 파문당하는 것을 거부하는 것, 나아가 그들의 파문과 연대하는 것이다.

이 글을 시작할 때 나는 다른 사람을 받아들이는 것이 반드시 그들을 있는 그대로 받아들이는 것은 아니라고 말했다. 그러나 우리가 방금 말했듯이 다른 사람을 받아들이는 것은 그들을 있는 그대로 사랑하는 것, 그들과 연대하는 것이기도 하다. 자기 자신이 받아들일 수 없는 존재가 될 위험을 무릅쓰고.

다른 사람을 받아들이는 것, 더 잘살기 위한 하나의 방법

우리는 다른 사람을 있는 그대로 사랑하지 않음으로써 우리 자신을 고통스럽게 만든다. 우리는 사소하고, 흔히 유치한 싸움에 많은 에너지를 낭비한다. 그렇게 싸우느라 많은 시간을 잃어버린다. 하지만 설령 우리가 이긴다 해도, 승리는 우리에게 좁쌀만큼의 행복도 가져다주지 않을 거라는 사실을 잘 알고 있다. 우리에게도, 그 누구에게도 말이다.

그런 사실을 확인하다 보니 어떤 실화가 생각난다. 세벤 산맥에 사는 한 농부의 이야기로서, 그는 엄격하고 곧고 강직하고 독실한 신교도였다. 그런 험한 지방에서 흔히 있는 일이지만, 그는 다섯 자식 가운데 네 명과 싸웠는데 그것은 몇 평 안 되는 거친 땅뙈기 때문이었다. 자기가 곧 죽을 거라는 사실을 알았을 때, 그는 나를 불러 죽기 전에 자식들을 모두 침대 머리맡에 모아 놓고 마지막 화해를 하게 해줄 것을 부탁했다. 나는 다섯 자식들 가운데 넷을 찾아 임종을 앞둔 아버지의 침대 옆에 모이게 하는 데 성공했다. 하지만 내가 다섯째 자식을 발견했을 때 아버지는 이미 죽은 뒤였다. 너무 늦었던 것이다. 아버지는 아들과 화해할 수 없었다. 살아서 못한 화해는 영원히 할 수 없었다. (〈누가복음〉, 16장 19-31절까지의 부자와 빈자의 비유를 참고하라.)

타인을 받아들이는 것은
먼저 나 자신을 받아들이는 것이다!

위베르 오크

    타인을 받아들이는 것은, 그들이 나와 다르다는 것을 인정하는 것이다. 이타성이 인정되지 않고 타인과 관계를 맺는 것은 사실상 불가능한 일이다.

    첫번째 근본적인 차이는 성별의 차이이다. 내가 무엇보다 먼저 고려한 것은 그녀이다. 남성에게 여성은, 여성에게 남성은 근본적으로 다른 상대방이다. 이 다른 상대방은 나의 성 안에서 사는 나의 방식에 끊임없이 다시 질문을 던진다. 만일 내가 그것을 거부하면 나는 관계에 대해 문을 닫는 것이다.

    내가 어떻게 타인을 받아들이는가를 알기 전에 나는 어떻게 나 자신을 받아들이는지, 그리고 나의 이미지와 어떻게 관계 맺고 있는지를 알아야 한다.

    나는 과거의, 내 부모의 욕망의 귀결이다. 내 존재의 현실은 나의 부모로 하여금 그들이 내게 씌웠던 상상과 대면하지 않을 수 없게 만들었다. 차차 나는 다른 상상들과 조우하였으며, 마침내 나를 가지고 만든 이미지 역시 영향력을 갖게 될 것이다. 따라서 일생 동안 나는 사람들이 나를 두고 만든 이미지를 받아들이는 법을 배우게 된다. 내가 받아들이거나 거부한 이미지와 함께. 나는 실현할 수 없는 나의 계획들, 나의 소원들, 나의 요구들에 의해 흔히 옮겨지지 않던가? 자기애적 상처라고 부르는 것은 이런 간격을 잘 표현한다.

나는 '형제들'에 관해 말하는 종교들(형제자매들에 관해 말하는 종교는 많지 않다)이 평준화하기보다는 차이를 줄이기를 희망한다. 그래서 '나는 네가 타인이기 때문에 네가 미워, 너를 죽이고 말겠어!'라고 말하는 극단으로 치닫는 것을 막으려고 노력하기를 바란다.

우리는 언제나 그 대화 상대가 누구냐에 따라 달리 사용하는 여러 가지 면들을 가지고 게임을 한다. 타인들이 우리를 받아들이고 좋아하도록 노력하면서 우리 생각에 긍정적으로 받아들여질 것 같은 이미지를 제공한다. 여자를 꼬이는 남자의 거짓말이 그런 경우이다.

복음서는 회심, 자신으로의 복귀 과정을 제안한다. 방탕한 아들의 비유 안에서 이야기되고 있는 것도 그것이다. 그것은 진정한 탐색에 특권을 부여한다. 우리는 이런 탐색이 찬양할 만한 것임에도 불구하고 실현하기는 어려운 계획이라는 것을 잘 알고 있다. 하지만 그것을 시도하지 않는 것은 결국 자신의 반대 존재(비존재)와 동일화되는 것이다. 정신요법의 목표와는 거리가 먼 정신분석도 같은 과정을 제안한다.

자신의 한계를 알고 그것을 받아들이는 것이 타인을 받아들이는 법을 배우기 전에 첫번째로 거쳐야 할 단계이다.

타인은 누구인가?

형제·자매라고 복음서는 말하고 있다. 대개 그것은 **서로 미워하는** 형제나 자매이다. 복음서의 계획은 우리 안에 있는 상냥한 부분을 되살아나게 하는 것이다. 좋다, 하지만 항상 사랑과 함께 다니는 미움을 부정하지 않도록 조심하라. 우리 안에 있는 폭력성을 인정해야만 사랑이 발전될 수 있다. '네 이웃을 사랑하라'는 강요가 아니라 격려이다. 그뒤에 나오는 '너 자신처럼'을 잊지 말자. 그리고 이 말은 '너 자신을 알라'를 연상시킨다.

만일 내가 나에게 타인은 누구인가, 나는 왜 그를 필요로 하는가, 그리고 특히 그를 바라는 나의 욕망이 얼마나 큰가 하는 것을 안다면 나는 나와 다른 그를 받아들일 수 있다.

'타인을 사랑하는 법을 배울 수 있는가'라는 질문을 설명하기 위해 사후 세계를 방문하는 높은 관리의 우화를 인용해 보겠다. 지옥에서 그는 옛 동료들을 만난다. 그들은 비쩍 마르고 슬픈 얼굴로 김이 모락모락 피어오르는 밥공기를 앞에 두고 있다. 그들은 너무 긴 젓가락을 갖고 있어서 사용할 수가 없다. 그는 또 천국에도 가는데, 그곳에서도 지옥에서와 똑같이 아주 긴 젓가락을 들고 김나는 밥공기를 앞에 두고 앉아 있다. 하지만 그들은 무척 살찌고 아주 만족한 모습이다. 그들은 각자 자신의 긴 젓가락을 사용해 자기 앞에 앉은 사람에게 밥을 먹이고 있는 것이다!

따라서 타인은 우리의 요구를 만족시키는 것을 도울 수 있다. 그것은 특히 우리의 욕망이 활기를 띠고 오래 계속되는 것이 바람직할 때 그렇다. 대개 타인은 우리를 만족시키지 못하며, 결핍은 계속된다. 그런데 그 편이 더 낫다. 왜냐하면 세상에서 결핍의 결핍만큼 나쁜 것은 없기 때문이다. 만일 타인이 욕망이라면 그는 우리의 결핍과 관련된 욕망이다. 따라서 이렇듯 우리를 만족시키기 위해서라기보다 우리의 결핍을 더 깊이 파기 위해 우리는 타인을 받아들인다. 왜냐하면 타인은 선망의 대상이 되는 것을 허락하기 때문이다.

마레크 알테르: 타인을 받아들이는 것이 그렇게 어려운 건 아니다. 당신의 문제는 다른 타인을 받아들여야 할 때 시작된다. 모든 타인이 다른 것은 아니다. 또는 차이 속에도 다양한 차이들이 있다.

위베르 오크: 나의 소우주를 구성하는 사람들을 받아들이는 것은 별로 자극적이지 않다. 우리는 함께 있으면서 일을 잘하는 동료들을 대개는 친구로 선택하지 않는다.

마레크 알테르: 당신은 사랑에 대해 말했다. 십계명 안에는 '사랑'이란 단어 대신 '존경'이란 말이 적혀 있다. '네 부모를 공경(존경)하라'고 적혀 있는 것이다. 타인을 받아들이는 것은 거기서부터 시작된다. 인류의 역사상 단 한 사람만이 적을 사랑했고, 그는 십자가에 못박혀 죽었다. 프로이트는 이렇게 물었다. 나를 죽일 궁리만 하는 사람을 왜 사랑해야 하는가? 우리는 사랑하지 않는 누군가를 존경할 수는 있지만, 존경하지 않는 누군가를 사랑할 수는 없다! 내가 보기에 법보다 위대한 가치는 없는 것 같다. 왜냐하면 법은 평등하기 때문이다. 법은 우리로 하여금 강자와 약자를 모두 존중하도록 만들기 때문이다. 거기에는 의무가 있다. 거기서부터 출발하면 모든 것이 가능해진

다. 반대로 만일 사랑스러운 구석이라곤 눈 씻고 찾아봐도 없는 누군가를 사랑하라고 강요하면, 그것은 피하고 싶은 긴장·폭력을 낳는다.

위베르 오크: 사실 성서에 사랑을 강요한 구절은 없다. '네 부모를 공경하라,' 이 말은 '노인들을 돌보라'는 뜻이다. 명령은 '살인하지 말라'에 등장한다. 그런 명령은 중단시켜야만 하는 강한 성향이 있음을 의미한다.

두 사람 사이, 타인을
받아들일 수 있게 만드는 만남의 공간

다니엘 시보니

우리는 일부 발언들에 좀더 분명한 날카로움을 부여해야 할 것이다. 이를테면 '우리는 다른 누군가보다는 나와 가까운 사람들을 더 기꺼이 받아들인다'는 발언 같은 것. 사랑하면서도 상대방을 받아들이기 어려운 점에 대해서는 한 커플을 생각하면 된다. 눈의 빛깔 같은 각자의 특수성을 받아들이기 어려운 점에 대해서는 형제자매가 두세 명밖에 안 되는 작은 가족을 생각하면 된다. 우리는 그것을 매력적이거나 보기 흉한 하나의 신체적 특성으로 취급할 수 있을 것이다. 그리고 분노·질병 등이 낳은 어려움에 대해서는 여러분도 잘 알고 있다. 따라서 나는 우리가 타인들보다 가까운 사람들, 우리를 닮은 사람들을 더 기꺼이 받아들인다는 생각이 문제를 제기할 만하다고 생각한다. 게다가 어떤 사람들은 시의에 적절치 않다고 생각되면 한밤중에 자기가 틀어 놓은 음악 소리에 잠을 깨도 총을 집어들 수 있다. 만일 다른 것도 참을 수 있다면 이상한 음악은 더 이상 참을 수 없는 것이 아니게 된다. 이것에 관해서는 뒤에 다시 이야기하겠다.

성서에 관한 한 가지 지적. 나는 히브리어 성서를 무척 좋아한다. 그래서 내가 사람들이 인용하는 이 구절을 수정할 수 있는 것은 그 성서 덕이다. 그리고 그것은 잘된 일이다. 왜냐하면 각자 그 구절에 자기만의 의미를 부여할 수 있기 때문이다. 성서에서는 이렇게 말하고 있다. "너는 너 자신을 **위해** 그렇게 하듯 네 이웃을 **위해** 사랑하라." **위해**서라……. 마치 성서가 자신의 이웃을 사랑하는 것이 자기 자신을 사랑하는 것을 전제로 한다는 것을 예고한 것처럼. 이것은 복잡하다. 거울, 투사 개념이 등장한다……. 성서는 매우 겸손하게도 '네 이웃을 **위해** 사랑하라' 고 말하고 있다. 즉 사건들이 일어날 때 나쁜 사건은 이웃 쪽으로 밀고 좋은 사건은 간직하면서 구분하지 말아야 한다. 그에게 가장 나쁜 사건을 보낼 때는 한번 그의 입장이 되어 보라. 그게 전부다. 물론 나는 만약 예수가 원수를 사랑하라고 말했다면, 그리고 그 문제에 가치가 있다면 그것은 분명히 이런 식, 즉 '이자가 당신의 원수이다. 당신은 그를 사랑한다, 그렇지 않은가?' 의 용법은 아니라고──적어도 내가 보기엔──생각한다. 그건 아닐 것이다. 나는 예수가 어떤 맥락 안에서 이런 역설을 주장했을 거라고 생각한다……. 그는 하느님은 착한 사람을 사랑하고 악한 사람은 사랑하지 않는다는 문제로 머릿속이 복잡한 사람들 앞에 있었다. 그는 이 말을 뒤집거나 아니면 **숭고함의 측면에서 깜짝 놀랄 만한 어떤 것을 증명**하고, 하느님은 악한 사람도 사랑할 수 있다는 것, 따라서 착한 사람과 악한 사람의 차이가 아마 그렇게 단순하지는 않을 거라는 점을 이해시켜야 했다. 그렇다, 그 사람은 나의 원수다, 하지만 나는 그를 사랑한다, 그건 지금 내가 그를 사랑하고 싶기 때문이다. **만일 내가 그것을 가지고 일반적인 법칙을 만든다면 나는 '원수' 란 단어를 모국어에서 지워 버리겠다.** 그리고 한 언어에서 한 단어가 빠져나가는 것은, 그 언어를 말하는 사람들이 장애물을 제거했다는 의미이다. 언어에는 모든 단어가 필요하다. 나는 나의 친구 마레크 알테르를 위해 다음과 같은 말을 덧붙이겠다. 만일 아프가니스탄 사람 하나가 오늘 밤 묵주를 들고 이곳에 들어온다면, 확신컨대 우리는 우리들의 이웃보다 그를 얼마나 더 많이 사랑하는가를 보여 주기 위해 그를 환영할 뿐만 아니라 모두들 그를 곁에 두기 위해 서두르고 경쟁적으로 대접할 것이다……

여세를 몰아 나는 대단한 건 아니지만 한 가지 구별할 것을 제안하겠다. 나는 우리에게 문제가 되는 것이 우리와 다른 타인이 아니라고 생각한다. 만일 줄루족답게 즐기고 줄루족답게 사는 줄루족이 우리 동네에 있다면 그것이 진짜 문제를 일으키지는 않으며, 우리는 그 특이함을 즐김으로써 그들을 더 잘 알고 그것을 흥미로운 민족지적 추억으로 만들 수도 있다. 반대로 우리와 다른 타인이 우리 동네에 접근할 때, 다시 말해 그들의 아이들이 당신의 아이들과 함께 학교에 다니고, 당신이 차지할 수 있는 자리를 차지하며, 당신의 딸과 데이트할 때, 따라서 가까운 관계가 될 때, 어떤 현상은 타인에 대한 이타성이 당신 안에 들어오게, 다시 말해 당신이 통제할 수 있다고 믿었던 이타성을 드러내게 만들지 모른다. 달리 말하면 이것은 당신의 후퇴의 경계, 당신이 지금까지 살아오는 데 도움을 준 하나의 울타리를 흔들어 놓는다. 그리고 대번에 그것은 당신을 어떤 섞임의 문제 속에 집어넣는데, 그것은 타인들과의 섞임이 아니라 너무 빨리 지나쳐 버린 감이 있는 좀더 복잡한 어떤 것이다. 그것은 이런 단계, 즉 우리가 '나는 우선 나 자신을 받아들이겠어, 그런 다음 나 자신이 무장도 잘되고 상당히 너그러워지면 타인을 받아들이는 법을 배우겠어'라고 생각하는 단계는 존재하지 않는다는 것이다. 마찬가지로 우리는 '나의 욕망의 길 위에 놓인 모든 장애물을 쓸어 버리겠어'라고 말하지만, 모든 장애물이 치워지면 더 이상의 욕망도 없고 더 이상의 길도 없어진다. 이것은 복잡하고 역동적인 과정이다. 당신이 '같은 것들,' 동일성, 다르지만 그것들을 일깨우는 범위 내에서 타인과의 만남을 통해 동일화하는 것들과 함께 살기에 이를 때, 당신은 이 과정에 들어올 수 있다. 내가 이것을 묘사하기 위해 하나의 개념, 하나의 단어, 하나의 용어를 생각해 낸 것도 그 때문이다. 나는 자기 자신과 타인 간의 차이는 불충분한 개념이 됐다고 말했으며, 어떤 책에서 **사이**라는 개념을 제안했다. 그것은 어떤 만남의 공간으로서 그 안에서는 사건들이 가능하고 견딜 만한 것이 되어야 한다. 따라서 타인을 견디지 못하는 사람들과 견디는 사람들을 구별하면 안 될 것이다――타인을 배경 속에 포함시키면서, 다시 말해 이타심 안에서 어떤 사람을 자신과 동일한 사람으로 만들어 버리면서 타인을 너무나 잘 견딜 수 있다고 생각할 필요는 없을 것이다.

언젠가 나는 세 일신교를 다룬 책의 출판에 뒤이은 일련의 강연에 초청되어 목사들로 이루어진 청중 앞에서 강연을 한 적이 있었다. 나는 세 종교가 원천을 나누어 가지려고 노력한 방식에 관한 나의 분석에 대한 그들의 반응에 감격했고 매우 놀랐다. 그들은 어떤 반대, 어떤 질문도 없는 전적인 관용 속에 내가 말한 모든 것을 받아들였다. 관용이 그 정도에 이르렀을 때, 그것은 타인에 대한 이타심은 중요하지 않다는 말이 된다. 이타심의 시험은 충돌을 겪는 능력임이 분명하다. 그런데 우리는 폭력을 공포증의 대상으로 만드는 사회에 살고 있다. 따라서 만일 우리가 드잡이를 벌이고 충돌하는 상황에 있으면 마치 각자의 내부에 존재하는 것으로 간주되는 살인 욕구가 발휘되는 것처럼, 마치 우리가 대번에 살인으로 직행할 것처럼 생각된다. 그건 분명치 않다. 우정 안에서, 접촉 안에서, 공동 계획 안에서 이타심이

통합되었고, 타인을 받아들이는 것이 목표가 아니라는 것을 우리가
정말로 확신할 수 있는 것은 우리가 대결할 때, 그리고 우리가 갈등
지점들을 통과할 때라는 것을 여러분은 매우 잘 알고 있다. 나는 타
인이 받아들일 수 없고 통합할 수 없고 삼킬 수 없으며 소화할 수 없
는 어떤 것을 항상 갖고 있기를 바란다. 그리고 그것은 중요하지 않
다. 중요한 것은 그 사람을 충분히 많이 만나 그와의 충돌이 살인적인
것이 되지 않도록 하는 것이다. 그리하여 형성되는 두 사람 사이의 공
간이 생명의 공간이 될 수 있도록.

그리하여 정체성으로 인한 증오에 관해 내가 서술한 차이는 한편으
로는 타인과의 관계에 의해 함축되는 결함 앞에서, 균열이나 상처 또
는 찢기는 고통 앞에서, 생명의 방향 안에서 이런 시련, 이런 긴장을
변화시킬 준비가 된 사람들과, 또 한편으로는 이런 종류의 문제들이
더 이상 절대로 제기되지 않는 최후의 방안에 대한 환상을 가진 사람
들, 다시 말해 타인의 시체로 이 결함을 메우는 것이 중요하다고 생
각하는 사람들 사이에 존재한다. 따라서 세상에는 강한 긴장의 경우
에 타인을 희생시킬 필요가 없는 사람들과, 여전히 오래 가는 생명의
계획을 확보하기 위해 타인을 필요로 하는 사람들이 존재한다.

그리하여 우리는 생명의 분배가 재산과 양식의 분배보다 어렵기 때
문에 사람들이 서로를 죽이는 곳에서 아브라함의 그 유명한 연출 같
은 큰 메시지를 발견하게 된다. 우리는 모든 것을 할 수 있고 모든 것
을 희생시킬 수 있지만 살아 있는 것, 살아 있는 존재, 인간은 그렇게
할 수 없다. 이런 싸움판에서 뭔가를 희생한다는 것은 뭔가를 부수는
것, 추문을 일으키는 것, 어떤 손실을 일으키는 것을 의미하지만——
바로 그것이 희생이라 불리는 것이다——타인을 제거함으로써 문제
를 해결하는 것을 의미하지는 않는다.

그래도 인류에 대한 찬사에서 이것을 말해야 한다. 인류가 아무리 사나워도 그들보다 더 많은 말살 계획을 가동시키지는 않았다. 나치의 계획은 통합할 수 없는 이타성, 유대인의 이타성에 의해 문자 그대로 한도를 초과한 정체성에서 생겼다. 그것은 그들을 근절함으로써, 유대 민족을 제거함으로써 확실하고 튼튼하고 자부심 넘치고 자기 자신과 동일하고 충만하고 자신의 풍만함으로 빛나는 하나의 정체성을 창조할 수 있다는 환각에 빠졌다. 당신도 잘 알다시피 그것은 오히려 상당히 야만적인 정체성들을 만들어 낸다. 그건 분명하다. 그리고 모두들 그걸 알고 있다. 우리에게는 타인이 필요하다.

오늘날 타인과의 관계의 문제점들은 충분히 풍부하고 복잡하다. 줄기차게 그것을 생각하고 있을 필요는 없다. 당신을 견디지 못하는 사람, 자신의 이타성에 문제가 있는 사람, 당신이 그 증상을 다시 일깨운 공포증 환자, 당신의 나르시시즘이 위협하는 미남자, 그는 '너는 타인이므로 나는 너를 죽이겠다'는 식의 해결책을 믿지 않는다. 이를테면 뉴욕 테러 사건을 저지른 자들이 그런 타살-자살을 저지른 것은 그들이 타인을 참을 수 없어서도 아니고, 그 타인이 그들에게 거만하고 참을 수 없게 보여서도 아니다. 나는 그들이 타인을 전멸시키려는 거대한 계획에 착수했다고는 믿지 않으며, 다만 그들이 행동으로 가는 일종의 이행 과정 속에 고착된 것이라고 믿는다. 그들이 그들의 기원, 그들의 정체성에 대해 알고 있는 것이 현실과 부합하지 않았다. 그들의 정체성은 그들에게 충만함, 일종의 보편성을 부여했고, 거기서 타인은 바른길을 잃고 헤매는 사람, 우상 숭배자, 기형인, 힘을 갖고 있으면서 그들을 위해 현실에 대한 이해를 비난하는 이상한 어떤 것으로 보였다——행동으로의 이행은 그들 내부의 모순이 견딜 수 없는 것임을 고발한다. 이 질서의 위기들은 점차 되풀이되는데, 왜냐하면 그것이 한동안 지체되었고 이슬람의 정체성은 세계적 규모의 게임에 일치하기 때문이다. 비록 서양과 함께 살기를 원하는 사람들과, 전근대적이고 시대에 뒤떨어지고 공표할 수 없는 어떤 진술들을 찬양하고 싶어하는 사람들 사이에 대립이 있긴 하지만.

따라서 이것은 극도로 복잡하고, 생활과 너무나 가까운 문제들이다. 택시를 기다리던 한 청년이 내게 자신의 문제들을 들려 주었다. 자기에게는 x('게이'에게 어울리는 이름이다)라는 친구가 있는데, 반 아이들 모두가 그를 괴롭혀서 매우 불행하다고 했다. 그런 이야기를 들으니 파리 근교 학교의 좀더 나이 많은 아이들의 어떤 교실에서 있었던 또 다른 폭력이 떠올랐다. 철학 교사가 소크라테스의 명제들, 산파술을 설명하고 있는데 한 커다란 얼간이가 일어나 펜을 던지며 말했다. "호모의 생각을 받아 적는 건 지긋지긋해." 호모란 소크라테스를 가리키는 말이었고, 소년은 모든 청소년들이 겪는 '관심을 동성에 쏟아야 하나, 이성에 쏟아야 하나?' 하는 망설임의 시기에 있는 게 분명했다. 동성애냐 이성애냐의 문제가 날카롭게 제기되는 시기인 것이다. 그래서 그 교실에서는 이 문제가 어떻게 해결되었을까? 그것이 어떻게 가능했을까? '여러분도 알다시피 세상에는 동성애자도 존재하고 이방인도 존재해요'라고 말하기 위해 각자의 심리를 조사했을까? 그들에게 이타성을 소량씩 주사했을까? 역사는 믿을 수 없을 정도로 다양하게 해결책을 생각해 내고 있는데, 거기에는 우리가 목격한 이런 위기도 포함된다. 너무나 많은 아픔은 폭력을 구성하고, 그 폭력은 터무니없는 불의와 믿을 수 없는 해적질에 의해 두 사람 사이 공간의 어떤 진정 국면을 만들어 내고 있다. 하지만 지금까지 닫혀 있었던 사회들은 지금 문을 열고 있는 중이다. 동성연애자들은 통합되고 받아들여졌으며, 오늘날 그들에 대해 모욕적인 발언을 하는 건 법적으로 처벌받게 되었다. 그들은 프랑스에서 일하면서 '우리에게도 어떤 품위를 가질 권리가 있다'고 말하는 줄루족 공동체와 똑같은 인정을 얻었다. 그래도 여전히 만일 누군가가 이 줄루족이 자신의 딸과 데이트하고, 자신의 직장에 들어오고, 자신의 언어를 말하고, 자기 나라의 신문에 글을 쓰는 것을 보면, 만일 그것이 조용하고 잔잔하고 한결같던 그의 정체성에 대한 환상을 간지럽히면——하지만 그것은 그의 인생의 한순간에 불과하다——그는 모욕적인 발언을 던지거나 또는 호모, 줄루족을 반대하는 행위로 이행할 것이다. 마치 이 사이와 대응할 준비가 거의 안 된 순간에 허를 찔린 것처럼. 하지만 타인이 없을 때——가끔 나는 이방인이 환영받지 못하는 도시를 지나칠 때가 있다——우리는 슬프고 우울한 뭔가를 느끼게 된다. 사르트르는 뤽상부르 공원에서 평온한 상태로 있던 자기 자신을 가지고 인간의 표본을 제시한 적이 있는데 저런, 한 타인이 들어와 그의 공간의 고요함을 깨뜨린다. 사르트르에게 그것은 침입이다. 그런데 곰곰이 생각해 보면 우리는 만일 이 타인이 공원에 들어오지 않았다면, 사르트르는 어쩌면 우울증으로 죽었을지도 모른다는 것을 깨닫게 된다.

위베르 오크: 당신은 먼저 자신을 받아들이는 것은 존재하지 않는다고 했다. 하지만 나는 그렇다고 주장하는 바이다. 그건 비폭력과 마찬가지로 의지적이고 개인적인 과정이다. 그것은 갑자기 결정되는 것이 아니라 조금씩, 우리가 우리 자신의 폭력에 관해 연구했을 때 결정된다.

다니엘 시보니: 이건 매우 중요한 점이다. 상상해 보라……. 정신과

의사에게 가서 이렇게 말한다. "나는 끊임없이 나 자신과, 타인들과 부딪쳐요. 나는 나 자신을 조금이라도 받아들일 수 있도록 어떤 작업, 어떤 과정을 실천해 보고 싶어요……." 하지만 치료 행위, 정신분석 과정의 목표는 우리가 타인과 전쟁 상태에 있을 때, 그리고 그것이 나쁘게 끝났을 때마다 소환해야 하는 상징적 행위라는 것을 알아차리게 된다. 그것은 3년에 걸친 아버지와의 싸움일 수도 있고, 6년에 걸친 형과의 싸움일 수도 있으며, 이방인·토착민과의 싸움일 수도 있다……. 사이가 나쁘게 변한 이 순간들의 대부분은 오히려 진압이었고, 우리가 더 이상 할 수 없을 때까지 참을 것을 강요했다. 우리는 상징적인 행위들·발언들을 하는데, 그것들이 반드시 아름다운 것은 아니지만 난폭했던 타인과의 만남의 순간들을 진정시켜 준다. 다시 말해 시간 속에서 다시 채택된 선사 시대의 단계에서 자신을 받아들이는 이런 과정은 폭넓은 피륙의 일부를 만드는데, 그 피륙은 자신에게나 타인에게나 지나치게 위험하지 않은 방법으로 어떤 충돌들을 겪는 것으로 구성된다.

때로 우리는 이렇게 말하기도 한다. "나의 폭력성이 어느 정도인지 확인해 보겠어……." 하지만 **나의** 폭력성이란 없으며, 나는 타인과 있을 때 폭발된 상황들을 통해서만 그것을 알 수 있을 뿐이다. 나의 폭력성, 그것은 나의 삶의 에너지로서 그것 덕에 나는 인생에서 완전히 무너지지 않은 것이다. 그것은 오히려 하나의 힘이 폭력으로 변하는 것인데, 왜냐하면 폭력은 타인과의 만남에 할애되어야 할 에너지가 나쁘게 변할 때, 별안간 다른 것으로 바뀔 때, 날카로워지고 신랄해질 때 나타나기 때문이다. 만남은 실패하거나 둘 중 하나가 겁을 먹게 된다. 그러면 그것이 폭력을 낳고, 폭력은 냉정해질 수 있다. 우리가 아는 폭력의 대부분은 폭력을 피하기 위한 행동들이다.

말하는 것은 타인을 받아들이는 것이다

마레크 알테르

　태초에 한 정원이 있었는데 벌거벗은 한 쌍의 남녀가 그곳을 거닐고 있었다. 그들은 서로를 잘 견디고 있었으며, 서로 모욕할 생각은 갖고 있지 않았다. 그들은 세상에 그들밖에 없다고 생각했지만 사실은 그렇지 않았다. 그들의 성 밖에는 변두리가 있었는데, 성서에서는 그곳을 '짐승들의 들판'이라 일컫고 있다. 부그눌족, 이방인들, 아랍 근동인들, 여권 없는 자들……. 두 사람은 타인과 대립하지 않아도 됐기 때문에 평화로이 살았다. 어느 날 성서에 '들판의 짐승들 중에서 가장 약삭빠르다'고 적힌 부그눌족 한 사람이 이 정원 부근을 탐험하다가 벌거벗은 남녀를 보았다.

　성서의 가장 위대한 주석가이자 트루아의 포도 재배자인 라시는 세상에서 가장 짧은 주석을 달았으니, 그것은 '뱀이 이브를 탐냈다'는 것이었다. 뱀은 잘생긴 청년이었다는 것인데, 왜냐하면 그는 걷고 말을 했기 때문이다. 나와 다른 타인이 다른 경로로 이렇게 개입하는 것이 인류의 역사를 어지럽힌다. 그가 이브에게 정욕을 품고 사랑을 나누었는지에 대해 성서는 말하지 않고 있다. 그가 다른 것을 끌어들이는 것으로 충분하며, 그래서 우리는 현재의 우리가 된 것이다. 뱀은 잘생긴 청년이기를 멈추고 땅바닥을 기는 뱀이 되었다. 그리고 두 남녀는 낙원을 잃어버렸다. 그러므로 내 인생에 개입함으로써 폭력을 낳는 것은 나와 다른 타인이다. 폭력은 우리 안에 존재한다.

만일 이것이 사실이라면 대항책은 무엇일까?

《구약》에서는 율법이 대항책이라고 말하고 있다. 나는 언어가 대항책이라고 생각한다. 말하는 것 말이다.

나는 학교를 다녀 본 적이 없는데, 그것은 역사가 내게 그것을 허용하지 않았기 때문이다. 나는 우즈베키스탄에서 자랐는데, 오늘날 그곳에서 우리의 군대는 포위되어 있으면서 인도주의적 원조를 받고 있다. 나는 어린 도둑이었다――그것도 자주 체포되는 아주 나쁜 도둑이었다. 어느 날인가 나는 마구 얻어맞고 있다가 어떤 진짜 도적떼에 의해 풀려났다. 그때 나는 열 살이었고, 그들은 열네 살이나 열다섯 살이었다. 나는 그들에게 병원에 계신 부모님께 먹을 것을 갖다 드리기 위해 도둑질을 했으며, 누이동생은 굶어 죽었다고 말했다. 그들은 내게 이렇게 말했다. "너는 도둑질을 할 줄 몰라. 그럼 뭘 할 줄 알지?" 나도 모르게 이렇게 대답했다. "이야기를 할 줄 알아."

밤마다 그들은 도시의 모든 도적떼들이 모이는 곳으로 나를 데려갔다. 그곳에서 그들은 한 명씩 돌아가며 이야기를 했다. 허풍이 크고 심할수록 그들은 더 많이 웃었다. 내 차례가 되었다. 나는 그런 종류의 허풍은 아는 게 없었다. 나는 수줍게 《삼총사》를 들려 주기 시작했다. 한 시간 뒤에도 그들은 여전히 듣고 있었고, 나는 《20년 후》《브라젤론 자작》을 들려 주었다. 그 다음에는 달타냥이 예루살렘에서 겪는 모험 이야기를 내가 직접 꾸며서 들려 주었다. 알렉상드르 뒤마가 살아 있었다면 나를 자랑스러워했을 것이다!

그것이 나의 첫번째 교훈이었다. 우리를 함께 묶어 주는 것은 더 정의롭고 더 우애 있는 사회에 대한 욕망이다. 우리가 아직 거기에 이르지 못한 것은 타인에 대한 폭력과 거부가 우리의 일용할 양식이기 때문이다. 언제든지 사람을 죽일 수 있는 그들도 바로 그런 꿈을 갖고 있었다.

나는 《탈무드》에 나오는 이런 생각을 좋아한다. 모세가 율법을 내렸을 때 세상의 모든 아이들, 심지어 1천만 년 후에 태어날 아이들도 시나이 산 밑에 이미 있었다. 그래서 한 아이가 태어나면 그는 무엇이 선한 것이고 악한 것인지를 가슴으로 알 수 있는 것이다.

잔인한 독재자들——네부카드네자르로부터 네로·칼리굴라·히틀러, 그밖의 다른 독재자들까지——중에서 인류에게 '그렇다, 나는 사람을 죽이며 그걸 자랑스럽게 생각한다'고 말한 사람이 단 하나라도 있던가? 아니다, 그들은 모두 그것을 감추며, 그들의 잘못을 정당화하려고 노력했다. 뉘른베르크의 재판이 보여 주었듯이 일단 판사들 앞에 서면 그들은 우리의 사고방식과 가치에 동의한다.

그 도적떼 안에서 나는 말이 폭력을 방해하는가에 관한 실험도 했다. 말을 많이 할수록 서로를 덜 죽였다. 서로 욕하고 논쟁할 수는 있었⋯⋯. 논거가 부족한 사람이 항상 먼저 주먹을 휘둘렀다. 거기서 나는 말이 끝나는 곳에서 폭력이 시작된다는 것을 알았다.

1969년, 근동의 아랍 세계는 어떤 절대적 무기를 발견했다. 그것은 이스라엘에게 말하는 것을 거부하는 것이었다. 그들이 부르지 않으면 이스라엘은 존재하지 않았고 투명했다. 프랑스에서도 텔레비전 방송국에서 프랑스계 유대인을 아랍인과 같은 스튜디오에 집어넣을 수 없었다. 왜냐하면 아랍인에게 유대인은 존재하지 않기 때문이었다. 그것은 끔찍한 일이었다. 중앙아시아에서 어린 도둑이었던 경험에 힘입어 나는 타인에 대한 이런 부정을 깨야 한다고 생각했다. 나는 당시 암만 근처에 있던 아라파트를 만나기 위해 접촉을 시도했다. 그에 앞서 나는 이스라엘 총리였던 골다 메이어에게 이 사실을 알리는 편이 더 옳을 것 같아 그녀를 만나러 갔다. 사무실은 넓은 방이었는데, 그녀 뒤에 지도 한 장이 걸려 있을 뿐 아무런 장식이 없었다. 재떨이 하나, 담배 한 갑이 전부였다.

"내일 아라파트를 만난다는 것을 알려 드리려고 왔습니다."

그녀는 벌떡 일어나더니 주먹으로 책상을 내리쳤다. 하도 세게 치는 바람에 재떨이가 바닥에 떨어졌다. 그녀는 직선적인 사람이었다!

"유대인의 피를 잔뜩 묻힌 자의 손을 잡고 말하겠다구요!"

나는 그녀가 말할 틈을 주지 않고 대답했다.

"모세도 유대인으로 태어난 모든 장자를 죽인 파라오에게 말하러 갔었소."

"맞아요. 하지만 당신은 모세가 아니잖아요! 그리고 그는 파라오에게 가라고 한 하느님의 말씀을 따른 거구요."

그건 명백한 사실이었다. 아무도 내게 어떤 말도 하지 않았다. 오직 나의 양심이 말했을 뿐이다. 나는 이렇게 대답했다.

"당신은 한 민족을 보호하고 평화로이 살게 하려고 선출된 사람이오. 하지만 내가 폭력에 맞서 싸울 수 있는 유일한 힘은 말이오. 만일 이렇게 노력함으로써 몇 아이의 목숨을 구할 수 있다면 그럴 만한 가치가 있지 않겠소."

그녀는 아무 대답도 하지 않았고, 나는 사무실을 나왔다. 누군가 아무 말도 하지 않을 때 그 자리를 뜨기는 어렵다. 문을 열면서 뒤돌아보았을 때 그녀는 여전히 굳은 표정으로 서 있었다.

다음날 아침 여섯 시, 내 호텔 방의 전화벨이 울렸다. 골다였다. 그녀는 한마디만 했다. "가세요."
그래서 나는 아라파트를 만나러 갔다, 골다 메이어의 축복을 받으며.

질문과 대답

■ 타인은 소수파일 때가 많다. 하지만 우리가 소수파 진영에 있을 때는 어떻게 타인, 또는 타인들, 이를테면 다수파를 받아들일 수 있을까?

다니엘 시보니: 여기서 소수인 것이 다른 곳에서는 다수일 수 있다. 그건 본질적인 문제가 아니라 상황, 사건의 문제이다. 거기에 약간의 분별력을 가미해 보라. 만약 당신이 서양에 있고, 테러리스트들의 습격에 분개한다면 타인——이를테면 총체적 의미에서 이슬람교도라는 신분——을 받아들이는 문제는 조금 우스운 면이 있다. 이 타인이 너무나 중요하고 너무나 크기 때문에 문제가 조금 우스꽝스러워지는 것이다. 오히려 이런 질문을 던지는 게 나을 것이다. 그들과 함께 있을 때 어떻게 행동해야 할까? 그들과 함께 어떻게 살아야 할까?

그러므로 나는 한 소수파 안에서 누군가가 다수를 받아들이는 문제를 제기하는 것이 사실은 덜 우습다고 생각한다. 왜 나는 타인, 다수파의 기준에 보조를 맞추려 하는가? 달리 말하면 그에게 법인 것이 나에게도 법으로 간주되어야 하는 것은 타인이 다수파이기 때문이 아니라 내가 소수파이기 때문이다. 그것은 다수파의 규칙이지 법의 본질 자체는 아니며, 나는 거기에 따를 수 있지만 그것은 나를 가입시키지 않는다. 이것은 견딜 만하다. 여러분도 보다시피 만일 그가 정말로 소수파의 입장에 있다면, 다수파를 배척하고 근절하는 문제는 다수파로부터 어떻게 자신을 보호하느냐 하는 문제로 다시 되돌아온다. 이것이 다수파가 어떤 가치, 다시 말해 둘 중 하나가 선험적으로 더 약한 상황의 가치를 지니는 까닭이다.

하지만 반전이 일어날 수 있다. 모든 사람들이 마그레브인을 절대적인 반인종차별주의자로 보았는데, 왜냐하면 그가 '극우파'에게 습격당했기 때문이다. 나는 마그레브인이고 아랍어를 쓰기 때문에 전적으로 그 생각에 동의한다. 나는 열세 살 때 프랑스로 이민 왔고, 프랑스어는 나의 모국어가 아니다. 하지만 시간이 흐르면서 사람들은 그들이 다른 정체성에 대한 증오와 맞서는 투쟁의 모범, 상징으로 이상화한 이 타인-마그레브인이 자신의 감정을 표현할 수도 있고, 다른 정체성에 대한 증오를 표현할 수도 있다는 것을 알게 된다. 결과는 오히려 긍정적이다. 이것은 타인을 이상화하면 안 된다는 것을 의미한다. 그리고 조금 전에 나는 아프가니스탄인이 집에 들어오자마자 사람들에게 둘러싸일는지 모른다고 말했는데, 나는 그것이 기회주의적이라고는 말하지 않겠고 다만 약간 미화됐을 거라고 말하겠다. 어쩌면 타인을 살리는 한 가지 방법은 그를 미화하지 않고, 우리와 마찬가지로 그에게도 결함과 균열·실패·패배·결여에 대한 권리가 있다는 것을 인정하는 것이리라. 우리는 그가 아주 착한 사람이어서 받아들이는 것이 아니라 그가 살아 있는 인간이기 때문에 받아들이는 것이다. 만일 우리가 그를 정말로 거부한다면, 그것은 우리가 그와 대면했을 때 자기 자신으로 산다는 느낌을 충분히 갖지 못하기 때문일 것이다. 그리고 그것은 유감스러운 일이다. 타인을 받아들이지 못하는 사람들에게 '그를 받아들여, 그는 매우 좋은 사람이야'라고 말해선 안 되고, 대신 '그를 거부하지 마, 너는 그렇게 나쁜 사람이 아니잖아'라고 말해야 할 것이다.

위베르 오크: 항상 소수파의 상황에 처해서 그것을 즐기는 사람들이

있다.

마레크 알테르: 소수파가 된다고 해서 나중에 다수파가 되었을 때 나쁜 짓을 하지 않는다는 법은 없다. 우리는 아주 빨리 망각하기 때문이다. 반대로 고통스러웠던 순간의 기억들을 한결같이 간직하는 사람들도 있다. 포로수용소에서 돌아온 유대인들, 또는 솔제니친 같은 강제노동 수용소 이후의 러시아인들이 그랬다. 그들은 기억 속에서 산다. 내가 '기억해야 할 의무'라는 말을 좋아하지 않는 까닭이 그것이다. 특정 기억의 이름으로 우리는 언제든지 타인들의 기억을 제거할 준비가 되어 있다.

제2차 세계대전 이후 모든 전쟁은 기억의 전쟁이 되었다. 르완다 · 코소보 · 사라예보……. 살아 있는 동안 감내할 수 있었던 고통의 기억을 간직하면서, 각자는 그런 고통을 가한 자들에 대한 폭력성을 간직하면서 그 결과를 본다.

기억에는 두 가지 형태가 있다. 고통의 기억, 그것은 상황이 가능해지면 바로 타인에게 대가를 치르게 하기 위한 증오를 간직하는 기억이다. 또 하나는 고통스러워하는 타인에게 동정을 느끼게 만드는 기억. 성서에서 가장 빈번히 반복되는 단어는 *zakhor*, 즉 '기억하라'이다. 1백68번이나 등장한다. 그것은 자기 자신의 고통을 기억하기 위해서가 아니라 이집트에서의 노예 생활을 기억하고, 다른 노예, 이방인이 느끼는 것을 이해하기 위해서이다.

오늘날 나의 유대인 친구들 가운데 몇 명이나 그들이 소수파였을 때의 느낌을 잊어버렸을까! 소수파라는 사실, 또는 소수파였다는 사실이 특별한 품성을 부여하지 않는 것과 마찬가지로 다수파라는 사실이 우리의 품성을 빼앗아 가는 것도 아니다.

■ 현사회에서 희생양의 자리는 어떤 것인가? 그것은 무시할 수 없는 심리적 기능인가?

위베르 오크: 피해자들이 그렇게 인정받을 까닭이 없는 것이 나는 무척 유감스럽다. 나는 투우장에 많이 들락거렸다. 투우장은 황소라는 속죄의 희생자와 함께 폭력이 집중되고 이해받는 곳이다. 그렇다면 공식적인 마당이 없어지면 어떻게 될까? 매순간 도처가, 거리가 투우장이 될 것이고, 희생양은 확산될 것이다.

■ 덕성은 습득된다는 의미에서 자신의 이웃을 받아들이는 법을 배울 수 있을까?

다니엘 시보니: 성서는 사랑이라는 처방, 해결책을 제시하고 있는 듯하다. 하지만 《구약》에서는 사랑을 처방으로만 제시하고 있지 않으며, 게다가 그것은 일반적인 사랑이 아니라 존재에 대한 사랑, 즉 신성한 존재, 무한한 존재에 대한 사랑이다. 만일 당신 앞에 당신의 시야를 가로막는 누군가가 있는데도 사랑을 느낀다면 당신은 이렇게 생각할 것이다. 존재, 가능성의 지평선은 훨씬 더 크고, 그는 내 시야를 가로막을 수 있다. 그렇게 생각함으로써 당신은 미움에 상처를 입지 않을 수 있다. 왜냐하면 당신은 그를 사랑할 수 없기 때문이다. 당신이 그를 사랑하지 않는다고 해서 심각할 것은 없다. 반대로 만일 당신이 그가 모든 가능성에 필적할 수 있고, 당신의 인생을 불가능한 것으로 만들 수 있다고 믿을 정도로 그를 우상화한다면 문제는 심각해진다. 따라서 존재에 대한 사랑, 그것은 강하다, 매우 강하다. 다른 표현들이 있는데, 이를테면 말해야 한다, 이야기해야 한다 같은 것들이 그것이다. 물론 왜 안

되겠는가? 만일 우리가 서로 이야기할 수 있다면 그것만으로도 이미 좋은 현상으로서, 서로 죽일 생각은 아니라는 의미인 것이다.

하지만 악순환이 시작되는 곳도 거기다. 내가 그에게 말한다는 것은 내가 이미 그를 받아들였고, 그도 이미 나를 받아들였다는 의미이다. 그런데 근동에서(나는 다시 이스라엘과 팔레스타인인들의 대화 문제로 돌아온다) 그것은 많은 것을 표현한다. 하지만 그것이 무척 감동적인 까닭은 그곳이 막다른 골목이기 때문이다. 팔레스타인인들은 자신들을 **베루스 이스라엘**, '새로운 유대인들'이라 칭하고 타인들, 즉 이스라엘인들은 이곳을 버리고 싶어하지 않는다. 불가능한 것으로 나타나는 하나의 공유가 이루어지고 있는 것이다.

마레크 알테르가 말한 내용은 훌륭하다. 그는 하나의 몸짓으로 하나의 생각을 표현했고, 언젠가 이스라엘인들이 그들과 함께 말을 할 뿐 아니라 같이 살게 될 거라는 생각을 나타냈다. 그리고 팔레스타인인들은 토라졌다. 이스라엘인들도 토라졌는데, 그것은 팔레스타인인들이 그들에게 토라졌기 때문이다. 언젠가 내가 말했다. "필요한 것은 그들이 동시에 토라지거나 동시에 상처받았다고 느끼는 것이다." 나는 어떤 정확한 연구를 위해 신문을 다시 읽다가 1967년 6월 공격 전야의 기사를 우연히 보게 되었다. 알다시피 성스러운 전쟁의 분위기가 존재했고, 아랍 신문들은 이렇게 선언하고 있었다. "텔아비브로 가라. 그리고 팔레스타인의 지도자들이여, 거기에 생존자들이 있을 확률은 희박하다……." 30년도 더 지난 후 다시 읽었을 때 나는 다음과 같은 사실에 놀랐다. 티란 해협을 봉쇄함으로써, 그리하여 에일라트의 대문을 잠금으로써 이 모든 위기를 야기한 나세르가 "나는 공격하지 않겠다, 하지만 만일 이스라엘이 공격하면 그것은 전면전이 될 것이다"라고 말한 것이다. 보라. 그가 원한 것은 이스라엘인들이 고통을 참고 아무것도 하지 않는 것이었다.

마치 모두에게 관련된 나쁜 소식을 동시에 들은 두 사람이 장례식을 치르고 울고 소리지르고 그 다음엔 말하고, 그 다음엔 마시고, 그 다음엔 웃는 것처럼. 그리고 정말로 어려운 것은 슬픔을 함께 나누는 것이다.

이것은 배움의 문제다. 배우는 것도 마찬가지다. 뭔가를 배우기 위해선 이미 그것을 받아들이고, 그 안에서 자신을 비춰 보아야 한다. 심지어는 그 이상이 필요할 수도 있고, 그것을 받아들이고 다른 것에 관심을 가져야 하며, 그렇게 하지 않으면 우리는 우리가 배우는 것 속에 침몰하고 만다. 지성인이면서도 배우는 데 어려움을 겪는 사람들은 이 단계까지 완전히 가지 못하고, 돌아왔을 때 더 이상 아무도 없을까봐 겁나고, 사라질까봐 겁나고, 나누는 것을 어려워하기 때문에 그런 것이다. 배우려면 나누어야 하며, 나누려면 타인과의 나눔, 타인의 몫 등을 받아들여야 한다. 여러분은 그것이 선행 조건이라 생각하는가? 그건 절대 그렇지 않다. 이 모든 것은 두 사람 사이의 이런 생활에 활기를 불어넣는 하나의 순환 과정을 구성한다. 그리고 거기서 우리는 노력한다. 다시 말해 내가 단호하게 주장하는 것이 적어도 하나 있으니, 그것은 하나의 프로그램처럼 습득되는 것이 아니다……. 사람들에게 어떤 상황에서 두려움을 갖지 않는 법을 가르치는 행동주의적 심리학자들이 있다. 그것은 결과가 무척 좋으며, 심리학자들은 그들이 두려움을 갖는 이유가 이치에 맞지 않는다는 것을 매번 증명하고 있다. 그렇게 함으로써 그들을 진짜 두려움과 함께 내버려두는데, 그것은 이유 없는 두려움이다.

■ 사도 바울의 다음과 같은 구절을 어떻게 이해해야 할까? "모든 이에게 모든 것이 되어라. 유대인들과 함께 있을 때에는 유대인이 되고, 그리스인들과 함께 있을 때에는 그리스인이 되어라."

위베르 오크: 내가 있는 곳이 어디인지 아는 한 나는 타인에게 갈 수 있다. 그런다고 나의 뿌리가 뽑히는 것은 아니다. 타인에게 가는 것이 나의 지표를 잃는 것은 아니며 오히려 그 반대이다.

■ 용서하기 전에 먼저 판단하고 비난해야 할까? 그리고 용서에도 한계가 있나?

마레크 알테르: 예언자 미가는 외친다. "악인은 죽어야 할까? 아니면 자신의 잘못을 인정하고 살아야 할까?" 물론 우리는 그가 자신의 잘못을 인정하고 살기를 바란다. 나는 사형이 목적이라고 생각지 않는다. 만일 그가 재판을 받고 자신의 잘못을 인정하면 대번에 용서될까? 얀켈레비치와 함께 나는 이렇게 말하겠다. "내가 누구이길래 용서할 수 있겠는가?"

물론 만일 누가 내게 무례한 짓을 저지른 다음 용서를 구한다면 나는 그를 용서할 수 있다. 그건 그와 나 사이의 일이다. 하지만 만일 한 인간 집단이 다른 인간 집단을 제거하기로 결심했다면, 설령 그들의 죄를 인정한다 해도 그 집단은 인류에 의해 재판받아야 한다. 그리고 한 생명을 빼앗은 사람은 그에게 생명을 부여한 분에 의한 용서라면 모를까, 용서받을 권리가 없다.

유대인의 전통에는 용서를 청할 수 있는 단 하루가 있으니 대사면의 날, **욤 키푸르**의 날이 그것이다. 용서를 청할 수는 있지만 용서를 받았는지는 결코 확신할 수 없다. 그리고 앞으로도 영원히 알 수 없을 것이며, 어쩌면 들을 수 없음으로 인한 불안이 한 유대인으로 하여금 정신분석을 창안하도록 이끌었을지도 모른다.

다니엘 시보니: 나는 폭력의 요인은 두 종류라고 들었다. 두 사람이 자신들의 증상에 집착하고 있다. 각자 장신구를 달고 다니듯 자신의 증상을 달고 산책하다가 타인의 증상과 충돌할 때, 만일 그들에게 해석하고 휴식 시간을 취하고 생각할 수 있는 능력이 없다면, 그것은 서로를 훨씬 더 얽히게 만들고 폭력의 증대를 낳는다. 집단 차원에서, 나아가 개인 차원에서도 나는 이것을 '자기애적 상호 충돌'이라 불렀다. 여기에는 두 개의 정체성이 존재하며, 그 중 하나가 다른 하나의 존재에 의해 위협을 받는다고 느낄 때, 그것은 자신이 경험하는, 그리고 참을 수 없는 실패, 결함을 거기에 투사한다.

종교는 상징적 체계를 관리하는 하나의 방법으로 많은 가치가 있는데, 왜냐하면 그 일을 할 사람이 아무도 없을 때 그 작업을 했기 때문이다. 종교는 상징적 체계를 관리하기 위해 할 수 있는 일을 했지만, 그것은 필연적으로 각자의 정체성, 집단의 정체성과 관계를 맺게 된다. 하지만 나는 종교가 없었다면 종교와 함께 있었을 때보다 자기애적 존재들이 훨씬 더 야만스럽게——만일 그것이 가능하다면——서로를 괴롭혔을 거라고 확신한다. 종교는 정체성의 통합과 관련된 자기애적 폭력의 원인은 아니지만 기회는 된다. 사람들은 광신이 폭력의 정의 자체, 즉 타인을 참지 못하는 것이라고 말한다. 하지만 절대 그렇지 않다. 거의 어원적인 의미에서 광신은 자기 안에 **신전**·사원을 갖고 있다고 믿는 것, 하느님의 대리인을 자처하는 것, 따라서 선과 악을 판단하고 말하는 광기를 의미한다. 그들은 타인들이 고기 부스러기에 불과하고 완전한 오류에 빠져 있다고 확신하며 그들을 공격할 수도 있는데, 그것이 반드시 증오를 야기하지는 않는다. 게다가 그들은 하느님을 자처하는데, 설령 하느님을 자처하지는 않더라도 하나의 정체성을 갖고 있고 그들이 당신을 이 정체성 안에서, 그것의 내부에서 무질서의 한 요인으로 발견한다면, 그때 증오는 당신을 추방하는 것을 목표로 한다.

내가 연구한 종교 텍스트들의 문제가 바로 그 부분으로서 나는 세 텍스트, 즉 성서·복음서·코란이 어떻게 나눔의 문제를 풀려고 했는지를 보았다. 세 가지 텍스트들은 그건 하느님의 나눔이고, 각자 그것을 자기 쪽으로 끌어당기고 있다고 생각한다. 그런데 하느님은 나눌 수 없는 분으로, 만일 그것이 생명이라면 더욱 그러하다……. 따라서 세 텍스트들은 1등 자리를 서로 빼앗으려고 노력한다——교회는 여러 세기 동안 그렇게 했고, 아주 행복하게 포기한 것으로 보이며 그건 좋은 신호이다. 유대인들은 선구자들이었지만 소지자들은 아니다. 신은 옮겨다니며, 1등 자리는 아무 가치가 없으며 오히려 위험하다. 시험은 나눔의 시험이고, 종교적 정체성들 사이에서뿐만 아니라 속세적 정체성들, 종교와 무관한 개인들 사이에서의 시험이다.

나는 이런 접근법을 고수하는데, 달리 말해 폭력은 자기애적 존재들의 찬란하고 위험하고 반짝이는 충격으로 서로에게 위협적으로 느껴지는데, 그것은 종교들이 완벽함·충만함에 대한 환상을 갖고 있기 때문이다. 종교들이 기원을 장악하려는 이 환상을 포기하는 날, 그것을 단념할 때 종교들은 '조심스럽게'라도 서로 상처 주는 일은 더 이상 하지 않을 것이다. 그리고 성공한 나눔의 표본을 제공할 것이다. 지금까지는 그렇지 못하다——내가 종교와 비종교를 같은 차원에서 보는 것도 그 때문이다.

알랭 우지오: 종교에서 우리가 '사랑'이란 단어를 강조하는 동안엔 폭력이 있을 것이다. 우리가 타인에게 말하면서 사랑을 반론으로 내세

울 때 그것은 그의 폭력을 부채질한다. 인간이 동시에 사랑과 폭력으로 만들어졌다는 것을 이해하지 못한다면 그만큼 폭력은 통제할 수 없을 것이다. 폭력에 이름이 붙을 때 그것은 다른 식으로 이루어질 것이다.

8

자기 자신을 사랑하는 법을 배울 수 있을까?

자기 자신에 대한 부드러운 무관심

알랭 우지오

'자기 자신을 사랑하는 법을 배울 수 있을까?' 라는 질문이 가장 먼저 상기시키는 것은, 신전의 새로운 상인들이 최근 보여 주고 있는 현상이다. 오늘날 신전의 상인들이란 바로 자기 자신을 사랑하는 법을 배우고, 인생의 공허함에 대한 두려움을 가라앉히기 위한 처방 · 기술 · 비법을 제안하는 자들이다.

소량의 정신분석, 비의적 전통의 겨자씨 한 잔, 여기에 극소량의 요가를 섞어라……. 이 모든 것을 한입에 꿀꺽 삼켜 버려라. 그러면 당신은 인생의 공허함을 밀어내고, 심지어 당신 자신을 사랑하기에까지 이르리라.

자기 자신을 사랑하고 싶은 것, 그것은 우리가 자신의 기류, 그리고 비록 가끔씩 문이 꽝 하고 닫힐 수는 있으나 어쨌든 활짝 열어젖힌 문을 갖고도 더 이상 인생을 사랑할 수 없을 때 마지막 수단으로 시도하는 것이다.

자기 자신에 대한 사랑이라는 말은 내게 죄에 대한 루터의 정의 자체, 즉 자기 자신에게 구부러지는 행위라는 말을 떠올리게 한다.

나는 유명한 두번째 계율도 잘 알고 있다. '네 이웃을 사랑하라…….' 정확히 말하면 '……너 자신처럼.' 우리는 여기서 자기에 대한 사랑을 정당화하고 인정하는 하나의 방식을 확인할 수 있지만, 사실 나는 이 계율을 다음과 같이 해석하는 편이 낫다고 생각한다. '너의 이웃을 또 하나의 너 자신처럼 사랑하라.' 즉 너와 마찬가지로 고유한 개성과 고유한 삶을 가진 또 하나의 주체로 사랑하라는 것이다. 그를 흡수하면서 사랑하지 마라. 마치 이방인처럼 그를 사랑하라. 실제로 성서는 이웃에 대한 사랑을 이방인에 대한 사랑에 접근시키고 있다('이방인을 너 자신처럼 사랑하라.' 〈레위기〉, 19장 34절).

그리고 시몬 베유는 이방인을 우리 자신처럼 사랑해야 하기 때문에 우리 자신을 이방인처럼, 그 어떤 이방인과 똑같이 사랑해야 한다고 말하고 있다. 이런 상세한 설명과 함께라야 나는 자기 자신을 사랑하는 것이 거룩하고 옳고 좋은 일이라는 것을 이해하게 된다. 우리는 지구상의 이방인, 여행자로 남아 사랑하고 죽는 이 존재, 우리 자신에 대해 동정이 넘치고 자비로우면서도 또한 경의를 표하는 시선을 가질 수 있다. 우리는 인류라는 육신의 고통스러워하는 사지 가운데 어떤 하나로서 우리 자신을 사랑할 수 있다.

우리는 자신에 대한 이런 사랑은 자신에게 있는 보편적이고 비개성적인 것, 즉 괴로워한다는 사실, 권리가 없다는 사실, 그리고 자신을 내몰고 들볶고 짓누르는 어떤 형태의 필요성(운명이라고 말할 수도 있다)에 복종한다는 사실을 고려한 것이라고 말할 수 있다.

우리는 그것이 자기 안에 있는 죄지었지만 의인으로 인정된 인간, 비참하지만 용서받은 인간, 다시 말해 익명의 보편적인 인간을 사랑하고 존중하는 것이라고도 말할 수 있을 것이다.

따라서 자신에 대한 이런 사랑은 고유한 사랑의 대척점에 있다. 그것은 우리가 자기 자신을 위해 가질 수 있는 어떤 형태의 특별한 우정과는 더 이상 아무런 관계가 없다. 자기 자신에 대한 사랑은 카뮈의 표현에 따르면 '자기 자신에 대한 부드러운 무관심'이다.

우리는 살과 피, 입김과 죽음의 존재, 덧없는 그림자, 시드는 꽃에 불과하다. 그리고 우리가 우리 자신에게 가질 수 있는 사랑, 그것은 우리 안에 있는 그런 보편적 취약함, 그런 보편적인 인류에 대한 사랑·동정·관용이다. 하지만 그것은 또한 생명의 씨앗·생명력·발생·부활과 관련해 우리 안에 있는 것에 대한 사랑이기도 하다.

우리가 우리 안에서 사랑할 수 있고, 또 사랑해야 하는 것은 우리 안에 있는 그리스도적인 것이며 '그리스도의 몸,' 고통받는 몸, 십자가에 못 박힌 몸, 항상 부활하는 몸과 관련해 우리 안에 있는 그 부분이다.

자신에 대한 이런 형태의 사랑은 배울 수 있는 것일까? 그렇다, 자신의 본래 특성, 자기 자신의 화법, 자신의 싸움과 열정에 충분히 지치고 싫증이 난다면 아마 그럴 수 있을 것이다. 자기 자신을 위한 모든 이익에 지치고 물리게 되면, 그제서야 우리는 자기 안에 있는 움직임, 드라마, 그리고 인생의 행운도 사랑할 수 있다. 춤을 잘 추기 위한 자신의 노력과 춤추면서 제공하는 모습에 싫증난 무용수가 마치 그가 없이 이루어지는 것처럼, 자기 안에서 만들어지는 춤 동작을 사랑할 수 있는 것처럼.

그럴 때 사랑은 더 이상 자신에 대한 사랑이 아니라 자신 안에서 발생하는 생명의 움직임, 생명의 춤, 생명의 찬양에 대한 관심과 유연함이 된다. 그렇게 되면 나 자신의 인생도 "나의 개별적이고 영원한 지지를 받지 못하는 어떤 것으로 보인다."(프루스트) 사실 "우리가 나라고 믿고 있는 것이 바다의 파도 형태만큼이나 외부적 상황의 덧없고 기계적인 산물이 된다."(시몬 베유) 우리는 우리 안에 '파도를 만드는' 것을 사랑함으로써 자신을 사랑할 수 있다. 마치 바다가 파도를 만드는 것이 자기 안에 살도록 내버려두는 것처럼.

사도 바울이 우리에게 '아내가 있는 사람은 아내가 없는 사람처럼, 슬픔이 있는 사람은 슬픔이 없는 사람처럼, 기쁜 일이 있는 사람은 기쁜 일이 없는 것처럼 살라'(〈고린도전서〉, 7장 29절)고 말한 것처럼, 우리는 마치 우리가 아닌 것처럼 자기 자신을 사랑할 수 있다.

하늘의 새와 들판의 백합

자기 자신을 사랑하는 것, 그것은 삶, 삶의 은총, 은총에 의해 사는, 은총에 사랑을 가지고 전념하는 것이다. 그건 마치 씨를 뿌리거나 그물을 짜지도 않고 거리낌도 신중함도 없이 거저, 무상으로 생명·하늘·빛을 누리는 것과 같다. 자기 자신을 사랑하는 것, 그것은 삶의 은총, 성숙해짐의 은총을 누리는 것이다. 마치 수고하지도 길쌈하지도 않으면서, 이유도 모르면서, 이유를 묻지도 않으면서, 거저 삶의 아름다움을 누리고 즐기는 들판의 백합처럼.

자기 자신을 사랑하는 것, 그것은 그것 자체가 당신에게 주어지기 위해 주어진 자신 안의 생명을 사랑하는 것이다. 그것은 거룩한 씨뿌리는 자에 의해 공중에서 뿌려진 생명의 씨앗처럼 지신을 사랑하는 것이다. 왜냐하면 하느님은 사람들에게 생명의 빵을 끝없이 주고 주었고 앞으로도 줄 분이기 때문이다. 그리하여 그들이 그 빵을 사랑하게 만들 분이기 때문이다.

하느님은 이렇듯 거저, 오직 은총에 의해, 너그러움과 관대함에 의해 그 빵을 주심으로써 우리가 이렇듯 거저, 그저 생명에 대한 사랑에 의해 그 빵을 사랑하게 만드신다.

수도사와 금욕의 균형

베르나르 베레

이 만남중에 우리는 한 정신분석가와 신학자의 견해를 듣게 될 것이다. 나는 조금은 특별한 수도사의 관점을 소개하는 것이 내 소관이라고 생각했다. 왜냐하면 나는 내 인생의 스물한 해 동안 공식적으로 수도사였고, 적어도 어떤 의미에서는 영원한 수도사라고 생각하기 때문이다.

수도사의 관점이 흥미로운 것은 그것이 **종교적** 관점이기 때문이다. 사실 수도사의 삶은 어떤 전통 안에 존재하지 않을 경우 변형들과 함께 많은 타인들 안에 존재한다. 기독교의 수도사로는 동방 정교회의 수도사나 로마 가톨릭의 수도사가 있다. 신교는 일반적으로 수도자 제도를 장려하지 않는다. 그럼에도 불구하고 우리는 테제의 수도사들과 '여성 집사들'의 공동체가 있다는 것을 알고 있다. 인도에는 아슈람과 다수의 **사냐신**, 즉 순례자 겸 걸인인 수도사들이 있다. 불교 사원에서는 수도승들과 비구니들이 예식을 거행하면서 추종자들이 3년, 3개월, 3일간의 안거를 수행하도록 격려하고 있다. 도교 신자들에게도 수도사 유형의 전통이 있다. 요컨대 수도사의 삶은 무엇보다도 먼저 하나의 살아가는 법으로서, 각기 다른 전통의 종교적 범주 안에서 나타날 수 있는 인간의 삶에 관한 어떤 구상을 기반으로 하고 있다.

이런 공통적인 구상은 '수도사,' 그리스어로 모노스(monos; '하나, 통일된 것'이라는 의미)라는 단어 자체의 어원 안에서 드러난다. 수도사의 삶은 다양한 인간의 삶을 제자리, 즉 그것의 통일성의 관점 안에 갖다 놓으려고 노력하는 것이다. 토마스에 따르면 복음서는 그런 관점을 찬양하다 못해 지복도 거기에 달렸다고 보고 있다. "**모나코스여** 행복할지어다, 그대들은 천국을 발견하리라. 그대들은 그곳에서 났으니 그곳으로 돌아가리라."(성서에 기록되지 않은 그리스도의 말, 49)

이런 통일성의 매개물은 의식이다. 통일된 한 남자, 한 여자는 의식을 갖고 각기 다른 차원의 삶의 조직을 통일성 안에 모으는 남자, 여자이다. 인생의 모든 우여곡절과 맞서고, 흩어지거나 분산될 염려 없이 다양한 관계나 다양한 전투에 개입할 수 있는 남자와 여자이다. 왜냐하면 그들은 내면성에 뿌리박은 사람들, 의식의 통일성에 의해 모인 사람들이기 때문이다.

인류의 모험은 무엇보다 먼저 의식의 모험이다. 일부 사상가들은 진화의 과정을 추구함으로써 의식이 살과 피로 만들어진 우리의 육신보다 덜 취약한 지주를 찾고 있는중일지 모른다는 주장까지 내놓고 있다.[1] 제기된 질문에 답을 하자면, 내가 보기에는 장기적인 이런 전망 위에서 방침을 정하지 않더라도 만일 우리가 가진 모든 수단을 통해 우리 안에 의식이 출현하도록 돕는다면 우리 자신을 사랑하는 법을 배울 수 있을 것 같다.

우리는 이를 위해 필요한 일체의 도구를 갖고 있다. 피아니스트가 그의 감수성의 가장 미묘한 차이를 표현하려면 자신의 음계를 연습하는 인내심을 갖고 있어야 하는 것처럼. 무용가가 행동의 폭을 넓히려

---

1) 장 미셸 트뤼옹의 《너무나 비인간적인》을 참고하라.

면, 그리고 점점 더 커지는 균형 상실에 노출되면서도 난관을 극복하려면 봉을 잡고 하는 훈련을 매일처럼 되풀이하는 용기가 있어야 하는 것처럼. 마찬가지로 그의 모든 잠재성 안에서 세상에 의식을 표현하고 싶은 남자와 여자는 훈련하는 것을 받아들여야 한다. 그리스인들은 자기 자신이 하는 이 작업을 **아스케시스**라 불렀고, 우리는 이것을 **금욕**이라고 번역했다.

이 단어가 더 이상 시대의 취향에 맞지 않다는 것을 나도 알고 있다. 너무나 오랜 세월 동안 사람들은 이 단어에 제물과 관련된 암시적 의미를 부여해 왔다. 금욕주의적 실천은 너무나 오랫동안 '고행'의 연장처럼 소개되어 와서 우리에게 '활기'를 주는 사람들, 그리고 매일 우리 안에서 의식 출현의 자유를 증가시키려고 노력하게 만드는 사람들과 마찬가지로 우리에겐 그것들을 반대로 고려하는 것이 어렵다. 세상에 그것을 표현할 수 있는 우리의 능력을 증가시키는 것. 그것을 가지고 인간성의 변모의 힘으로 만들 수 있는 우리의 능력. 금욕은 우리가 읽기 쉽고 효과적이면서도 가능한 의식의 신호들이 되려고 노력하는 훈련 전체를 말한다.[2]

자기 자신을 사랑하는 것, 따라서 그것은 나머지 시간 동안 양질의 각성 상태를 누리기 위해 잘 자는 법을 배우는 것부터 시작된다. 그것은 수직의 쉬는 훈련을 통해, 땅에 깊이 뿌리박고 하늘을 향해 서 있는 법을 배우는 것이다. 그것은 '영혼(라틴어로 **스피리투스**)'과 '정신성(spiritualité)'이란 단어의 어원 자체가 지적하는 것처럼 숨쉬는 법을 배우는 것이다. 그것은 우리를 구성하는 세포들의 기능 방식을 존중하면서 영양을 취하는 법을 배우는 것이다. 만일 우리가 그것들을 사

---

2) 나는 《생의 올바른 용법》에서 이 관점을 전개시켰다.

랑하고 존중하는 법을 배운다면, 우리는 아마도 그것들의 기능 장애의 파괴적인 효과의 영향을 덜 받게 될 것이다.

자신을 사랑하는 법을 배우는 것, 그것은 모든 움직임을 의미로 가득 차고 가능하면 의미하는 바로 인해 효과적인 인간적 몸짓으로 만드는 법을 배우는 것이다. 그리하여 몸짓 너머에 있는 부동성의 충만함에 이를 때까지. 그것은 우리가 말할 것이 있거나 말이라는 매개물에 의해 실행할 뭔가가 있을 때에만 말하는 법을 배우는 것이다. 그리하여 존재의 충만함의 침묵이 내 안에서 살 수 있게 될 때까지. 그것은 또 커뮤니케이션의 현대적인 도구들을 가지고 우리의 관계를 운영하는 법을 배우는 것이다. 소외의 도구로서가 아니라 시간과 공간이 우리에게 부과하는 굴레에서 해방되기 위한 도구로서 그것을 사용하는 법을 배우는 것이다. 그것은 자신, 타인들, 우리를 둘러싼 세상에 존재하는 것이다. 우리 안에서, 본원의 축복이 용솟음치는 그곳에 존재하는 것이다.

장 폴 게트니: 당신은 우리에게 자아 성숙이라는 용어로 수도사의 생활을 말했지만, 우리는 오히려 정반대의 시각으로 보는 게 당연하다고 생각하는 경향이 있다. 당신의 그런 논리가 조금 지나치다고 생각지 않는가? 자기 자신을 사랑하려면 인생으로부터 은둔해야 한다고 주장하는 그 메시지는 오늘을 사는 누군가에게 설득력이 있을까?

베르나르 베레: 내가 말하는 수도사의 생활이 꼭 수도원 담장 뒤에서 사는 수도사와 수녀의 생활을 의미하는 것은 아니다. 충분히 실현된 인간의 삶은 세상에 대한 개방인 동시에 우리가 하나의 공백이라

고 정의할 수도 있는 그런 내면성에 대한 재집중이라 할 수 있다. 사실 명상 체험은 우리가 생각·욕망·걱정을 비워 버리면 새사람이 될 수 있다는 것을 증명하고 있다. 요즘 세상에서 우리는 여러 가지 것들에 의해 너무나 자극을 받기 때문에 각자의 삶 속에서 수도사의 삶을 조금만 살아 보더라도 보충적인 극성을 얻을 수 있을 것이다. 그리고 나는 균형잡힌 삶을 사는 데 그것이 필요하다고 생각한다.

나는 기업의 지도자들을 위한 세미나를 주최하고 있다. 내가 제안하는 것에 그들이 흥미를 가지는 것은, 삶의 균형을 회복하기 위해서 약간의 수도사 생활이 필요하다는 것을 자각하고 있기 때문이다. 왜냐하면 각자에게 가치 있는 삶의 방식이 있기 때문이다.

장 폴 게트니: 당신은 성에 관해서는 말하지 않았다. 오늘날 우리가 개인적 성숙을 논할 때 그 문제를 피할 수 없다. 수도사들은 성을 멀리한다. 자기 자신을 사랑하려면 인간의 삶의 이 커다란 현실을 과소평가해야 하는가?

베르나르 베레: 내가 그 문제를 고의적으로 무시한 것은, 그 문제에 접근하면 더 세세한 곳까지 들어가야 하기 때문이다……. 도교의 수도사의 전통에서 몇몇 학파는 성적 활동을 근본적인 것으로 간주하고 있다.

수도원의 전통은 우리로 하여금 인간의 삶 속에서 성이 성적 관계만은 아니라는 것을 보도록 인도하다. 우리의 모든 관계가 성을 거친다. 따라서 자신의 성을 체험하는 다양한 방식이 존재한다. 가장 성숙한 수도사들이 노인들과 비슷한 것도 아니고, 수녀들이 쪼그라든 할머니들과 비슷한 것도 아니다! 그것은 개인적인 관계에 집중하지 않

고, 대신 대다수의 인간을 향해 매우 넓게 열려 있는 어떤 사랑 속에서
자신의 성욕을 표현하는 또 다른 방식이다.

폴 로랑 아순: 수도사의 전통 가운데 내가 감동받은 것은 결핍과의
관계이다. 결핍이 그들을 부양한다. 그들은 절제를 통해 결핍의 영역
에 속하는 어떤 것, 따라서 역설적으로 어떤 탁월한 즐거움의 형태에
이르는 어떤 것으로 양분을 취한다. 수도사는 내핍 생활을 하기 때문
에 타인과의 관계, '물건'과의 관계를 포기한 뒤 결핍에 의해 어떤 탁
월한 형태의 자기애에 접근하는 것이 아닐까?

베르나르 베레: 나는 쾌락이란 용어를 사용하지 않고 충만함의 영
역 위에 머물겠다……. 나는 결핍에 관한 심리적 영역 위에서 이것을
분석하지 않았다. 이를테면 양식의 차원에서 우리는 만일 우리가 서
서히 양을 줄여 가며 먹는다면 양식을 끊을 수 있다고 생각할 수 있
다. 사실 그것은 하나의 선행이다! 게다가 의사들은 소식하는 것이
자신의 삶에도 도움이 된다는 점을 입증했다. 나는 그것을 승화시킬
결핍이 아니라 그 자체에 대가가 내포된 하나의 추가라고 생각한다.
  이때 물론 사물의 궁극성을 의식하고 있어야 하지만 항상 그런 것
은 아니다. 우리는 의미를 왜곡할 수 있다. 이를테면 내가 수도원에
들어갔을 때, 우리는 1년에 6개월을 단식했다. 즉 하루에 한끼밖에
먹지 않았다. 인체가 하루 종일 소화시키는 데 몰두하지 않음으로써
다른 것에 몰두할 수 있으므로 그것은 그 자체만으로도 훌륭한 일이
다. 하지만 단식의 궁극성을 이해하지 못한 상급 성직자들은 해질 무
렵이면 마른 강낭콩이나 양배추 수프를 우리에게 주었는데, 사실 그
것은 정말로 우리에게 도움이 되기 위해 필요한 미세하고 고운 입자

들로 만들어진 것들이 아니었다! 그런 점에서 나는 약간 고통을 겪었다고 생각하지만, 그것은 결핍에 의한 것이 아니라 지능의 결핍에 의한 것이었다!

'금욕'이란 말은 흔히 혐오감을 주는 시련의 원천으로 인식된다. 나는 항상 금욕을 활기를 부여하고, 완전한 남자 또는 완전한 여자가 되는 책임을 인수하는 하나의 방법이라고 생각해 왔다. 그것이 꼭 자기 인생에서 특별한 것들을 실현하는 것을 의미하지는 않는다. 그것은 현실의 바닥에서 바닥이 나타나도록 내버려두는 것으로, 그에 관해 성 아우구스티누스는 **나 자신보다 나 자신에게 더 친밀한 것**으로 말한 바 있다. 나는 '나 자신보다 더 나 자신에게 친밀한' 이것이 내게 나타나도록 내버려두며, 인생의 모든 일화적 측면들에는 절대성을 부여하지 않는다. 게다가 금욕은 내게 삶의 진정한 행복, 역사 안에 삽입된 자들의 충만하고 진정한 삶을 안겨 주었다.

정신분석의 시험대에 오른 자기애

폴 로랑 아순

자신을 사랑하는 법을 배울 수 있을까? 이것은 하나의 투명한, 나아가 폐부를 찌르는 듯한 질문이다. 이것은 사랑의 병——자기 자신에 대한 긴장된 관계의 일종——과 그 병의 약에 대한 약속을 동시에 암시하는 듯하다.

게다가 이것은 주체가 자기 자신에게 제기할 수 있는 질문이다——심지어 끊임없이 제기할지도 모른다. 그것은 자기 자신의 집중 안에서 어떤 위기와 대면하여 '자기'에게로 가는 길을 어떻게 되찾을 수 있을까를 자문하는 누군가의 불안에 대한 응답이다. 그것은 '나는 나를 사랑하는가?' 라는 난처함에서 '어떻게 나를 다시 사랑할 수 있을까?' 라는 의심으로 가는 도정이다. 그것은 어떤 확산된 질문을 거친다. 그것은 인생의 위기에 현실화되기 쉬운 '왜 나는 나를 사랑하지 않는가?' 라는 질문이다.

이 질문은 정신분석이라는 시험대에 올라야 하는데, 정신분석은 무엇보다 먼저 그 질문의 단순성과 투명성을 깨뜨릴 것이다. 그 질문을 표명하는 것은 한편으로는 우리가 '자신을 사랑하는' 것이 무엇인지를 정의할 수 있거나, 또는 적어도 그런 자기애가 어떻게 변질될 수 있고, 나아가 사라질 수 있는지를 이해할 수 있을 것, 다른 한편으로는 자기애의 학습이 있을 것을 전제로 한다. 자기애는 사라졌다가 다시 발견될 수도 있고 무너졌다가 회복될 수도 있을 것이다. 그리하여 주체는 일종의 자기와의 화해 안에서, 자기 비하를 그만두고 권리를 회복할 것이다. 이 질문에 긍정적으로 대답하는 것은 자기애의 **회복**을 설계하는 것이다.

정신분석은 이 질문에 어떻게 개입할까? 정신분석은 어떤 이론적·형이상학적·윤리적 전제 개념에도, 심지어 **자기애**의 심리적 전제 개념에도——특히나 이것에는——의거하지 않는다. 이것은 그의 임상 체험, 현실의 무의식적 주체의 체험에 의지한다. 그럼으로써 형이상학을 복귀시키고 윤리학, 나아가 신학을 흔드는 결정적인 결과를 낳을 위험은 있지만.

자기애와 그것의 무의식

주체는 어떻게 자신의 '자기애'를 실제로 만들어 낼까? 자기를 사랑한다는 것이 단순히 자신의 취향에 맞는 상태로 있다는 것을 의미하지는 않을 것이다. 거기에는 다음과 같이 미묘하고 중요하게 작용하는 무의식적인 장면이 있다.

우리가 **자기를 사랑한다**는 말을 할 때 그 말은 무엇을 의미하는가?

우리는 어쩌면 사랑은 항상, 그리고 당연히 타인을 대상으로 한다는 역설에서 출발해야 할 것이다. 따라서 '자기애'라는 간단한 표현 안에는 의미론적인 역설이 존재한다. 다만 거기에는 그것이 **자기 자신을 사랑의 대상으로 삼는 것**, 따라서 **타인**의 자리에 그의 **자아**를 놓는 것을 전제로 한다는 조건이 따른다.

그런데 정신분석은 그것, 그런 생각에 자신의 메타심리학(초심리학)적 이해력을 부여함으로써 그것을 수용[1]하는데, 이때 나르시시즘(자기 도취증)[2]이 함께 도입된다. 나르시시즘은 자기 색정 개념으로 귀착되지 않는다. '자기 색정적 충동이 타고나는 것'인 반면, "나르시시즘에 형태를 부여하려면 자기 색정증이라는 **새로운 정신적 행동**에 뭔가가 추가되어야 한다."[3] 무의식적 차원에서 나르시시즘은 어떤 평안하고 수동적인 자기 만족이 아니라 원래는 주체의 생성 안에서 주체 자체를 구성하는 정신적 행위를 의미했고, 그것이 계속된다는 것을 이해하려면 그런 표현을 강조해야 한다. '나'라고 말할 가능성도 없고, 나를 위해 약간의 사랑을 품을 가능성도 없다. 나르시시즘은 일종의 거울상의 **코기토(나는 생각한다, 그러므로 나는 존재한다)**로서, 나는 **나를 사랑할 때에만 내가 존재한다**는 것을 느낄 수 있다.

정신분석에서 가장 중요한 것은 대상에 대한 리비도적 관계로 그것은 자기 색정의 차원을 포함한다. 나르시시즘은 자아 자체가 사랑의 대상으로 부여되는 어떤 중요한——글자 그대로 구조적인——시기를 구성한다. 이 최초의 나르시시즘이 그 다음에는 이 '저수지' 안에 숨긴 리비도를 대상들에게 '양보'하도록 허락한다.

'자기애'의 진정한 활동 영역은 이곳이다. 따라서 우리가 현실적, 즉 무의식적 활동의 범위, 자기애의 범위를 설정하려면 끊임없이 재실행되는 이 괴로운 활동들을 추적해야 한다. 그것은 우리가 자기를 사랑하거나, 더 이상 사랑하지 않거나, 다시 사랑할 수 있다는 단순한

---

1) 폴 로랑 아순, 《메타심리학》, 더 상세한 정보를 원한다면 《프로이트의 메타심리학 입문》을 보라.
2) S. 프로이트, 《나르시시즘 입문》, 이 사건의 의미에 관한 것은 우리의 《정신분석》을 참조하라.
3) S. 프로이트, 《나르시시즘 입문》 1항.

확인에 만족하는 듯한 그런 질문을 해체할 것을 전제로 한다. 이 '숨바꼭질' 놀이에는 나름대로의 (무의식적인) 논리가 있다.

그와 관련하여 **다시 배운다**는 생각 자체에 질문을 던져야 한다. 우리는 타인, 어떤 **선생**으로부터 지식을 습득한다. 그렇다면 나를 사랑하는 법을 배울 때 나는 나 자신의 선생이 되어야 할까? 이렇게 자문하는 것은 터무니없는 짓이 아니다. 나는 **무엇**의 이름으로, **누구**의 이름으로 나를 사랑하는 법을 다시 배울 수 있을까?

따라서 우리는 다음과 같은 자기애의 두 가지 차원, 또는 두 가지 측면에 따라 과정을 좇아야 한다. 그것은 첫번째가 **자기 중심적**인 것이고, 두번째가 타인과 관계 있는 것이다.

사랑의 자기애적 조항

무엇보다 먼저 정신분석은 주체가 자신을 사랑한, 그것도 절대적으로 사랑한 시기가 있으며, 그런 시기가 필요하다는 것을 우리에게 가르쳐 준다. 그것이 나르시시즘이다.

그것은 이기주의가 아니다. 이기주의는 단순한 쾌락적 자기 보존에 속하는 것이다. 또한 그것은 단순히 대상과의 관계보다 앞서는 자기색정증이 아니다. 그것은 **자아의 리비도**, 진정한 **정신적 행위**이다. 프로이트의 말처럼 '이기주의의 리비도적 보완물'이다. 나르시시즘이라는 역사적(선사적) 사건을 통해 자아는 그 자체에게 고유한 사랑의 대상이 된다. 이 나르시시즘은 그것이 거울(**관을 들여다보는 거울**) 속에서 단단해진다는 의미에서 반사성이 있다. 나르시스(나르키소스)는 오비디우스가 쓴 신화시의 주인공으로 이상한 불상사를 겪는다. 누군가에게 홀딱 반하는데…… 그 누군가라는 것이 물에 비친 자신의 모습이었던 것이다.

따라서 오비디우스의 《변형담》에 묘사된 나르시스의 불상사를 다시 읽어볼 필요가 있다. 나르시스는 우선 그가 불러일으키는 여러 가지 욕망에 무관심한 미남자이다. 그는 세상에서 적당한 욕망의 대상을 발견하지 못한 듯하다. 그런데 수면에 몸을 기울인 그가 자신의 그림자를 만나는 사건이 발생한다. "그가 인식한 자신의 아름다운 모습에 홀린 그는 흔들리는 반영에 반해 그림자에 불과한 것을 하나의 사람으로 간주한다. 그는 그 자신 앞에서 도취되어 동상으로 변한다. 그는 자기도 모르는 사이에 그 자신을 갖고 싶어한다. 그는 무엇을 보고 있을까? 그는 그가 누구인지 모르지만 그가 보는 것이 그를 흥분시킨다. 그 그림자, 그것은 그의 모습의 반영이다. 그는 질리지도 않고 그것을 들여다본다."[4]

우리는 거기에서 자기들끼리 서로 입을 맞추는 입술의 이미지(프로이트)를 발견한다. 관찰 중독에 빠진 주체는 끝없이 자기를 관찰하면서도 지치지 않는다.

아무도 사랑하지 않던 나르시스가 결국 자신의 욕망에 불을 붙인 대상을 발견한 것이다. 하지만 그런 '한눈에 반하기'에는 우울한 각성을 하게 되는 고통스러운 순간이 따른다. "너는 나 자신일 뿐이야, 나도 그것을 알았어. 나는 나 자신의 모습에 더 이상 속지 않겠어." 그리하여 사랑 때문에 지친 그는 '시들어 간다.'

나르시스는 자신에 대한 이런 열정적인 사랑에 질겁해 한곳에 뿌리를 박고 자기 자신에 대한 사랑으로 인한 슬픔 때문에 죽은 인물이다.

---

4) 오비디우스, 《변형담》 제3권.

그리하여 거울에 비친 꽃처럼 아름다운 그 자신의 모습도 시들고 만
다…….

'자만심'에서 유래한 장면에 대한 탁월한 묘사는 인간의 행동과 감
정에 끼치는 그것의 끈질긴 영향력을 평가하기에 적합하다.

최초의 나르시시즘

따라서 정신분석에서 나르시시즘은 자신에 대한 경박하고 비난받
아 마땅한 사랑이나 단순한 성적 도착——프로이트 이전의 성과학적
관습 안에서 그런 것처럼——이 아니라 사랑의 조건 자체요, 사랑 본
원의 충동적인 조건인 동시에 사랑의 잠재적인 막다른 골목이다. 타
인을 사랑하기 위해선 나 자신이 나를 사랑해야 하지만——왜냐하면
나는 **나를** 사랑하는 것부터 시작했기 때문이다——그 최초 열정의 사
로잡힘으로부터 벗어나야만 타인이라는 대상에 이를 수 있다.

이 **최초의 나르시시즘**은 현실에 대한 실망, 대상의 요구의 영향으로
굴절될 수는 있지만 그럴 경우엔 **이차적 나르시시즘**으로 유지된다.

따라서 만일 내가 나를 사랑하지 않을 경우, 내가 나를 '충분치 못
하게' 사랑하거나 '불완전하게' 사랑할 경우, 그건 사이비 심리학적
인 사회적 담론들——이 용어는 순수하게 서술적이고 기만적이다
——이 귀에 못이 박히도록 떠드는 것처럼 내게 정체성의 어떤 문제
가 있는 것이 아니라 그 나르시시즘의 뭔가가 손상되었거나 악화되어
서 그런 것이다.

그때는 거울의 혼란이 관계된다. 도덕가가 **자기애**——이 '위선'에
관해서는 라 로슈푸코가 그의 책 《잠언집》에서 실질적인 임상적 의미

를 가지고 자세하게 설명해 놓았다——의 강력함과 음모를 드러내는 것보다 좋은 일은 없다. 자기애는 사실 객체에 대한 사랑 속에 항상 존재하며 감춰져 있다. 하지만 도덕가가 그것을 가지고 가면을 만드는 곳에서 정신분석은 그것의 기능을 묻는다. 성적 도착——프로이트적 의미에서——도 자신의 모습과 동일한 자아 탐색의 막다른 골목을 잘 보여 주고 있는데, 그것은 우리가 다른 곳에서 묘사한《도리안 그레이의 초상》이라는 자기 도취적 영웅담에서 잘 표현되어 있다.[5]

나르시시즘은 열정적 사랑의 형태들 속에서도 타오른다. 우리가 일종의 두 명의 나르시스가 구성하는 거울, '고백하기 어려운 공동체'로 묘사한 '무의식적 커플'이 거기에 속한다.[6]

자아의 이상, 또는 자아에 대한 유아적 사랑

자신의 무의식의 역사성에서 자기애라는 괴로운 체험을 이해하려면 나르시시즘——유아적——이 '성인'에게서는 '자아의 이상(Idealich)' 또는 '이상적 자아(Ichideal)'에 의해 영속되는 반면, 최초의 객체들과의 관계는 주체가 자기 자신의 눈으로 즐기는 **사랑의 측면**을 끊임없이 재는 '초자아'에 의해 정해진다는 것이다. 우리가 지기애의 정도를 결정할 수 있는 것은 이 차원에서이다. 분명한 선언의 차원이나 주체의 의식적 체험의 차원이 아닌 것이다. 나르시시즘론의 한 결정적인 구절은 자기애(Selbstliebe)를 그것의 진정한 의미, 메타심리학적 의

---

5) P. L. 아순, 《성도착자와 여성》, 2판은 1995년에 출간됨.
6) P. L. 아순, 《무의식적 커플. 프로이트의 사랑과 궁정식 이후의 정열》.

미로 설정하게 한다. "현실의 나(das wirkliche Ich)가 유년기에 누린 자기애(die Selbstliebe)는 (성인으로서의) 나의 그러한 이상에 부합한다."[7]

따라서 유년기——나와 사랑의 혼인식을 올리는 시기——에 사랑받은 **현실의 나**가 이상적인 나로 변한다는 것을 이해해야 하며, 그것의 상관적인 결정 기관은 나의 이상이다. 달리 말하면 '나르시시즘은 유아의 [나]처럼 값진 모든 장점을 소유하고 있는 이 새로운 나에게로 이동된 것처럼 보인다.' 이는 달리 표현하면 '인간이 그 앞에서 이상형으로 투사하는 것은 그의 유년기의 잃어버린 나르시시즘의 대용품(Ersatz)으로, 유년기 때 그것은 그 자신의 이상형이었다.'

우리는 '미래화된' 측면에 주목할 것이다. 왜냐하면 그것은 나르시시즘의 투사이기 때문이다. 다시 말해 그것은 행위화하는 방법이다. 마치 그것이 강도 높게 현존하며 미래, 그 자신의 기원을 향해 열려 있다는 듯이.

거기에 자기와의 관계라는 괴로운 체험의 열쇠가 있다. **주체가 자기 자신을 따르는 것이 또 다른 이상적인 자기로부터 출발한다는 것을 안 이상**, 자기애가 더 이상 모순이 아니라는 것을 우리는 이해할 수 있다. 문제는 자기를 사랑하는 데 있는 것이 아니라 **자아의 이상형에 의해 자기를 사랑하게 만드는 것**을 계속하는 것이다. 결국 반한 상태의 주체는 처음에는 '진정한 나'로 유도되는 사랑과 관계가 있다. 모든 은총을 누리다가 결국은 잃고 마는 신화의 나르시시즘, 자기에 대한 완벽한 사랑의 명성은 그것의 '역사 이후' 안에서도 계속해서 영향을 끼치고 있다.

---

7) S. 프로이트, 《나르시시즘 입문》 111절/항.

자기애와 그것의 운명

이렇듯——정확히 정신분석적인 의미에서 나르시시즘이 함축하는 관점의 전복을 입증하기 위해——어떤 주체가 자신을 사랑하지 않는 다는 말을 반복할 때, 설령 그가 실제로 느끼는 그 감정을 고려하는 것이 적합하더라도 그의 말을 곧이곧대로 믿는 것은 잘못일 것이다. 주체가 자신을 미워한다고 말할 때, 그것은 사실 그가 그 자신을 위해 마음에 품고 있었던 유아의 전능한 사랑과의 거리를 슬퍼하는 것임이 확인되고 있다.

물론 그가 느끼는 것은 때로는 가혹하게 느끼는 현실적인 자기 가치의 저하이다——이것은 우리가 나중에 검토할 우울증을 지적하게 하지만 **메타심리학**[8]의 검토에서, 이런 ‘시세 하락’의 불평 뒤에서 드러나는 것은 **슬픔에 잠기긴** 했어도 무시할 수 없을 때가 많은 **나르시시즘적 자만심**이다. 의기소침해진 주체는 **나르시시즘적 전능함**의 이상을 간직하고 있는데, 그 이상에 비해 자신은 비통하게 뒤처졌다고 느낀다.

그리하여 자신을 미워하고 나아가 증오하기에 이르는 것은 그 자신을 지나치게 사랑하기 때문이며, 이건 역설이 아니다——그가 맹렬한 자기 이상화를 간직하고 있다는 것을 이해하자. 이것은 우리를 주체와 그의 ‘이상적인 나’와/또는 그의 ‘나의 이상’과의 관계에 관한 검토로 끌고 들어가는데, 그것은 다른 길, 이타성의 길로 우회함으로

---

8) 나르시시즘 도입의 의미에 관하여, **P. L.** 아순, 《정신분석》, 424쪽 이하를 참조하라.

써만 이루어질 수 있다.

자기와 타인들에 대한 사랑

이때 더 높은 곳을 가리키는 두번째 의견이 등장한다. 자아는 부모의 관계의 범주 안에서 일련의 **동일시**를 통해, **타인들을 중개로 하여**, 또는 전문 용어로 정확하게 표현하자면 **이마고**(어릴 때 이성 부모를 이상화한 이미지)를 **투사함**으로써 자기를 사랑한 것으로 여겨진다.

이것은 하나의 중요한 결과를 낳는다. 즉 (나의) 나에 대한 사랑 안에는 '나의' 타인들에 대한 사랑이 합병되어 있는 것이다.

거기에서 거울의 환상이 나온다. 다시 말해 주체는 외톨이가 되기는커녕 단숨에 타인에게 돌아선다. 그는 타인 안에 적힌 하나의 이름을 갖고 있다——거울 자체의 경험 속에서 타인에게 동의해야 하는 요구, 즉 라캉이 6개월부터 18개월 사이의 유아가 자기 자신의 모습을 보고 몹시 기쁜 마음으로 인사하는 시기에 묘사한 요구를 참조하라.[9] 그때 아이는 '그의 타인들'을 이 사건의 증인으로 삼는 것이며, 이 사건은 자기 자신의 모습에 대한 동의 안에서, 그가 몇 가지 찬성의 몸짓을 구하는 타인에 대한 그런 조숙한 관련의 상징이다. 아이는 태어나 자기 자신과 동일시하기 전부터 예상되고 이름이 불린다.

이제 우리는 어떤 점에서 정체성 심리의 명백함을 믿는 것이 경솔한 일인가를 알게 됐다. 심리는 단숨에 타인에 의해 위성화된다——에로스와 프시케의 이야기가 그것을 잘 설명하고 있다.[10] 유아의 자

---

9) 〈나의 역할의 교육자로서의 거울의 단계〉,《작품집》.

아는 의존 또는 구조적 소외의 맥락 안에 갇혀 있다. 그는 욕구에 맞서 그를 보호해 주고 그 충동을 만족시켜 주는 물질적 타인에 의해 양육된다. 하지만 이제 그는 사랑의 상실에 취약하게 된다. 그런 다음 오이디푸스의 시련을 통해 초자아가 형성되며, 그것은 그를 거세와 대면시키고, 이미지에 타격을 입힌다.

타인에 대한 이런 느낌, 그것이 불안이다.[11] 그것은 비단 자아가 관계의 감정적 망에 의존하기 때문만은 아니다. 그것은 그런 철저한 소외에 의해 튼튼하게 구성된다.

우리의 메타심리학적 장면이 그려진 지금, 그것이 자기애가 극적으로 묘사되는 선택적 순간이라는 것이 밝혀짐에 따라 우리는 그것을 설명할 수 있는 임상적 형태에 호소할 수 있다.

타인의 상실에서 자기 애도로: 우울한 시련

그런 자기애의 이면이 있으니, 그게 바로 우울증일 때 나타나는 일종의 **자기 애도**라 할 수 있는 이미지의 실추이다. 이것은 **자기 고문**에까지 이를 수 있다.[12] 프로이트는 '우울증 환자의 거부할 수 없이 즐거운(genussreiche) 자기 학대'가 잃어버린 물건에 대한 동일시에서 나오는 것으로 묘사하고 있다. 우리는 나르시스의 낭패, '의기양양'과 의기소침 속에서 감각의 이중 운동을 발견한다는 점에 유의해야 한다.

그런데 그런 위기는 우리에게 무엇을 폭로하는가? 그것은 주체가

---

10) 아풀레이우스, 《변신》.
11) P. L. 아순, 《불안에 관한 정신분석학 강의》.
12) S. 프로이트 《애도와 우울증》.

나르시스의 주된 약점과 직면한다는 것이다.

내 안에는 '보다 적은 가치(Minderwertigkeit)'의 느낌이 있다. 아들러가 결정적인 것으로 간주한 '열등감 콤플렉스'를 프로이트는 나르시시즘의 우울한 순간의 탓으로 보고 있다.[13]

가장 강도 높은 자기 가치 저하라는 우울한 체험의 바닥에서 우리는 빛나는 '전능함'의 바닥을 분간하는 것으로 확인되며, 또한 거기서 처참한 이면을 본다.

프로이트는 사실 우울증 속에서 마치 주체가 잃어버린 물건과 함께 '죽기'로 결심했다는 듯 잃어버린 물건에 대한 동일시 현상과 애도의 병리학적 운명을 본다. 당치 않은 '자기 비난' 속에서 '우리는 흔히 또 다른 사람에 대한 동일시를 발견한다.'

따라서 우울증의 고통스러운 시련은 물건에 대한 동일시와 자기애가 결합된 운명을 설명한다.

욕망과 그것의 거울의 조항

이런 파괴 뒤에 남는 것과 그것에게 자신의 충분한 기복을 부여하도록 허락하는 것을 동시에 발견하기 위해 '자신을 사랑하는 법을 다시 배우는' 문제로 돌아가자.

한편으로 그것은 이데올로기의 내포와 상상력의 부담에 의해 부여된 것인 만큼 파괴되어야 했다. 다른 한편으로 그것은 모든 이를 위

---

13) 이 토론의 목적에 관해서는 앞서 인용한 우리의 공저 《정신분석》 254쪽을 참조하라.

한 울림을 확인하는 적절한 기복을 획득했다.

자기에게 만족하지 못하는 주체는 자신의 취향에 맞지 않는다. 직업적 또는 성적 차원에서 충분히 매력적이고 잘생기고 재능이 많고 지적이지 않은 것이다.

그런 불만은 나르시시즘적 토대를 드러낼 수 있다. 우리가 당연히 자기애의 결여로 간주할 수 있는 것——그것의 메타심리학적 깊이에서 고려된——이 사실은 자기애의 과잉, 전능한 위치를 폭로하고 있다. 주체는 지금은 없지만 동시에 극도로 활동적인 자기의 이상화와의 거리를 불만으로 생각하는 만큼 자신에 대해서는 더 심하게 '가치가 저하됐다고' 느낀다. 가치 저하에 관한 임상의학은 우리가 이 원초적 나르시시즘의 향수를 간직하는 불만을 원할 때에만 의미가 있다.

주체는 자신이 '이 세상에 존재하기에는 지나치게 착하다' 고 생각하며, 그것은 그의 막대한 가치가 만성적인 불만과 '손해' 의 양상으로 나타나는 것이 인정되지 않기 때문에 그러하다.[14]

이것은 의기소침한 주체에게 '용기를 돋우어 줄' 미봉책을 행하는 것이 아니다. 사회적 상상력의 어떤 이상은 행동 양식을 일신하고, 자신을 다시 들여다보며, 우리가 타인의 동공 속에서 우리 자신의 반영을 포착하듯이 타인의 시선 속에서 포착하는 자기의 이미지를 개선하는 그런 방향으로 나아간다.

정신분석은 그의 속임수 효과처럼 모든 형태의 정상적 사회 교육에 유달리 과민하다. 그것은 거울의 실험을 통과할 것을 요구하며, 그 실험 끝에서 주체는 자기 자신의 (무의식적) 진실과 만난다. 이것은 사랑 자체에 대한 질문을 제기한다. 사랑도 나르시시즘도 없이, 사랑받는

---

14) P. L. 아순, 《손해와 이상. 외상의 사회적 임상의학을 위하여》.

대상은 주체가 처음에는 자신을 사랑한 그 사랑을 물려받는다. 후에 이타성으로 옮아갈지는 모르지만 자기 자신을 위해 타인을 사랑하는 것, 이 표현에 어떤 의미가 있을까? 그것은 사실 자기애 안에서 타인에게 호소한 것을 되찾는 일이다. 훗날 그것이 (나르시스적) 쾌락에 비해 (타인에 대한) 욕망의 단절을 표현하게 될지도 모르지만.

자기애의 정신분석적 운명

우리와 관계된 관점에서 '정신분석' 안에 무슨 일이 일어나고 있는 가? 그것은 어떤 점에서 자기애에 영향을 미칠까?

주체는 불만·불편·불안·억압 증상들과 함께 분석에 들어간다.

'신경쇠약에 걸린' 주체가 자기를 사랑하지 않는다고 말할 수 있을 까? 물론 어떤 의미에서 그는 자기 가치 저하의 기제 안에 묶인 채 피학적 자아를 모욕하는 가학적 초자아와 싸운다.

하지만 한편으로 그는 자신을 지나치게 사랑하는데, 그런 의미에서 그는 사랑하기가 근본적으로 힘든 사람이다. 이타성에 대한 그의 의 미가 변질된 것이다. 그는 설령 그것이 고통스럽다 해도 증상의 쾌락 을 향한 자기 집중에 의해 무의식적인 즐거운 삶을 영위한다.

한편으로는 이런 **나르시스적 쾌락**의 어떤 것을 **실패하게** 만들어야 하고, 다른 한편으로는——그리고 똑같은 움직임을 통해——자신을 **욕망의 주체**로 인정하는 것이 중요하다. 우리가 그렇게 정의하는 것 은 분석의 궁극적 목적이라기보다는 오히려 그것의 주된 효과들 중 하나라고 보는 것이 옳다.

따라서 나르시시즘은 정신분석을 위한 하나의 죄악이 아니다. 그것은 하나의 식별 조항인 동시에——자기애를 거치는 것 말고 타인과 관계하는 방법은 없다——그가 갈망하는 존재에 관해서는 하나의 '실수'이다.

그것은 "타인에 대한 자신의 욕망 위에서 자기 집중된 쾌락의 이름으로 양보하지 말라"고 한 라캉에 의해 작성된 정신분석의 윤리적 요구를 판독하는 하나의 방법이다. 그것은 주체가 '나'로서, '매수되어' 있는 **병적인 이상화 방식**에서 탈출하게 하는 것이다.

해방은 상상의 세계에서 상징의 세계로의, 그리고 상상의 세계에서 객체에 대한 동일화로의 이행이며, 이것이 욕망의 실질적인 원인이다. 거울의 해체, 타인에 대한 인정, '반동일시'에 의한 객체에 대한 동일시.

요컨대 정신분석의 눈으로 볼 때 비난받아 마땅한 자기애는 오직 욕망의 요구를 감추는 범위 내에서만 존재한다. 설령 자아에 대한 리비도의 집중 없이 그것이 가능하지 않다 해도 욕망은 법과 타인에 맞선다. 자신을 사랑하는 법을 배우는 것, 이 문구는 무의식적인 주체 자체 안에서 자신의 조건을 발견하라는 명령을 표현하는 동시에 은폐한다. 자기애가 존재하던 그곳에서 욕망의 주체는 생겨나야 한다…….

베르나르 베레: 정신분석은 힌두교 사상이 의도히는 의미에서, 다시 말해 존재의 바닥에서 나타나는 것이라는 의미에서 자아를 설명하나?

폴 로랑 아순: 우리 정신분석가들은 항상 주체의 구조 안에서 실제로 일어나는 것으로부터 출발한다. 자아 개념은 융의 생각과 더 가까운 것으로 보인다. 그것은 프로이트의 생각 속에서는 가치를 지니지

못한다.

나르시시즘은 6개월에서 18개월 사이, 즉 아이가 걷기 시작할 때 거울 단계에서 시작된다. 아이는 생전 처음으로 거울 속에서 자신의 모습을 발견한다. 그리고 그 어떤 것이 자기 자신의 모습이라는 것을 확인하고는 몹시 기뻐한다. 그것이 자아의 기초 단계로 그것은 우선 하나의 이미지이다. 모든 어머니들은 어린 인간이 자신을 자신의 모습과 동일시하는 그 감동적인 순간을 잘 알고 있다. 그것이 우리가 자아의 거울상의 차원이라고 부르는 것이다.

자아는 그것 이상을 의미할까? 이 시기에 아이들은 흔히 자신과 함께 있는 사람——대개는 엄마——을 돌아다본다. 타인에게서 참조할 만한 영역에 속하는 어떤 것을 찾는 것이다. 그리하여 자크 라캉은 아이는 자신의 모습——자신의 '작은 타인,' 아이의 자아의 출발점——과 관련이 있는 동시에 타인과도 관련이 있다고 강조했고, 그것이 내게 용기를 주고 있음에 틀림없다. 우리는 상상의 세계라는 개념——자아와의 모든 관계——과 상징적 세계——타인과의 관계——를 재발견한다.

장 폴 게트니: 당신이 보기에 '네 이웃을 너 자신처럼 사랑하라' 는 말이 인간의 조건, 자기애와 타인에 대한 사랑 사이의 변증법적 측면을 요약하는 말처럼 보이나?

폴 로랑 아순: 신자의 모든 관점과는 무관하게 나는 성서라는 위대한 텍스트의 믿을 수 없는 무의식적인 능력이 놀랍다고 생각한다. 내 이웃을 나 자신처럼 사랑하는 것은 타인이 나로 변하게 하고 나와 합체되게 하는 것이다. 기독교의 종교적 텍스트는 그런 이웃 사랑이 가

능하기를 바란다. 우리 정신분석가들은 그것의 실현이 어렵다는 점을
민감하게 받아들이고 그보다는 오히려 타인에게서 바라는 관계의 진
실, 그리고 모든 분쟁성과 양면성을 내포한 '객체에 대한 사랑'에 주
의를 기울이고 있다.

자아는 가증스러운 것인가?

장 폴 게트니

'자기 자신을 사랑하는 법을 배울 수 있을까?' 짐짓 단순하게 보이는 이런 언표 앞에서는 말을 신중하게 고르고, 그 질문의 목적을 더 잘 파악하는 것이 좋다. 나는 마지막 단어인 '자기 자신'에서부터 시작하겠다. 그것은 서양 문명의 핵심적 개념인 **나, 자아**(ego) 개념의 획득을 전제로 한다. 그것은 성서, 그리스 철학, 로마의 법학이 제 몫을 차지하고 있는 어떤 길고 복잡한 역사의 산물이다. 다른 종교들과 달리 아브라함으로부터 시작된 일신교의 하느님은 '나'라고 말한다.

오늘날 에고의 중시는 발전한 우리 사회에서 정점에 올라 있다. 행복과 성숙, 개인적 성취, 자아 실현 같은 개념들이 익숙해졌다. 어떤 이들은 '나르시스적 표류'를 논하거나 '에고 숭배'를 비난한다. 하지만 2000년의 노벨 문학상 수상자로 서구 문화를 찬양한 가오싱젠〔高行健〕을 만나는 것은 호기심을 자극하는 일이다. 왜냐하면 (서구 문화 속에서) 인간은 항상 한가운데에 있기 때문이다. "인간이 자연, 권력, 특히 정치 권력의 특권에서 상당히 등한시되는"[1] 중국 문화에서는 사정이 매우 다르다고 그는 밝히고 있다.

---

1) 〈종교 뉴스〉 33호, 2000년 12월호.

서구, 그것도 기독교 환경에서 태어난 내게 에고의 개념은 물론 많은 의미를 담고 있다. 하지만 만일 불교도로 태어났다면 나는 그것을 허망한 것으로 평가했을 것이다. 어떤 학파들에게 우리가 자아라고 부르는 것은 수많은 '집합체'의 결합의 산물이다. 그것은 '조건지어진다.' 다시 말해 그것들 밖에서는 존재하지 않는다. 그런 관점에서 **자기 자신을 사랑하는 것**은 무지에 빠지는 것이다. 게다가 불교에서는 **집착하지 않을 것**을 권하고 있다. 아닌 게 아니라 집착은 욕망을 유지하게 하는데, 그 욕망 자체가 고통의 기원에 있다.

그러므로 우리의 문제는 문화적인 것이라 할 수 있다. 다시 말해 우리의 문제는 우리의 문화 영역 안에서만 의미가 있다. 그럼에도 불구하고 나는 끊임없이 나를 놀라게 하는 어떤 역설을 지적하겠다. 오늘날 서구인들은 그들의 에고를 성숙시켜 줄 방법들을 불교 쪽에서 찾고 있는 반면, 불교의 영적 실천에서는 자아를 버리도록 권유하고 있다.

이번에도 역시 끝에서 출발하여 찾은 두번째 표현은 '자기를 사랑하는' 것이다. 이 표현은 만일 우리에게 자기를 존중하는 마음이 없고, 우리가 자신의 어떤 가치를 인정하지 못하면 삶이 불확실해진다는 하나의 명백한 진실을 확인하는 것처럼 보인다. 거기에 '정상적인 나르시시즘,' 즉 우리의 '자기 보존'[2]에 필요한 정신 건강의 신호가 있다. 그것을 인정한 일부 심리학자들은 더 멀리 나아간다. 그들은 '긍정적 환상,' '자아에 대한 과대평가'의 역할을 강조한다. '전적으로 현실주의적인 개인들은 약간은 우울증이 있는' 듯이 보일지 모른다.[3] 요컨대

---

2) 장 피에르 마이다니 제라르 《광신의 거울들. 교조주의, 나르시시즘, 그리고 이타성》.
3) 〈심리학 잡지〉(199호, 2001년)에 실린 이자벨 토브의 말.

지나친 명철함은 해가 될 수 있다.

'자기 자신을 사랑하라'는 문구는 성서를 읽는 사람에게만 말할 수 있다. 만일 기독교인이라면, 그는 이를테면 〈마가복음〉 12장(또는 공관복음서 안에 있는 대응 구절들)을 조회할 것이다. 한 율법사 또는 율법 전문가가 '가장 위대한 계율'에 관해 예수에게 묻는다. 예수는 두 가지를 진술하지만 사실 그는 거기에 동일한 가치를 부여하고 있다. '온 마음을 다하여 주님이신 너의 하느님을 사랑하라……'(30절)와 '네 이웃을 너 자신처럼 사랑하라'(31절)는 것이 그것이다. 그리스어로 사랑을 표현하는 말은 여러 가지가 있다. 이 경우에는 **아가페인** (agapein)이라는 동사가 사용된다. 이 말은 정욕과 소유의 사랑과는 대조적으로 자애롭고 헌신적인 사랑을 가리킨다.

만일 하느님에 대한 사랑과 이웃에 대한 사랑이 가르침의 대상이라면, 예수는 '너 자신을 사랑하라'고 말하지 않을 것이다. 그는 자기애가 자명한 사실의 영역에 속한다고 생각했을 테니까. 자기 자신을 사랑하는 것은 결국 삶을 사랑하는 것으로 귀착된다. 성서의 관점에서 그것은 하느님, '살아 계신 분'으로 정의된 그분 자신의 선물에 예, **아멘**이라고 하는 것이다. 말하자면 자기애는 창조주에게 바치는 경의이다.

하지만 만일 그것이 사실이라면 파스칼의 유명한 문장 '자아는 가증스러운 것이다'를 어떻게 이해해야 할까? 또는 《천국》 제14권에서 성 아우구스티누스에 의해 작성된 반대 명제, 즉 "두 개의 사랑은 두 개의 천국을 지었다. 하느님을 무시할 정도에까지 이른 자기애는 지상의 천국을, 자아를 무시할 정도에까지 이른 하느님 사랑은 하늘의 천국을 지었다"라는 말을 어떻게 이해해야 할까? 그런 주장들은 니체의 비판을 받지 않을까? 이 철학자는 예수의 가르침이 '즐거운 메시지'라고 썼다. 하지만 교회는 '자살의 한 형태,' '자기 자신을 죽이는 것'이라 할 수 있는 '금욕주의적 이상'을 약속했다.[4]

사실 무척 수사학적인 아우구스티누스의 표현은 해석하기가 애매하다. 두 개의 다른 표현은 기독교 역사에서 호의적인 운명을 경험했다. 우선 '자기 포기'는 중심에서 벗어나는 기술, 에고와 거리두는 기술을 가리키는 말이다. 그 다음 "하느님과 본질이 같은 분이셨지만 (…) 오히려 당신의 것을 다 내어 놓고 종의 신분을 취하시고 (…) 당신 자신을 낮추셔서 죽을 때까지 순종하셨다"(사도 바울의 〈필립비인들에게 보낸 편지〉[빌립보서], 2장 6-8절)에서 '자아의 선물.' 상황을 소개하는 이 두 가지 방법은 존재하기 위해서는 떠나거나 사라져야 한다는 공통된 가정에 기대고 있다. 실현은 자기 상실과 '도취,' 자아의 탈출 속에 존재한다. 그런 의미에서 파스칼의 말투를 빌려 '자신을 사랑하는 것'과 '자신을 증오하는 것'은 언뜻 보기보다는 덜 이율배반적이다.

니체는 어떤 옳은 것을 알아맞혔다. 특히 그의 시대에 삶에 대한 사랑은 명백한 기독교적 특징으로 인정되지 않았다. 시대가 많이 바뀌었다. 요즘은 나사렛 예언자의 많은 제자들이 대다수 사람들과 마찬가지로 성숙에 목말라 하고 있다. 그들도 그리스의 철학자 플로티노스의 '그들 자신의 동상을 조각한다'는 말을 잘 이해하고 있다. 최근 어떤 잡지 표지에 이런 질문이 실렸다. '믿는 행위가 사는 데 도움이 되나?'[5] 대표적인 변화이다! 게다가 거기에는 애매한 것도 없다. 오로지 개인의 이득과 관련된 표현으로 신앙을 언급하는 것이 정당할까?

---

4) 《즐거운 지식》을 보라.
5) 〈심리학 잡지〉 203호, 2001년 12월호.

우리는 '자기 자신을 사랑한다'는 말이 내가 최소한의 것을 말하는 바임을 확인했다. 그렇다면 이 책의 제목처럼 '자기 자신을 사랑하는 법을 배울 수 있을까? 다시 말해 자기애는 본능, 생존 본능에 속하는 것일까? 아니면 학습의 대상일까? 오늘날 우리가 일반적인 사랑에 관해 말할 때, 그것은 사랑의 급격함을 환기하기 위함이다. 갑자기 주체의 의지와 무관하게 어떤 일이 벌어지고——'열정'이란 단어가 그것을 잘 표현해 주고 있다——그의 인생이 전복된다. 하지만 사랑에 빠진 사람들은 그 사랑이 얼마나 천천히 진행되는지를, 그리고 매일의 건축의 결실이라는 것을 잘 알고 있다.

미셸 푸코의 말처럼 '자기 염려'[6]는 '영혼의 수련'(쿨투라 아니미) 없이는 성립되지 않는다. '영혼의 수련'은 내가 키케로로부터 빌려 온 표현이다. 고대 철학의 이상은 '너 자신을 알면 세상을 알게 될 것이다'였다. 클로델의 표현처럼 '자기 자신으로 태어난다는' 의미에서 그것을 '알려고' 해야 한다. 그리고 자기 자신으로 태어나기 위해 진정한 '정신적 지도자들'[7]인 그리스 철학자들은 온갖 '훈련'을 추천했다. 종교 아닌 철학의 지위를 요구한 기독교가 그것들을 책임졌다.[8]

쇠퇴기가 끝나고, 이 '훈련들'이 다시 시류를 타고 있다. 이를테면 지난 1960년대에 미국에서 나타난 '개인적 발전'의 세력권은 일련의 방법들을 낳았는데, 그 중 일부는 에고를 성숙시키는 것을 목표로 하고 있다. 그것을 이를테면 '자기 자신에 관한 생각의 힘을 증대시키는 것,' 다시 말해 개인에게서 '일상의 삶 속에서 개척되지 않은 측면들'을 개발하거나, 또는 '인간 관계를 효과적으로 관리하는'[9] 것이라

---

6) 이것은 그의 저서 《성의 역사》 제3권의 제목이다.
7) 피에르 아도가 그것을 잘 증명했다.
8) 《삶의 방식으로서의 철학》, 자닌 카를리에와 아놀드 T. 데이비드슨의 대담.

고 철학자 미셸 라크루아는 설명하고 있다. 그것의 합법적인 측면이야 어찌됐건, 이런 형태의 방식은 깊이 있는 질문들을 제기하고 위험을 야기한다. 라크루아의 말에 따르면, 그것은 애타주의적이고 정치적인 차원을 희생시켜서 '내면으로 후퇴하는' 위험이고, 주체가 자기 자신과 환경에 대한 전적인 통제에 이를 수 있다고 간주되는 '정신적 프로메테우스주의'의 위험이며, 삶의 비극적 차원을 상실할 위험이다.

나는 플로티노스의 은유를 기억해야 한다고 생각한다. "자기 자신의 동상을 조각하다." 이 말은 '자기 자신을 사랑하는' 하나의 방법이다. 하지만 자신을 조각하는 것은 그 자신을 비우고, 자신의 이유를 없애는 것이며, 덜어내기 작업을 시행하는 것이다. 그것 없이 진정한 자유는 없다.

---

9) 《개인의 발전》.

질문과 대답

█ 이웃을 위한 사랑, 자기 자신을 위한 사랑, 그리고 하느님을 위한 사랑 사이에 경쟁이 있을까?

폴 로랑 아순: 타인과의 관계는 어떻게 생기는가? 우리는 아이 때부터 이미 상당히 강한 이타성의 감정을 갖고 있다. 프로이트에 의하면 하느님의 이미지는 아버지의 이미지가 변모된 것이라 했다. 다른 의미에서도 자문해 보아야 한다. 그것은 종교적 담론 속에 항상 등장하는 아버지의 은유에 의해 존재하는 것이 아닐까?

자기애와 함께 영원히 머무는 것은 인간의 욕망 때문에 불가능한데, 왜냐하면 타인을 향한 욕망도 있기 때문이다. 모든 오이디푸스 콤플렉스는 인간 욕망의 주요 차원이다.

그런 관점에서 자기애는 타인에 대한 사랑 속에 묶여 있다. 그런데 이웃에 대한 사랑은 타인이 자기 자신을 위해 사랑받는 사람이 되는 어떤 강렬한 순간을 말한다. 그것은 갑자기 자기애와 하느님에 대한 사랑 사이에 도입된 하나의 목표가 된다. 이웃을 위한 사랑을 지탱해 주는 것이 하느님을 위한 사랑일까, 아니면 이웃 사랑의 자율성이 존재하는 것일까? 정신분석이 정신적 보증의 상표를 붙여 줄 순 없다. 그것은 정신분석의 목표가 아니다. 하지만 정신분석은 타인과의 관계의 어떤 차원이 무의식 속에서 하나의 갈망이라는 것을 증언할 수 있다.

■ 자기 자신을 증오하는 사람에게 당신은 무슨 말을 해주고 싶은 가?

장 폴 게트니: 나는 그에게 그 자신과 자신의 불행을 지나치게 중시한다고 말해 주고 싶다. 예수는 내일 일을 걱정하지 말고, 지나친 욕망이나 지나친 후회 등으로 정신을 어지럽게 하지 말라고 하였다.

조금 전에 폴 로랑 아순은 정신분석에서 환자의 불평을 언급했다. 여기에서도 역시 내가 의미하는 것은 그런 불평이다. 하지만 불평을 늘어놓고 끊임없이 그곳을 드나드는 것이 그를 해방시켜 줄까? 그보다는 불평을 길가에 버려야 하지 않을까? 《불평의 끝》의 저자인 정신분석가 프랑수아 루스탕은 불평을 그토록 중시하기보다는 삶에 몰두해야 한다고 말하고 있다.

인생의 한 시기에 나는 정신분석에 마음이 끌리기도 했지만, 그때 나는 정신분석에 집중된 채로는 더 이상 살 수 없다는 것을 깨달았다.

폴 로랑 아순: 우리가 제기하는 문제들을 '다루는 법을 알게 되면' 그때부터 정신분석가의 상담실에 갈 필요가 없게 된다. 피상담자는 더 이상 '어떻게 해야 할지' 알 수 없게 될 때, 불안이 너무 크고 미칠 것만 같은 느낌이 들 때에만 분석가에게 간다.

어떤 경우에도 정신분석가는 불평에 찬성할 수 없다. 그는 동정적인 태도를 취하지 않으며 손해를 과장해서 말하지 않는데, 그것이 희생자의 느낌을 더 강화하는 듯하다. 반대로 그는 고통을 들어 주며, 말하는 피상담자가 그것과 대면시킨다. 만일 그가 고통을 승화시킬 수 있다면 다행이다! 하지만 우리에게 증상이 부정적이기만 한 것은 아니다. 불안이 기분 좋은 것은 아니지만, 그것은 자신의 (억압된) 진실의 어떤 것과 대면하게 해준다. 때로는 자기애로 돌아가는 것이 진실의 시험인 불안을 거치기도 한다.

■ 자존심은 무엇이며, 자기애와 다른 점은 무엇인가?

장 폴 게트니: 요즘의 언어 속에서 '자존심' 이란 말은 그 뜻이 애매하다. '자존심 때문에 말썽을 부린다' 라는 말은 그가 타협하지 않는 것을 의미하는 것일 수도 있고, 조금 고집 센 방식으로 자신의 개성을 주장하는 것일 수도 있다. 그 말은 좀더 긍정적인 의미를 지닐 수도 있는데, 내가 이런저런 점에 대해 타협할 경우 나는 나 자신에 대하여 체면이 손상되었다고 평가할 수도 있다.

이렇듯 에고의 이상 발달로부터 나오는 자존심도 있을 것이고, 자신의 신념에 대한 건전한 충성심에서 나오는 자존심도 있을 것이다. 로베르 뮈질은 타인을 '나의 자존심' 이라 부르는 이를 매우 아름답고 깊이 있는 사람으로 보고 있다.

■ 종교적 참회 안에서 자기애를 이해하는 방식에 차이가 있을까?

알랭 우지오: 신교도들은 자기애를 별로 좋아하지 않는다. 신교에는 수도사도 고행도 없고, 자기 혐오는 더더욱 없지만, 자기 자신에 관한 관심은 부적당하고 나쁜 취향처럼 여겨진다. 루터는 죄는 자기 자신에게로 구부러지는 것이라고 말했다. 따라서 자기에 대한 사랑은 일종의 '죄' 로 여겨질 수 있다.

그렇지만 신교도들에게도 영성신학에 가까운 일종의 경건주의는 있다. 거기서는 모든 사람이 높은 곳의 공기를 들이마시는 듯하고, 자아는 높은 곳을 향한 기도의 움직임을 따른다.

폴 로랑 아순: 유대교의 특징은 주체의 모든 입장보다 앞서는 무조건적인 신의 명령(mitsvath)이 있다는 사실이다. 기독교에는 그래도 주체가 하느님으로부터 자신의 구원을 기다린다는 생각이 있지만, 유대교에서는 우선 율법을 지켜야 한다. 따라서 거기에는 절대적인 이타성이 있다.

율법의 이름으로 포기하는 문제가 존재하기는 하지만 거기에는 금욕도, 수도사의 전통도 없다. 한편 자기애는 산 사람에게는 정당한 것이다. 자신을 하느님의 피조물로 간주하는 것, 지상의 양식을 누리는 것은 당연히 율법을 통해 하느님에게 협조하는 것을 반영한다. 한편 그가 가진 무조건적인 것 안에서 신의 명령은 일체의 인간적 고려보다 앞선다.

장 폴 게트니: 이런 현대의 자기애 문화 속에서 신교도가 불편한 것은 신교의 전통이 무상성을 강조하기 때문이다. 반면 구교는 행위와 본성을 더 중시하고 있다. 그래서 문제가 복잡해지는데, 그 이유는 신교는 신자의 의식을 구원에 대한 강박관념으로부터 해방시킴으로써 지상의 현실과 인생의 행복에 어떤 면에서 동의하는 반면, 구교는 고해와 고행을 지나치게 강조하기 때문이다.

이슬람교로 말하면 모든 점에서 하느님에게 복종해야 한다는 생각에서 자기 자신에 대한 주체의 지나친 염려는 신앙에 부합하는 것으로 판단되지 못하는 듯하다.

알랭 우지오: 신교도에 관련해 나는 금욕에 관한 생각, 고행에 관한 생각에 반대하고 싶은데 그 둘은 다른 것이다. 금욕이 자신에게 노동을

부과하는 것이라면, 고행은 자신에게 무관심한 것이다. 거기에는 염려하지 않는 정신이 있고, 사람들은 무상으로 일을 한다.

인간의 본성을 향한 관심을 둘러싼 감수성에는 근본적인 차이가 있다. 구교는 인간의 본성이 선하다고 생각한다. 그래서 성 토마스 아퀴나스는 우리의 본성——우리의 심리라고도 말할 수 있을 것이다——은 당연히 선하고, 하느님을 향한다고 생각했다. 신교에서는 반대로 인간의 본성은 이기주의·죄 등을 지향한다고 보고 있다. 그래서 신교도는 자신에 관해 자신에게 말할 때 이 모든 것을 주머니 속에 넣고, 그 위에는 손수건을 덮어 놓고 그에 관해서는 말하지 않는 것이다! 그건 하나의 양식이다. "똑바로 서서 똑바로 걸어라, 그리고 너의 기분을 고려하지 말라."

베르나르 베레: 나는 입장을 정하기가 어렵다. 왜냐하면 내가 나를 더 이상 엄격한 의미에서의 기독교도로 인정하지 않는다고 해서 이슬람교도나 불교도가 되는 것은 아니기 때문이다. 만일 내가 종교적인 철학가에 가깝다면 그것은 아마 도교가 될 것이다. 하지만 그렇다고 '나는 도교 신자이다!' 라고 말한다면 거기에는 오만이 있을 것이다. 《도덕경》에서는 우리가 실제로 말할 수 있는 도는 진정한 도가 아니라고 하였다. 따라서 누구도 진정한 도교 신자가 아니다!

나는 두 개의 사실 사이에서 균형잡힌 입장의 윤곽을 잡고 싶다.

1) 우리는 시공 속에 구현된 역사적인 존재이다. 나는 그것을 하나의 순수한 환상으로 간주하지 않는다. 우리의 정체성은 변하며, 삶은 우리의 모든 경험으로 인해 풍부해진다.

2) 나는 또 우리의 삶에는 역사와 함께 가는, 다시 말해 시공 밑에 깔린 차원이 존재한다고 생각한다. 힌두교도들이 자아라고 부르는 현실

의 바닥의 바닥, 거기에는 아마 의식, 존재하는 것의 모든 가능성으로
가득 찬 공백이 있을 것이라고 나는 상상한다.

따라서 행복한 삶——게다가 행복이 주어졌다고 할 때——은 연속
적인 작은 균형의 상실들을 통해 균형을 잡을 줄 알게 되는 것이고, 타
인들에게 개방되고 인간의 사회와 역사에 현존하되 우리가 경험하는
것의 비시간적이고 비공간적인 그런 차원에 항상 관심을 기울이는 행
위이다. 정말로 완성된 인간은 자신의 역사적 차원과 초역사적 차원을
변화시킨다.

결 론

알랭 우지오

이 책의 결론으로 우리는 이 글모음의 이전 발언들의 뒤를 잇는 일종의 '처세술 소론'을 제안하고자 한다. 하지만 여기서 거론하는 **처세술**(savoir-vivre)은 예의·예절과는 아무런 상관이 없다.[1] 게다가 원래 처세술은 삶을 잘 경영하는 기술을 의미한다. 이 책의 제목을 인용하자면 그것은 **행복해지는 법을 배우는 기술**이다.

내가 설명하고자 하는 것은 자신의 삶을 잘 영위하기 위해서는 '다음과 같은 세 가지가 남는다'는 것이다. 세 가지란 신뢰, 태평함, 그리고 무상의 관점이다.

우리는 물론 이 발언에서 사도 바울의 말씀(《고린도인들에게 보낸 편지》 I, 13장 14절)에 대한 일종의 표절을 발견할 수 있다. "그러므로 믿음·소망·사랑(애덕), 이 세 가지는 언제까지나 남아 있을 것입니다." 그리고 사도 바울은 이렇게 덧붙인다. "그 세 가지 중에서 가장 위대한 것은 사랑입니다."

믿음·소망·사랑은 우리가 세 가지 대신덕이라고 부르는 것이다.

---

1) 처세술을 뜻하는 savoir-vivre라는 단어에는 예절이란 뜻도 있다. 〔역주〕

그리고 나는 신뢰, 태평함, 무상의 관점이 '인류에 관한' 세 가지 덕
이라고 생각한다. 이것은 세속적이고, 종교와 무관한 미덕들이다. 그
리고 우리에게 행복해지는 법을 가르쳐 주는 것이 이 세 가지 태도요,
세 가지 미덕이다. 그리고 이 세속적이고 종교와 무관한 미덕들은 사
실 심리학 영역에서, 그리고 아마 윤리학 영역에서 찾은 사도 바울의
세 가지 대신덕의 유사물이라 할 수 있다.

따라서 행복해지는 법을 배우려면 우선 자신에 대한 신뢰감을 느껴
야 하고, 그 다음엔 걱정하지 말고 약간은 무람없는 태도를 지녀야
하며, 마지막으로 무료, '거저'라는 느낌을 가져야 한다.

신뢰 속에 있는 것

따라서 행복을 갖게 하는 세 가지 태도 중 첫번째는 신뢰, 또는 신
뢰 속에 있는 행위이다.

신뢰 속에 있는 것은 안전한 것이고, 자신이 안전하다는 것을 아는
것이다. 그리고 나는 이 신뢰 속에 있는 느낌이 세 가지 신덕 가운데
첫번째 것인 하느님에 대한 믿음의 비종교적 유사물이라고 생각한다.

게다가 철학자 비트겐슈타인은 하느님에 대한 믿음을 신뢰 속에 있
는 느낌으로 정의했다.

신앙에 대한 그런 정의에 사람들은 놀랄지 모른다.

하지만 사람들이 생각하는 것과 달리 신앙은 하느님이 존재한다고
믿는 것이 아니다. 그리고 하느님을 신뢰하는 행위도 아니다. 그것은
우선 스스로 신뢰 속에 있다고 느끼는 행위이다. 왜냐하면 '모든 것
이 하느님의 손안에 있기' 때문이다.

하느님은 그 정도로까지 우리가 신뢰하는 분이 아니다. 그분은 오히려 우리에게 신뢰감을 불어넣는 분이다. 그분 덕에 우리는 신뢰 속에 있는 것이다.

예수가 제자들에게 믿음을 가지라고 하는 것은, 신뢰 속에 있으라는 의미에서이지 하느님이 존재한다는 것을 믿으라는 의미가 아니다. 이것은 특히 풍랑이 가라앉는 이야기(〈마태복음〉, 8장 23-27절 참고)와 그가 베드로를 불러 물 위를 걸으라고 한 이야기(〈마태복음〉, 14장 24-36절) 속에서 확연하게 드러난다. 그는 제자들에게 안심하고 겁내지 말라 하고, 자신이 안전하다는 것을 느끼라고 말한다. 그리고 그는 그것을 믿음이라 부른다.

민음을 가진 사람들, 즉 신뢰 속에 있는 느낌을 가진 사람들에게 세상은 일종의 요람으로 인식된다.[2] 아이는 요람에서 안전하다고 느낀다. 아이는 요람에서 움직일 수 있고, 꿈꿀 수 있으며, 심지어는 악몽을 꿀 수도 있다. 그럼에도 불구하고 아이는 안전하다고 느끼며, 신뢰 속에 있다고 느낀다.

따라서 믿음이란 우리가 경험하는 안전하다는 느낌, 신뢰감이다. 왜냐하면 우리는 '모든 것이 하느님의 손안에 있다'는 것을 알고 있기 때문이다. 우리의 일생은 일종의 요람 속에서 전개되며, 그 요람은 하느님의 손으로 만들어진 것이다. 이것이 우리에게 이런 안전, 이런 확신, 이런 신뢰, 이런 신앙을 주는 것이다.

그리고 신뢰 속에 있다는 이 느낌이 나에게는 삶에서 기본적이고

---

2) 비트겐슈타인에 의하면 신앙은 세상이 하느님에 의해 창조되었다는 것을 아는 행위라 했다.

기초적인 것으로 여겨진다. 그래서 나는 그것을 행복의 첫번째 형태로 간주하고 있다.

한편 이 표현의 흔한 의미에서 신앙을 갖는 것은 우리가 신뢰 속에 있다는 것을 의미하지만, 누구 또는 무엇을 신뢰한다는 것인지, 왜 신뢰하는 것인지 반드시 아는 것은 아니다. 우리는 신뢰한다, 그걸로 끝인 것이다. 우리는 육체에 대해 강한 신뢰를 갖고 있다. 우리는 안심하고 있다. 우리는 편안하며 걱정하지 않는다. 신앙(다시 말해 신뢰하고 있고 신뢰 속에 있다는 느낌)은 의혹이나 불신과 대립하는 것이 아니라, 오히려 두려움과 대립한다.

하느님을 믿는 사람은, 이를테면 '나는 모든 것이 하느님의 손안에 있기 때문에 신뢰해' 라고 말하면서 그런 신뢰감의 근거를 댈 것이다. 하지만 하느님을 믿지 않는 사람은 그저 '나는 내가 신뢰 속에 있다고 느껴. 나 자신 안에서 내가 씩씩하게 느껴지고 확실하게 느껴져' 라고 말할 것이다.

그래서 우리는 여기서 한 가지를 구별해야 한다. 우리는 두 가지 다른 이유에서 자신이 신뢰 속에 있다고 느낄 수 있다. 우리는 **안전할** 때 신뢰 속에 있다고 느낄 수 있다. 또 우리는 **확신** 속에 있을 때 자신이 신뢰 속에 있다고 느낄 수 있다.

안전과 확신의 차이는 무엇인가?

안전하다는 느낌은 자아 밖의 어떤 요인에서 온다. 이를테면 우리는 옷·집·돈 등을 갖고 있어서 안전하다고 느낀다.

반대로 확신 속에 있다는 것은 자기 자신에서 기인한다. 이 느낌은 내부적이다. 이것은 육체에 단단히 뿌리내린 내부의 힘에 빚지고 있다.

안전하다는 느낌은 **소유**의 영역에 속한다. 반면 확신감은 **존재**의 영역에 속한다.

이 확신감은 자신을 믿는 행위가 아니며, 어떤 것에 대해 신뢰감을 갖는 것은 더욱 아니다. 이것은 자신 안에서 확고부동한 행위이다. 이 것은 자신 안에서 균형을 잡고, 나아가 충격을 견딜 수 있는 힘을 갖는 행위이다. 그리고 무슨 일이 닥쳐도 우리가 행복할 수 있게 해주는 것도 이 느낌이다.

하지만 한 가지 의문이 생긴다. 이런 느낌도 배울 수 있을까? 이 느낌을 촉진해서, 이를테면 자신의 아이들에게 이런 느낌을 불러일으킬 수 있을까?

이런 느낌이 상당 부분 우리가 어린 시절부터 부모로부터 받아 온 것에 기인한다는 것은 확실한 일이다.

아이는 부모의 존재로 인해 안심할 수 있다. 그는 자신이 신뢰 속에 있다고 느낀다. 그리고 만일 부모가 안도감을 갖게 해주면, 그는 자기 안에서 '육체에 튼튼히 뿌리를 내린' 일종의 자연스런 신뢰가 자라는 것을 느끼게 될 것이다. 그리고 이 신뢰는 평생 동안, 심지어 그의 부모, 특히 그의 아버지가 죽은 뒤에도 그와 함께 갈 것이다. 아버지가 떠나도, 아버지가 죽어도 어른이 된 아이는 자기 안에 '안전하다'는 이 느낌을 간직한다.

부모의 역할은 자식들에게 **안전**을 제공하는 것이다. 하지만 그보다 더 큰 부모의 역할은 자식들에게 **확신**을 심어 주는 것이다. 그리고 그 것은 금기와 경계를 늘어놓음으로써 이루어지는 것이 아니라 아주 어릴 때부터 아이들의 독립성과 개인적인 자발성을 키워 줌으로써 이루어지는 것이다. 그것은 아이를 신뢰하고, 아이에게 '나는 확신하고 네

게 약속할 수 있어. 너는 혼자서도 헤쳐 나갈 수 있을 거야'라고 말해 줌으로써 이루어진다.

하지만 그런 느낌은 성인의 나이에도 확고해지고 발전하며 강화될 수 있다.

그것은 타인들, 삶, 그리고 하느님(왜 아니겠는가)을 신뢰하는 사실에 의해서도 강화된다. 신뢰받을 만한 사람들과 함께 산다는 사실이 여러분에게 조금씩 타인들을 믿는 법, 그리고 자기 자신에 대한 신뢰 속에 사는 법을 가르쳐 준다.

그리고 신뢰 속에 있다는 사실은 타인들이 당신을 신뢰한다는 사실에 의해서도 강화된다. 우리는 타인들이 우리를 신뢰할 때 **신뢰 속**에 있다고, 다시 말해 안전하다고 느낀다.

나는 이것을 분명하게 보여 주는 어떤 교육적 실험의 증인이다.

한 학교에서 선생님이 한 반의 아이들을 동등한 학력 수준의 세 집단으로 나누었다. 그리고 20일 동안 선생님은 이 학생들에게 같은 숙제를 내주었다. 하루 일과가 끝나면 선생님은 숙제를 걷어 학생들 앞에서 그것들을 재빨리 훑어보았다. 그리고는 각각의 집단에 대해 선생님은 다른 태도를 취하였는데, 첫번째 집단의 학생들에게는 철저히 꾸지람만 하고, 두번째 집단의 학생들에게는 철저히 칭찬만 했다. 그리고 세번째 집단 학생들의 숙제는 아무런 논평 없이 걷었다.

그 결과 선생님은 두번째 집단(격려받은 학생 집단) 학생들의 숙제 수준이 꾸준히 향상되었음을 확인할 수 있었다. 반대로 첫번째 집단(질책받은 학생 집단) 학생들의 숙제 수준은 둘째 날과 셋째 날에는 조금 상승하더니, 그 다음에는 빠른 속도로 하강했다. 그리고 세번째 집단(무관심하게 대한 학생 집단) 학생들의 숙제 수준은 천천히 하강했다.

태평함

　그 다음 행복해지기 위해서는 **태평한 태도**로 인생을 바라보는 것이 중요하다고 나는 생각한다.

　그리고 나는 이 '태평함'을 두번째 신덕, 즉 소망과 결부시키고 싶다.

　왜 나는 태평함을 소망과 결합시키는 것일까? 이것은 사람들을 놀라게 할 수 있고, 심지어 약간의 빈축을 살 수도 있다. 왜냐하면 겉으로 보기에 태평함은 미덕이 아니기 때문이다.

　하지만 우선 성서에 나오고, 사도 바울이 말하는 의미에서의 **소망**이란 무엇일까?

　우리는 흔히 소망과 희망을 혼동한다. 하지만 이 둘은 절대 같은 것이 아니다.

　희망은 우리가 바라는 뭔가에 대한 것이다. 그리고 이 욕망은 분명한 어떤 것을 목표로 한다. 이를테면 '나는 경주에서 이기기를 희망한다'고 말할 수 있다.

　반대로 소망은 분명한 어떤 것을 목표로 하지 않는다. 그것은 분명한 또는 특별한 어떤 것에 대한 욕망과 결부되어 있지 않다.

　소망은 미래가 어떻건간에 그것에 대해 믿음을 갖는 긍정적인 마음가짐이다. 그것은 일종의 내일에 대한 개방이다. 소망은 일어나는 일에 대한 일종의 유연함이다.

　이런 유연함은 이를테면 누군가 마리아에게 예상치 못한 임신을 하게 될 거라고 예고했을 때 그녀가 보인 태도이다. 이런 유연함은 설령 우리가 그것을 원하지도 바라지도 않았더라도 일어나는 일을 받아들일 수 있는 능력이다.

소망이 무엇인가를 보여 줄 수 있는 또 다른 예를 들어 보자. 전에 나의 미래를 걱정하던 어떤 시기에 만난 한 늙은 목사는 우리의 회담이 끝날 무렵 내게 이렇게 말했다. "자네도 알겠지만 무슨 일이 있어도 찌는 띄워야 하네." 그 말은 항상 내 마음속에 남아 있는데 나는 그 말이 유연함, 그리고 미래와 현재에 대한 태평함으로서의 소망의 특징을 잘 나타내고 있다고 생각한다. 물의 흐름, 역흐름, 폭포, 도약이 어떻든 그에 상관없이 찌는 계속 떠 있을 것이다. '어쨌든 찌는 떠야 한다'는 것을 아는 것은 일종의 낙관주의이지만 또한 태평함이기도 하다. 그것은 신뢰의 발언이지만 동의의 발언이기도 하며, 심지어 무례한 발언이기도 하다.

사도 바울이 말한 의미에서 소망은 하느님이 우리 운명의 주인이기를 소망하는 것이고, '모든 것이 하느님을 사랑하는 자들에게 유리하게 흘러가기'(《로마서》, 8장 28절)를 소망하는 것이다. 우리는 미래에 무슨 일이 닥칠지 알지 못하지만 걱정하지 않으며 두려워하지도 않는다. 이렇듯 소망은 우리가 따라야 할 여정을 걱정하지 않는 것이다. 왜냐하면 모든 길이 그리스도와 하느님의 왕국으로 가는 길이기를 우리는 바라기 때문이다. 모든 것이 '하느님의 왕국'으로 모인다. 무슨 일이 있어도 하느님의 관대한 구상은 실현될 것이다. 그리고 조만간 하늘과 땅에 있는 모든 것이 유일한 수령인 그리스도 아래 모일 것이다.(《에베소서》, 1장 9-10절) 모든 것이 그리스도에게로 모이는데, 왜냐하면 모든 것이 그를 갈망하기 때문이다.

'하느님은 곡선을 가지고도 똑바로 쓰시거니와' 비뚠 선을 가지고도 똑바로 쓰신다.

그래서 우리는 일어나는 모든 일을 마음대로 처분할 수 있다. 나는 오직 하느님에게만 나의 삶과 나의 인격을 맡긴다. 어떤 미래가 닥치건 나는 그것에 동의한다.

그리하여 우리는 희망과 소망의 차이를 잘 알게 되었다. 희망은 항상 두렵다. 왜냐하면 희망은 그가 바라는 것이 실현되지 않을까봐 두렵기 때문이다. 반대로 소망은 두려움의 반대이다. 소망을 가슴에 품을 때 우리는 이렇게 말한다. "여느 때 같았으면 나는 두려워해야 했겠지. 하지만 나도 이유는 잘 모르겠지만 아무튼 이제 난 두렵지 않아. 어떻게 될지는 두고 보자고."

소망은 마음이 끌리는 것이다. 사람들이 말하듯 우리는 소망에 끌린다. 오래된 찬송가 하나도 그것을 노래한다. "나는 작은 배에 이끌려 바람이 원하는 곳으로 가네. 소란스러운 물결 위에서 나는 말없이 가네. 나는 당신이 원하는 곳으로 가네, 오 나의 하느님."

이렇듯 소망은 유연함뿐 아니라 심지어 초연한 태도, **태평함, 무관심**과도 매우 유사하다. 행복해지는 법을 배우기 위해 내가 추천하는 것이 세속적 미덕들인 까닭도 거기에 있다.

'무관심'이란 단어는 물론 충격적일 수 있고, 나아가 분노를 살 수도 있다. 어쩌면 '태평함'이란 단어보다 훨씬 더 그럴는지 모른다.

하지만 명심하라, 나는 지금 타인들에 대한 무관심을 말하는 것이 아니다. 나는 그저 자기 자신에 대한, 그리고 우리가 이끌리는 길에 대한 일종의 무관심을 말하는 것이다.

우리 자신에 대한 무관심은 우리로 하여금 신경 과민, 교만, 우리 자신에 대한 걱정으로부터 초연하게 만든다. 그것은 겸손을 허락한다. 그리고 우리 자신에 대한 이런 무관심은 우리를 일종의 차분함으로 이끌고, 우리의 무익함을 받아들이게 만든다. 그리고 일정 분량의 무관심은 우리로 하여금 또한 사람들이 우리에게 가했을지 모르는 비난, 사람들이 우리에게 입혔을지 모르는 상처를 잊게 만든다. 이렇듯 무관심은 타인에 대한 긍정적 감정들의 회귀를 가능하게 만든다.

하지만 좋다! 무관심이란 표현이 불쾌하다면 태평함이란 표현을 다시 쓰겠다. 그리고 여기 내 옆에 성서가 있다! "네 인생이 어떻게 될까 걱정하지 말라"고 〈마태복음〉 6장 24-27절에는 적혀 있다. "비가 내려 큰물이 밀려오고, 또 바람이 불어 들이쳐 네 집이 무너질까 염려하지 말라"고 〈마태복음〉 7장 24-27절에는 적혀 있다. 사실 만일 당신 집이 바위 위에 세워져 있다면(〈마태복음〉 7장 24절), 만일 당신이 값진 진주를 발견했다면(〈마태복음〉 13장 45-46절) 당신은 그밖의 모든 일은 중시하지 않을 것이다.

하지만 만일 우리가 복음서에서 언급하는 그런 바위를 발견하지 못한다면, 그래도 그런 태평함을 경험할 수 있을까? 나는 물론 그렇다고 대답하겠다.

왜냐하면 태평함은 일종의 자유이기 때문이다. 그리고 자유로움을 느끼기 위해서 반드시 신자가 될 필요는 없다.

여기서 나는 '자유'란 말을 조금은 특별한 의미로 썼다. 자유로운 것은 우리에게 닥친 일에 대해 자유로운 것이다. 자유로운 것은 걱정으로부터 해방된 것이다. 자유로운 것은 불안·염려, 심지어 욕망, 계획의 노예가 되지 않는 것이다. 자유로운 것은 어느 정도 거침없는 태도로 삶을 받아들이는 것이다.

나는 이 '거침없음'이란 말에 '무관심'이란 단어와 마찬가지로 염려스러운 어떤 것, 나아가 비방의 뜻을 나타내는 뭔가가 있다는 것을 잘 알고 있다. 거침없는 것은 흔히 '신중하지 않은' 것을 의미한다. 게다가 '거침없음(desinvolture)'이란 말은 이탈리아어에서 왔다는 사

실이 모든 걸 말하고 있지 않은가! 이탈리아인들은 심각하지 않다! 그
렇지만 거침없다는 것은 일종의 자유를 의미한다. 이 단어는 '말다,
풀다' 라는 뜻의 라틴어 volvere에서 나왔다. 거침없다는 것은 예절,
의무, 그리고 삶의 심각함에 대한 걱정·근심까지도, 다시 말해 감당
하고 감내해야 할 모든 무거운 것을 자기 발 밑에서 둘둘 말아 버리는
(또는 풀어 버리는) 것이다. 거침없다는 것은 모든 '타인들의 시선,' 모
든 근심걱정, '심각한' (다시 말해 '무거운') 모든 것을 발치에서, 발 밑
에서 둘둘 말아 버리는 것이다. 그리고 '근엄함은 바보들의 행복'[3]이
고, '얼간이들의 방패' 일지 모른다는 것을 기억하자.

자유, 거침없음, 나아가 소망은 이렇게 말하는 것이다. "이건 이토
록 대단한 일이 아니야. 다시 힘을 내자. 때가 되면 알게 되겠지. 하느
님께 맡기자."

따라서 행복은 초연한 태도이며, **유머**의 한 형태이기도 하다.[4] 유머
는 외부 세계의 공격 앞에서 보이는 일종의 방어 노력이기도 하다.

유머는 자유의 한 형태로, 그것은 우리로 하여금 곤경을 제어하게
해준다. (그렇다고 당신을 실제로 궁지로부터 꺼내 주지는 않는다!) 하
지만 초연한 태도에 비해 유머에는 하나의 요소가 추가되는데, 그것
은 즐거움의 한 형태로 이루어진 요소이다. 유머는 어떤 형태의 맛보
기를 통해 인생의 평범함, 비참함, 심지어 심한 충격을 극복하는데,
그 맛보기는 기쁨의 맛보기이며, 그 기쁨은 깨달음과 자유의 쾌락이
다. "유머는 절망의 예절이다."[5] 그러므로 유머가 소망의 형태를 띠고

---

3) 몽테스키외의 것으로 간주되는 격언이다.
4) 가장 본원적인 의미에서 유머를 갖는다는 것은, 생리적 의미에서 자신의 '체액'
중 하나가 다른 체액들보다 우세해서 불안정하고 불균형한 상태에 있다는 뜻이다.
5) 이런 표현을 사용한 사람들로는 와일드·지로두·조르주 뒤아멜·보리스 비앙
이 있다.

있지 않음에도 불구하고 그것이 절망을 지배할 수 있는 것도 그 때문
이다.

소망처럼 유머에도 형이상학적인 차원이 있다. 소망은 천국에 대한
소망에 힘입어 현재와 오늘의 역사의 돌발적인 일들을 천국에 대한
소망의 전조 아래에 놓음으로써 그것들의 절대성을 부인한다. 그리고
마찬가지로 유머는 마치 우리가 쌍안경의 넓은 구멍을 통해 바라보듯
일종의 상공 비행을 통해 현실을 높은 곳에서 내려다보는 것이다. 따
라서 그것은 영원의 미소라는 척도로 현실을 관찰함으로써 그것을 과
소평가하는 것이다.

무상 의식

내 처세술론의 세번째 미덕은 무상 의식이다. 그리고 나는 이 **무상
의식**과 **무사무욕**을 신학의 세번째 미덕인 사랑, 즉 애덕의 속세적 유
사물로 간주하고 싶다.

무상 행위라는 개념이 애덕의 사랑의 유사물인 까닭은, 신약의 의미
에서 애덕의 사랑은 근본적으로 사심이 없는 무상의 행위이기 때문이
다. 사실은 거기에 **에로스** 사랑, 그리고 **필리아** 사랑에 비해 신약에
나오는 '**아가페** 사랑'이 특별한 점이 여기 있다. 예수 그리스도가 가
르치는 대로 사랑은 항상 일종의 희생이다. 그 희생은 자기 자신의 이
익에 대한 희생이다. 사랑은 일종의 무상으로 주는 선물, '거저 주는'
선물이다.

따라서 나는 신약에서 말하는 사랑의 세속적 유사물이 무상 의식이
라고 생각한다. 그리고 이 무상 의식은 '거저 줌'의 사랑이며, 사랑의

여러 가지 형태 중 하나이다.

그리고 이 무상과 무사무욕의 미덕을 나는 〈전도서〉(11장 1절)에 나오는 어떤 구절로 특징짓고 싶다. 그것은 '네 빵을 물 위에 던져라'이다.

무상의 개념과 선물의 개념이 함축하는 모든 것이 이 한 구절 안에 들어 있다.

'네 빵을 물 위에 던져라.' 겉으로 보기에 이 구절은 씨 뿌리는 사람의 동작을 연상시킨다. '아침부터 씨를 뿌려라'고 말하는 듯하다. 하지만 사실 여기에 그런 뜻은 전혀 없다. 왜냐하면 씨를 뿌릴 때 우리는 '대가를 바라지 않고' 뿌리지 않으며, 수확하기 위해 뿌리기 때문이다. 반면 빵을 물 위에 던지는 행위는 낭비처럼 보인다. 이것은 사치스러운 관대함에서 나오는 무상의 행위이며, 일종의 사심 없는 무료 선물이다.

'자신의 빵을 물 위에 던지는 것'은 무상의, '거저 줌'의 의식을 갖는 것이다. 그리고 행복해지는 법을 배우려면 거저 행동하는 법, 거저 주는 법, 거저 받는 법, 거저 사는 법을 배워야 한다.

그렇다. 독자여, '당신의 빵을 물 위에 던져라.' 삶의 은총을 자신에게 주라. 씨뿌리지도 거두지도 않고, 삶에 대한 사랑으로 하늘과 빛에 자신을 맡기는 하늘의 새들이 그렇게 하듯 무료로, 거저, 거리낌 없이, 기탄없이. 그렇다, 당신을 삶에 내맡겨라. 사는 것과 성숙해지는 것의 은총에 내맡겨라. 수고도 하지 않고 길쌈도 하지 않으며 이유를 알지도 못하고 묻지도 않으면서 순수한 아름다움에 의해 거저 자신을 내맡기고 제공하는 들판의 백합이 그렇게 하듯이.

그렇다, 당신의 삶을 바람과 빛에 던져 버려라. 당신의 삶을 당신에게 이런 삶을 준 '삶'에 대한 경의로 하나의 봉헌, 하나의 찬가로 만들어라. 그렇다, 삶은 그런 것이다. 삶은, 우리는 그 이유를 모르지만 우리에게 힘껏 던져진 빵과 같은 것이다. 그리고 우리는 그것을 힘껏 잡아야 하고, 그 다음엔 우리 자신이 힘껏 그것을 던져야 한다.

우리는 이유는 모르지만 삶을 사랑해야 하고, 이유는 모르지만 배은망덕자의 무례를 잊어야 하며, 이유는 모르지만 아이를 낳아야 하고, 이유는 모르지만 쉰 살에 신혼 시절을 되찾아야 하며, 이유는 모르지만 잠든 손자들에게 자기 몫의 꿈을 들려 줘야 하고, 마지막으로 이유는 모르지만 〈전도서〉에서처럼 그저 '빛이 부드러워 태양을 보는 것이 내 눈에 쾌적하다'고 말하면서 이 세상을 떠야 한다.

우리는 거저 살아야 하고, 거저 사랑해야 하며, 거저 우리의 삶을 소비해야 한다. 삶은 봉헌처럼, 무상의 행위처럼 던져지고 소비되고 제공되기 위해 만들어진 것이다. 삶은 거저 살아지기 위해, 우리에게 삶을 주는 은총의 영광만을 위해 만들어진 것이다.

우리는 삶에 대한 정당화나 이유를 찾을 필요 없이 삶을 즐길 권리가 있다. 삶은 하나의 은총으로서 그 덕에 우리는 무상으로 이유 없이 권리를 갖는다. 우리가 공적으로 유용하고 타인에게 없어서는 안 될 존재라는 것을 입증하는 미덕의 학위나 증서를 만들어 낼 필요도 없다.

나의 관점에서 처세술과 행복해지는 기술의 첫번째 단어이자 마지막 단어는 이 무상 의식, 나아가 무익함의 의식이다. 그리고 만일 우리가 납득할 수 없다면 하늘·태양, 다른 별들을 바라보기만 해도 된다. 별들과 항성들은 밤의 표면에 던져진 루비와 같다. 그리고 그것들은 거저 뿌려졌고, 거저 던져졌으며, 거저 빛나고 있다. 그것들은 거저 태어나고 죽는다. '목동의 별'이 왜 자기는 황혼에 뜨는지를 묻고, 금성은 왜 자기는 새벽에 빛나는지를 묻던가? 물론 아니다! 그것들은 은총에 의해 거기 있고, 은총에 의해 무료로 자신을 제공한다. 그런데 왜 우리는 더 많은 요구를 가지려 하는가!

이렇듯 모든 것과 모든 삶 위에, 별들과 경이로운 것들 위에, 우리들 각자 위에 힘껏 던져진 무상의 관대함의 하늘이 있고, 세상과 만물의 물 위에 삶의 빵을 던지는 하늘이 있다. 그리고 우리는 이 삶의 빵을 이유도 변명도 없이 거저 이용해야 한다.

나는 인간의 특성, 인간의 고유한 위엄은 무상·무익한 태도, '대가를 바라지 않음,' '설령 이것이 터무니없어도' 라는 말에 대한 그의 태도에 있다고 생각한다. 나는 삶 앞에서, 타인 앞에서, 우리 자신 앞에서 보이는 우리의 태도가 무사무욕한 태도, 선물과 무상의 태도를 유지하는 것이 중요하다고 생각한다.

나는 이 무상, '대가를 바라지 않음,' '터무니없어도' 의 감각이 이익·경쟁·흥정·개인의 성공과 승진을 기반으로 하는 어떤 세상에서 사라지고 있는중이 아닌가 두렵다.

내 생각에 기독교에서 단 한 가지만이 남아야 한다면, 그것은 무사무욕한 무상의 감각이어야 할 것 같다. '거저' 살고, 주고, 받고, 나아가 버리는 것 말이다. 설령 그것이 터무니없게 보여도. 나아가 나는 이렇게 덧붙이겠다. 그것이 터무니없기 때문에, 그것이 아무짝에도 쓸모가 없기 때문에 더 그래야 한다고.

그러므로 행복해지기 위해서는 세 가지가 중요하다. 먼저 신뢰 속에 있다는 느낌, 그 다음엔 태평함과 거침없음, 그리고 마지막으로 삶에 대한 단순한 사랑으로 '거저' 사는 기쁨. 하지만 이 세 가지 중에서 가장 중요한 것은 변명도 이유도 없는 것에 대한 사랑, 삶에 대한 사랑이다.

사랑이 그대에게 손짓하거든
그것을 따르라,
설령 그 길이 거칠고 가파롭더라도.

칼릴 지브란

저자 소개

기 코크: 철학자이며, 저서로는《야만을 향한 작은 걸음들》《너의 희망을 내게 말해 줘》《민주주의가 교육을 불가능하게 만들까?》 등이 있다.

다니엘 시보니: 정신분석가이자 수학자이며, 저서로는《정신분석과 유대교-전파의 문제들》《시사》《인종차별주의, 정체성으로 인한 증오》《자아의 선물인가, 자아의 나눔인가?》 등이 있다.

드니 틸리나크: 논설위원이자 작가이며, 저서로는《최후의 수단으로》《하루살이의 가면들》《세상은 어디로 가는가?》 등이 있다.

리타 바세트: 목사이자 신학 교수이며, 저서로는《신성한 분노》《용서할 수 있는 힘》《불행 치료하기》《삼투시킬 수 있는 기쁨: 낭비의 신학을 위하여》 등이 있다.

마레크 알테르: 작가로서 근동의 평화, 러시아의 민주주의 같은 주장들을 위해 투쟁하고 있다. 그는 근동과 러시아에서 두 개의 프랑스 대학을 운영하고 있다. 저서로는《실루엣, 카자르의 바람》《나의 대자들에게 들려 주는 유대교 이야기》《선의 힘》 등이 있다.

미셸 라크루아: 철학자, 에브리발 에손대학교의 부교수이며, 저서로는《감정 예찬》이 있다.

베르나르 베레: 신학박사이며, 저서로는《어떤 르네상스를 위한 선언》《고해의 기도: 논쟁에서 평온까지》《생의 올바른 용법》 등이 있다.

실비 제르맹: 작가이며, 저서로는《상냥하지 않은 사람들의 노래》《부성애 찬양: 요셉에게 던지는 시선》《바람은 가둘 수 없다》《조금 죽는 것》 등이 있다.

알랭 우지오: 에투알 개혁교회 목사이다. 그의 지휘하에(그가 주최한 회의의

기록들) 다음과 같은 책들이 나왔다. 《종교, 악, 그리고 악덕들》《시민, 권력, 그리고 하느님》《예수, 쿰란에서 토마의 복음에까지》《과학, 양심: 118번째 문제》《지혜와 열정: 120번째 문제》《21세기를 위한 스무 가지 생각: 125번째 문제》《신앙 부흥, 자아의 탐색에서 광신까지》《여섯 명의 위대한 신학자, 종교들의 현실》.

앙드레 구넬: 목사이자 신학자이며, 저서로는 《시테 안에서: 한 신자의 생각들》《하느님의 창조적 역동성: 방법신학론》《하느님의 죽음 이후》 등이 있다.

외젠 드르베르만: 가톨릭 신학자이며, 저서로는 《흐름을 거슬러 또는 연어들의 가르침》《정신분석과 주해들》《신들의 탄생에서 그리스도의 탄생까지》 등이 있다.

위베르 오크: 정신인류학자이자 파리 신교대학의 교수이며, 저서로는 《음절들의 노래》《나는 말하고 타인은 듣는다: 목자의 대담》《포기하기: 정신적 진전》 등이 있다.

이자벨 그라슬레: 스위스의 목사, 신교계 여성 신학자이며, 저서로는 《누가 동성연애자들을 두려워하나?》가 있다.

이제 타르당 마클리에: 소르본대학교에서 종교사 강의를 맡은 힌두교 전문가이기도 한 그녀는 동양어연구소에서도 학생들을 가르치고 있다. 저서로는 《지혜의 책》《지혜》《종교, 의학, 생명의 기원》 등이 있다.

자크 아르누: 도미니크회 수도사이며 가톨릭 신학자이기도 한 그는 국립우주과학연구소에서 특별 임무를 맡고 있다. 저서로는 《피에르 테야르 드 샤르댕의 우주 속에 발 들여놓기》《차이 받아들이기》《교회와 자연사》 등이 있다.

장 이브 를루: 작가, 정통파 신학자이며, 저서로는 《헤아릴 수 없는 여인: 마리 마들렌의 소설》《배려의 기술》 등이 있다.

장 폴 게트니: 언론인·신학자·작가이며, 종교적 시사 월간지의 편집장이다.

제라르 밀레르: 정신분석가, 파리 8대학의 철학 교수, 유럽 1방송의 논설위원이다. 그의 저서로는 《소수파》《분노 뒤에》《6시간 15분의 정신분석》 등이 있다.

조르주 무스타키: 음유시인이며, 저서로는 《푸주한들의 작은 거리》《알렉산드리아의 고양이》《안개의 아들》 등이 있다.

토니 아나트렐라: 사제 · 정신분석가 · 사회정신병학 전문가이며, 저서로는 《교회와 사랑》《파괴된 자유. 마약과 마약 중독》《금지된 차이》《우울한 사회는 싫다》《잊혀진 성》 등이 있다.

파스칼 브뤼크네르: 작가이며, 저서로는 《결백한 남자의 오열》《순진함의 유혹》《영원한 황홀: 행복의 의무론》《현대인의 가치관》《번영의 비참》 등이 있다.

폴 로랑 아순: 정신분석가이자 파리 7대학 교수이며, 저서로는 《불안에 관한 정신분석학 강의》《공포증에 관한 정신분석학 강의》《메타심리학》《몸과 증상들에 관한 정신분석학 강의》《정신분석》 등이 있다.

프랑수아 비조: 《포르타유》의 저자이다.

김교신
서강대학교 불문과 졸업
역서:《라틴 문학의 이해》《노동의 종말에 반하여》
《경제, 거대한 사탄인가?》《문학은 무슨 소용이 있는가?》
《맞불 · 2》《위기의 대학》등

문예신서
243

행복해지기 위해 무엇을 배워야 하는가?

초판발행 : 2003년 11월 25일

지은이 : 알랭 우지오 外
옮긴이 : 김교신
총편집 : 韓仁淑
펴낸곳 : 東文選
제10-64호, 78. 12. 16 등록
110-300 서울 종로구 관훈동 74
전화 : 737-2795

편집설계 : 李姃屛

ISBN 89-8038-443-2 94100
ISBN 89-8038-000-3 (세트)

【東文選 現代新書】

1 21세기를 위한 새로운 엘리트	FORESEEN 연구소 / 김경현	7,000원
2 의지, 의무, 자유 ― 주제별 논술	L. 밀러 / 이대회	6,000원
3 사유의 패배	A. 핑켈크로트 / 주태환	7,000원
4 문학이론	J. 컬러 / 이은경 · 임옥희	7,000원
5 불교란 무엇인가	D. 키언 / 고길환	6,000원
6 유대교란 무엇인가	N. 솔로몬 / 최창모	6,000원
7 20세기 프랑스철학	E. 매슈스 / 김종갑	8,000원
8 강의에 대한 강의	P. 부르디외 / 현택수	6,000원
9 텔레비전에 대하여	P. 부르디외 / 현택수	7,000원
10 고고학이란 무엇인가	P. 반 / 박범수	8,000원
11 우리는 무엇을 아는가	T. 나겔 / 오영미	5,000원
12 에쁘롱 ― 니체의 문체들	J. 데리다 / 김다은	7,000원
13 히스테리 사례분석	S. 프로이트 / 태혜숙	7,000원
14 사랑의 지혜	A. 핑켈크로트 / 권유현	6,000원
15 일반미학	R. 카이유와 / 이경자	6,000원
16 본다는 것의 의미	J. 버거 / 박범수	10,000원
17 일본영화사	M. 테시에 / 최은미	7,000원
18 청소년을 위한 철학교실	A. 자카르 / 장혜영	7,000원
19 미술사학 입문	M. 포인턴 / 박범수	8,000원
20 클래식	M. 비어드 · J. 헨더슨 / 박범수	6,000원
21 정치란 무엇인가	K. 미노그 / 이정철	6,000원
22 이미지의 폭력	O. 몽젱 / 이은민	8,000원
23 청소년을 위한 경제학교실	J. C. 드루엥 / 조은미	6,000원
24 순진함의 유혹 〔메디시스賞 수상작〕	P. 브뤼크네르 / 김웅권	9,000원
25 청소년을 위한 이야기 경제학	A. 푸르상 / 이은민	8,000원
26 부르디외 사회학 입문	P. 보네위츠 / 문경자	7,000원
27 돈은 하늘에서 떨어지지 않는다	K. 아른트 / 유영미	6,000원
28 상상력의 세계사	R. 보이아 / 김웅권	9,000원
29 지식을 교환하는 새로운 기술	A. 벵토릴라 外 / 김혜경	6,000원
30 니체 읽기	R. 비어즈워스 / 김웅권	6,000원
31 노동, 교환, 기술 ― 주제별 논술	B. 데코사 / 신은영	6,000원
32 미국만들기	R. 로티 / 임옥희	10,000원
33 연극의 이해	A. 쿠프리 / 장혜영	8,000원
34 라틴문학의 이해	J. 가야르 / 김교신	8,000원
35 여성적 가치의 선택	FORESEEN연구소 / 문신원	7,000원
36 동양과 서양 사이	L. 이리가라이 / 이은민	7,000원
37 영화와 문학	R. 리처드슨 / 이형식	8,000원
38 분류하기의 유혹 ― 생각하기와 조직하기	G. 비뇨 / 임기대	7,000원
39 사실주의 문학의 이해	G. 라루 / 조성애	8,000원
40 윤리학 ― 악에 대한 의식에 관하여	A. 바디우 / 이종영	7,000원
41 흙과 재 〔소설〕	A. 라히미 / 김주경	6,000원

【東文選 文藝新書】

1	저주받은 詩人들	A. 뻬이르 / 최수철·김종호	개정근간
2	민속문화론서설	沈雨晟	40,000원
3	인형극의 기술	A. 훼도토프 / 沈雨晟	8,000원
4	전위연극론	J. 로스 에반스 / 沈雨晟	12,000원
5	남사당패연구	沈雨晟	19,000원
6	현대영미희곡선(전4권)	N. 코워드 外 / 李辰洙	절판
7	행위예술	L. 골드버그 / 沈雨晟	18,000원
8	문예미학	蔡 儀 / 姜慶鎬	절판
9	神의 起源	何 新 / 洪 熹	16,000원
10	중국예술정신	徐復觀 / 權德周 外	24,000원
11	中國古代書史	錢存訓 / 金允子	14,000원
12	이미지 — 시각과 미디어	J. 버거 / 편집부	12,000원
13	연극의 역사	P. 하트놀 / 沈雨晟	12,000원
14	詩 論	朱光潛 / 鄭相泓	22,000원
15	탄트라	A. 무케르지 / 金龜山	16,000원
16	조선민족무용기본	최승희	15,000원
17	몽고문화사	D. 마이달 / 金龜山	8,000원
18	신화 미술 제사	張光直 / 李 徹	10,000원
19	아시아 무용의 인류학	宮尾慈良 / 沈雨晟	20,000원
20	아시아 민족음악순례	藤井知昭 / 沈雨晟	5,000원
21	華夏美學	李澤厚 / 權 瑚	15,000원
22	道	張立文 / 權 瑚	18,000원
23	朝鮮의 占卜과 豫言	村山智順 / 金禧慶	15,000원
24	원시미술	L. 아담 / 金仁煥	16,000원
25	朝鮮民俗誌	秋葉隆 / 沈雨晟	12,000원
26	神話의 이미지	J. 캠벨 / 扈承喜	근간
27	原始佛敎	中村元 / 鄭泰爀	8,000원
28	朝鮮女俗考	李能和 / 金尙憶	24,000원
29	朝鮮解語花史(조선기생사)	李能和 / 李在崑	25,000원
30	조선창극사	鄭魯湜	17,000원
31	동양회화미학	崔炳植	18,000원
32	性과 결혼의 민족학	和田正平 / 沈雨晟	9,000원
33	農漁俗談辭典	宋在璇	12,000원
34	朝鮮의 鬼神	村山智順 / 金禧慶	12,000원
35	道敎와 中國文化	葛兆光 / 沈揆昊	15,000원
36	禪宗과 中國文化	葛兆光 / 鄭相泓·任炳權	8,000원
37	오페라의 역사	L. 오레이 / 류연희	18,000원
38	인도종교미술	A. 무케르지 / 崔炳植	14,000원
39	힌두교의 그림언어	안넬리제 外 / 全在星	9,000원
40	중국고대사회	許進雄 / 洪 熹	30,000원
41	중국문화개론	李宗桂 / 李宰碩	23,000원

42	龍鳳文化源流	王大有 / 林東錫	25,000원
43	甲骨學通論	王宇信 / 李宰碩	근간
44	朝鮮巫俗考	李能和 / 李在崑	20,000원
45	미술과 페미니즘	N. 부루드 外 / 扈承喜	9,000원
46	아프리카미술	P. 윌레뜨 / 崔炳植	절판
47	美의 歷程	李澤厚 / 尹壽榮	28,000원
48	曼茶羅의 神들	立川武藏 / 金龜山	19,000원
49	朝鮮歲時記	洪錫謨 外/李錫浩	30,000원
50	하 상	蘇曉康 外 / 洪 熹	절판
51	武藝圖譜通志 實技解題	正 祖 / 沈雨晟·金光錫	15,000원
52	古文字學첫걸음	李學勤 / 河永三	14,000원
53	體育美學	胡小明 / 閔永淑	10,000원
54	아시아 美術의 再發見	崔炳植	9,000원
55	曆과 占의 科學	永田久 / 沈雨晟	8,000원
56	中國小學史	胡奇光 / 李宰碩	20,000원
57	中國甲骨學史	吳浩坤 外 / 梁東淑	35,000원
58	꿈의 철학	劉文英 / 河永三	22,000원
59	女神들의 인도	立川武藏 / 金龜山	19,000원
60	性의 역사	J. L. 플랑드렝 / 편집부	18,000원
61	쉬르섹슈얼리티	W. 챠드윅 / 편집부	10,000원
62	여성속담사전	宋在璇	18,000원
63	박재서희곡선	朴栽緒	10,000원
64	東北民族源流	孫進己 / 林東錫	13,000원
65	朝鮮巫俗의 硏究(상·하)	赤松智城·秋葉隆 / 沈雨晟	28,000원
66	中國文學 속의 孤獨感	斯波六郎 / 尹壽榮	8,000원
67	한국사회주의 연극운동사	李康列	8,000원
68	스포츠인류학	K. 블랑챠드 外 / 박기동 外	12,000원
69	리조복식도감	리팔찬	20,000원
70	娼 婦	A. 꼬르벵 / 李宗旼	22,000원
71	조선민요연구	高晶玉	30,000원
72	楚文化史	張正明 / 南宗鎭	26,000원
73	시간, 욕망, 그리고 공포	A. 코르뱅 / 변기찬	18,000원
74	本國劍	金光錫	40,000원
75	노트와 반노트	E. 이오네스코 / 박형섭	20,000원
76	朝鮮美術史硏究	尹喜淳	7,000원
77	拳法要訣	金光錫	30,000원
78	艸衣選集	艸衣意恂 / 林鍾旭	20,000원
79	漢語音韻學講義	董少文 / 林東錫	10,000원
80	이오네스코 연극미학	C. 위베르 / 박형섭	9,000원
81	중국문자훈고학사전	全廣鎭 편역	23,000원
82	상말속담사전	宋在璇	10,000원
83	書法論叢	沈尹默 / 郭魯鳳	8,000원

84 침실의 문화사	P. 디비 / 편집부	9,000원
85 禮의 精神	柳 肅 / 洪 熹	20,000원
86 조선공예개관	沈雨晟 편역	30,000원
87 性愛의 社會史	J. 솔레 / 李宗旼	18,000원
88 러시아미술사	A. I. 조토프 / 이건수	22,000원
89 中國書藝論文選	郭魯鳳 選譯	25,000원
90 朝鮮美術史	關野貞 / 沈雨晟	30,000원
91 美術版 탄트라	P. 로슨 / 편집부	8,000원
92 군달리니	A. 무케르지 / 편집부	9,000원
93 카마수트라	바짜야나 / 鄭泰爀	18,000원
94 중국언어학총론	J. 노먼 / 全廣鎭	28,000원
95 運氣學說	任應秋 / 李宰碩	15,000원
96 동물속담사전	宋在璇	20,000원
97 자본주의의 아비투스	P. 부르디외 / 최종철	10,000원
98 宗敎學入門	F. 막스 뮐러 / 金龜山	10,000원
99 변 화	P. 바츨라빅크 外 / 박인철	10,000원
100 우리나라 민속놀이	沈雨晟	15,000원
101 歌訣(중국역대명언경구집)	李宰碩 편역	20,000원
102 아니마와 아니무스	A. 융 / 박해순	8,000원
103 나, 너, 우리	L. 이리가라이 / 박정오	12,000원
104 베케트연극론	M. 푸크레 / 박형섭	8,000원
105 포르노그래피	A. 드워킨 / 유혜련	12,000원
106 셸 링	M. 하이데거 / 최상욱	12,000원
107 프랑수아 비용	宋 勉	18,000원
108 중국서예 80제	郭魯鳳 편역	16,000원
109 性과 미디어	W. B. 키 / 박해순	12,000원
110 中國正史朝鮮列國傳(전2권)	金聲九 편역	120,000원
111 질병의 기원	T. 매큐언 / 서 일 · 박종연	12,000원
112 과학과 젠더	E. F. 켈러 / 민경숙 · 이현주	10,000원
113 물질문명 · 경제 · 자본주의	F. 브로델 / 이문숙 外	절판
114 이탈리아인 태고의 지혜	G. 비코 / 李源斗	8,000원
115 中國武俠史	陳 山 / 姜鳳求	18,000원
116 공포의 권력	J. 크리스테바 / 서민원	23,000원
117 주색잡기속담사전	宋在璇	15,000원
118 죽음 앞에 선 인간(상 · 하)	P. 아리에스 / 劉仙子	각권 8,000원
119 철학에 대하여	L. 알튀세르 / 서관모 · 백승욱	12,000원
120 다른 곳	J. 데리다 / 김다은 · 이혜지	10,000원
121 문학비평방법론	D. 베르제 外 / 민혜숙	12,000원
122 자기의 테크놀로지	M. 푸코 / 이희원	16,000원
123 새로운 학문	G. 비코 / 李源斗	22,000원
124 천재와 광기	P. 브르노 / 김웅권	13,000원
125 중국은사문화	馬 華 · 陳正宏 / 강경범 · 천현경	12,000원

126	푸코와 페미니즘	C. 라마자노글루 外 / 최 영 外	16,000원
127	역사주의	P. 해밀턴 / 임옥희	12,000원
128	中國書藝美學	宋 民 / 郭魯鳳	16,000원
129	죽음의 역사	P. 아리에스 / 이종민	18,000원
130	돈속담사전	宋在璇 편	15,000원
131	동양극장과 연극인들	김영무	15,000원
132	生育神과 性巫術	宋兆麟 / 洪熹	20,000원
133	미학의 핵심	M. M. 이턴 / 유호전	20,000원
134	전사와 농민	J. 뒤비 / 최생열	18,000원
135	여성의 상태	N. 에니크 / 서민원	22,000원
136	중세의 지식인들	J. 르 고프 / 최애리	18,000원
137	구조주의의 역사(전4권)	F. 도스 / 김웅권 外	I · II · IV 15,000원 / III 18,000원
138	글쓰기의 문제해결전략	L. 플라워 / 원진숙 · 황정현	20,000원
139	음식속담사전	宋在璇 편	16,000원
140	고전수필개론	權 瑚	16,000원
141	예술의 규칙	P. 부르디외 / 하태환	23,000원
142	"사회를 보호해야 한다"	M. 푸코 / 박정자	20,000원
143	페미니즘사전	L. 터틀 / 호승희 · 유혜련	26,000원
144	여성심벌사전	B. G. 워커 / 정소영	근간
145	모데르니테 모데르니테	H. 메쇼닉 / 김다은	20,000원
146	눈물의 역사	A. 뱅상뷔포 / 이자경	18,000원
147	모더니티입문	H. 르페브르 / 이종민	24,000원
148	재생산	P. 부르디외 / 이상호	23,000원
149	종교철학의 핵심	W. J. 웨인라이트 / 김희수	18,000원
150	기호와 몽상	A. 시몽 / 박형섭	22,000원
151	융분석비평사전	A. 새뮤얼 外 / 민혜숙	16,000원
152	운보 김기창 예술론연구	최병식	14,000원
153	시적 언어의 혁명	J. 크리스테바 / 김인환	20,000원
154	예술의 위기	Y. 미쇼 / 하태환	15,000원
155	프랑스사회사	G. 뒤프 / 박 단	16,000원
156	중국문예심리학사	劉偉林 / 沈揆昊	30,000원
157	무지카 프라티카	M. 캐넌 / 김혜중	25,000원
158	불교산책	鄭泰爀	20,000원
159	인간과 죽음	E. 모랭 / 김명숙	23,000원
160	地中海(전5권)	F. 브로델 / 李宗旼	근간
161	漢語文字學史	黃德實 · 陳秉新 / 河永三	24,000원
162	글쓰기와 차이	J. 데리다 / 남수인	28,000원
163	朝鮮神事誌	李能和 / 李在崑	근간
164	영국제국주의	S. C. 스미스 / 이태숙 · 김종원	16,000원
165	영화서술학	A. 고드로 · F. 조스트 / 송지연	17,000원
166	美學辭典	사사키 겡이치 / 민주식	22,000원
167	하나이지 않은 성	L. 이리가라이 / 이은민	18,000원

168	中國歷代書論	郭魯鳳 譯註	25,000원
169	요가수트라	鄭泰爀	15,000원
170	비정상인들	M. 푸코 / 박정자	25,000원
171	미친 진실	J. 크리스테바 外 / 서민원	25,000원
172	디스탱숑(상·하)	P. 부르디외 / 이종민	근간
173	세계의 비참(전3권)	P. 부르디외 外 / 김주경	각권 26,000원
174	수묵의 사상과 역사	崔炳植	근간
175	파스칼적 명상	P. 부르디외 / 김웅권	22,000원
176	지방의 계몽주의	D. 로슈 / 주명철	30,000원
177	이혼의 역사	R. 필립스 / 박범수	25,000원
178	사랑의 단상	R. 바르트 / 김희영	근간
179	中國書藝理論體系	熊秉明 / 郭魯鳳	23,000원
180	미술시장과 경영	崔炳植	16,000원
181	카프카 — 소수적인 문학을 위하여	G. 들뢰즈·F. 가타리 / 이진경	13,000원
182	이미지의 힘 — 영상과 섹슈얼리티	A. 쿤 / 이형식	13,000원
183	공간의 시학	G. 바슐라르 / 곽광수	23,000원
184	랑데부 — 이미지와의 만남	J. 버거 / 임옥희·이은경	18,000원
185	푸코와 문학 — 글쓰기의 계보를 향하여	S. 듀링 / 오경심·홍유미	근간
186	각색, 연극에서 영화로	A. 엘보 / 이선형	16,000원
187	폭력과 여성들	C. 도펭 外 / 이은민	18,000원
188	하드 바디 — 할리우드 영화에 나타난 남성성	S. 제퍼드 / 이형식	18,000원
189	영화의 환상성	J. -L. 뢰트라 / 김경온·오일환	18,000원
190	번역과 제국	D. 로빈슨 / 정혜욱	16,000원
191	그라마톨로지에 대하여	J. 데리다 / 김웅권	근간
192	보건 유토피아	R. 브로만 外 / 서민원	20,000원
193	현대의 신화	R. 바르트 / 이화여대기호학연구소	20,000원
194	중국회화백문백답	郭魯鳳	근간
195	고서화감정개론	徐邦達 / 郭魯鳳	근간
196	상상의 박물관	A. 말로 / 김웅권	근간
197	부빈의 일요일	J. 뒤비 / 최생열	22,000원
198	아인슈타인의 최대 실수	D. 골드스미스 / 박범수	16,000원
199	유인원, 사이보그, 그리고 여자	D. 해러웨이 / 민경숙	25,000원
200	공동생활 속의 개인주의	F. 드 생글리 / 최은영	20,000원
201	기식자	M. 세르 / 김웅권	24,000원
202	연극미학 — 플라톤에서 브레히트까지의 텍스트들	J. 셰레 外 / 홍지화	24,000원
203	철학자들의 신	W. 바이셰델 / 최상욱	34,000원
204	고대 세계의 정치	모제스 I. 핀레이 / 최생열	16,000원
205	프란츠 카프카의 고독	M. 로베르 / 이창실	18,000원
206	문화 학습 — 실천적 입문서	J. 자일스·T. 미들턴 / 장성희	24,000원
207	호모 아카데미쿠스	P. 부르디외 / 임기대	근간
208	朝鮮槍棒敎程	金光錫	40,000원
209	자유의 순간	P. M. 코헨 / 최하영	16,000원

252 일반 교양 강좌	E. 코바 / 송대영	근간
253 나무의 철학	R. 뒤마 / 송형석	근간
254 영화에 대하여	S. 멀할 / 이영주	16,000원
255 문학에 대하여	H. 밀러 / 최은주	근간
1001 베토벤: 전원교향곡	D. W. 존스 / 김지순	15,000원
1002 모차르트: 하이든 현악 4중주곡	J. 어빙 / 김지순	14,000원
2001 우리 아이들에게 어떤 지표를 주어야 할까?	J. L. 오베르 / 이창실	16,000원
2002 상처받은 아이들	N. 파브르 / 김주경	16,000원
2003 엄마, 아빠, 제게 꿈꿀 시간을 주세요	E. 뷔진 / 박주원	근간

【기 타】

모드의 체계	R. 바르트 / 이화여대기호학연구소	18,000원
라신에 관하여	R. 바르트 / 남수인	10,000원
說 苑 (上·下)	林東錫 譯註	각권 30,000원
晏子春秋	林東錫 譯註	30,000원
西京雜記	林東錫 譯註	20,000원
搜神記 (上·下)	林東錫 譯註	각권 30,000원
경제적 공포〔메디치賞 수상작〕	V. 포레스테 / 김주경	7,000원
古陶文字徵	高 明·葛英會	20,000원
金文編	容 庚	36,000원
고독하지 않은 홀로되기	P. 들레름·M. 들레름 / 박정오	8,000원
그리하여 어느날 사랑이여	이외수 편	4,000원
딸에게 들려 주는 작은 지혜	N. 레흐레이트너 / 양영란	6,500원
노력을 대신하는 것은 없다	R. 쉬이 / 유혜련	5,000원
노블레스 오블리주	현택수 사회비평집	7,500원
미래를 원한다	J. D. 로스네 / 문 선·김덕희	8,500원
사랑의 존재	한용운	3,000원
산이 높으면 마땅히 우러러볼 일이다	유 향 / 임동석	5,000원
서기 1000년과 서기 2000년 그 두려움의 흔적들	J. 뒤비 / 양영란	8,000원
서비스는 유행을 타지 않는다	B. 바게트 / 정소영	5,000원
선종이야기	홍 회 편저	8,000원
섬으로 흐르는 역사	김영희	10,000원
세계사상	창간호~3호: 각권 10,000원 / 4호: 14,000원	
십이속상도안집	편집부	8,000원
어린이 수묵화의 첫걸음(전6권)	趙 陽 / 편집부	각권 5,000원
오늘 다 못다한 말은	이외수 편	7,000원
오블라디 오블라다, 인생은 브래지어 위를 흐른다	무라카미 하루키 / 김난주	7,000원
이젠 다시 유혹하지 않으련다	P. 쌍소 / 서민원	9,000원
인생은 앞유리를 통해서 보라	B. 바게트 / 박해순	5,000원
잠수복과 나비	J. D. 보비 / 양영란	6,000원
천연기념물이 된 바보	최병식	7,800원
原本 武藝圖譜通志	正祖 命撰	60,000원

■ 隷字編	洪鈞陶	40,000원
■ 테오의 여행 (전5권)	C. 클레망 / 양영란	각권 6,000원
■ 한글 설원 (상·중·하)	임동석 옮김	각권 7,000원
■ 한글 안자춘추	임동석 옮김	8,000원
■ 한글 수신기 (상·하)	임동석 옮김	각권 8,000원

【이외수 작품집】

■ 겨울나기	창작소설	7,000원
■ 그대에게 던지는 사랑의 그물	에세이	7,000원
■ 그리움도 화석이 된다	시화집	6,000원
■ 꿈꾸는 식물	장편소설	7,000원
■ 내 잠 속에 비 내리는데	에세이	7,000원
■ 들 개	장편소설	7,000원
■ 말더듬이의 겨울수첩	에스프리모음집	7,000원
■ 벽오금학도	장편소설	7,000원
■ 장수하늘소	창작소설	7,000원
■ 칼	장편소설	7,000원
■ 풀꽃 술잔 나비	서정시집	4,000원
■ 황금비늘 (1·2)	장편소설	각권 7,000원

【조병화 작품집】

■ 공존의 이유	제11시점	5,000원
■ 그리운 사람이 있다는 것은	제45시집	5,000원
■ 길	애송시모음집	10,000원
■ 개구리의 명상	제40시집	3,000원
■ 그리움	애송시화집	8,000원
■ 꿈	고희기념자선시집	10,000원
■ 따뜻한 슬픔	제49시집	5,000원
■ 버리고 싶은 유산	제 1시집	3,000원
■ 사랑의 노숙	애송시집	4,000원
■ 사랑의 여백	애송시화집	5,000원
■ 사랑이 가기 전에	제 5시집	4,000원
■ 남은 세월의 이삭	제 52시집	6,000원
■ 시와 그림	애장본시화집	30,000원
■ 아내의 방	제44시집	4,000원
■ 잠 잃은 밤에	제39시집	3,400원
■ 패각의 침실	제 3시집	3,000원
■ 하루만의 위안	제 2시집	3,000원

【동문선 만화총서】

| ■ 세르(평전) | Y. 프레미옹 / 서민원 | 16,000원 |
| ■ 블랙 유머와 흰 가운의 의료인들 | C. 세르 | 14,000원 |

東文選 現代新書 44,45

쾌락의 횡포

장 클로드 기유보

김웅권 옮김

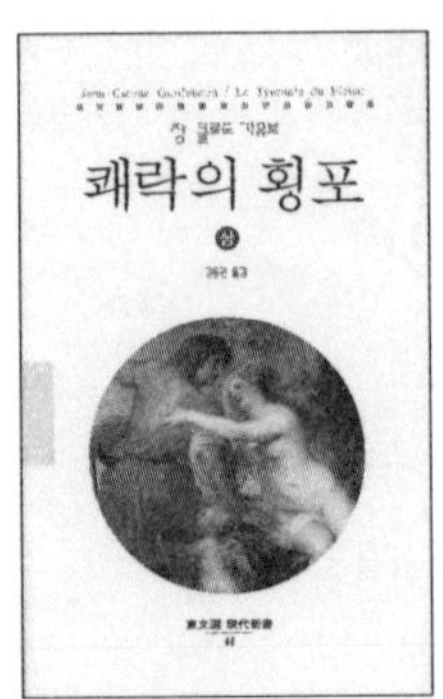

 섹스는 생과 사의 중심에 놓인 최대의 화두 가운데 하나라고 할 수 있다. 성에 관한 엄청난 소란이 오늘날 민주적인 근대성이 침투한 곳이라면 아주 작은 구석까지 식민지처럼 지배하고 있는 것이다. 이제 성은 일상 생활을 '따라다니는 소음'이 되어 버렸다. 우리 시대는 문자 그대로 '그것' 밖에 이야기하지 않는다.

 문화가 발전하고 교육의 학습 과정이 길어지면 길어질수록 결혼 연령은 늦추어지고 자연 발생적 생식 능력과 성욕은 억제하도록 요구받게 되었지 않은가! 역사의 전진은 발정기로부터 해방된 인간을 금기와 상징 체계로부터의 해방으로, 다시 말해 '성의 해방'으로 이동시키며 오히려 반문화적 현상을 드러내고 있다. 저자는 이것이 서양에서 오늘날 일어나고 있는 현상이라고 말한다. 서양에서 60년대말에 폭발한 학생 혁명과 더불어 본격적으로 시작된 '성의 혁명'은 30년의 세월을 지나 이제 한계점에 도달해 위기를 맞고 있다. 성의 해방을 추구해 온 30년 여정이 결국은 자체 모순에 의해 인간을 섹스의 노예로 전락시키며 새로운 모색을 강요하고 있는 것이다. 인간은 '섹스의 횡포'에 굴복하고 말 것인가?

 과거도 미래도 거부하는 현재 중심주의적 섹스의 향연이 낳은 딜레마, 무자비한 거대 자본주의 시장이 성의 상품화를 통해 가속화시키는 그 딜레마를 어떻게 극복할 것인가? 저자는 역사 속에 나타난 다양한 큰 문화들을 고찰하고, 관련된 모든 학문들을 끌어들이면서 폭넓게 성 문제를 조명하고 있다.

東文選 現代新書 87

산다는 것의 의미 · 1
— 여분의 행복

피에르 쌍소 / 김주경 옮김

"삶을 어떻게 살아야 하는가?"라는 물음에 대한 해답찾기‼

인생을 살 만큼 살아본 사람만이 이에 대한 대답을 할 수 있을 것이다. 영원한 것은 아무것도 없고, 변화 또한 피할 수 없다. 한 해의 시작을 앞둔 우리들에게 피에르 쌍소는 "인생이라는 다양한 길들에서 만나게 되는 예기치 않은 상황들을 대비할 수 있도록 도덕적 혹은 철학적인 성찰, 삶의 단편들, 끔찍한 가상의 이야기와 콩트, 이 세상에서 벌어지고 있는 참을 수 없는 일들에 대한 분노의 외침, 견디기 힘든 세상을 조금이라도 견딜 만하게 만들기 위한 사랑에의 호소 등등 여러 가지를 이 책 속에 집어넣어 보았다"는 소회를 전하고 있다. 노철학자의 삶에 대한 깊은 성찰이 고목의 나이테처럼 더없이 선명하게 다가온다.

변화를 사랑하고, 기다릴 줄 알고, 바라보는 법을 배우고, 자기 자신에게 인내를 가질 수 있게 하는 이 책 《산다는 것의 의미》는, 앞서의 두 권보다 문학적이며 읽는 재미 또한 뛰어나다. 죽어 있는 것 같은 시간들이 빈번히 인생에 가장 충만한 삶을 부여하듯 자신의 내부의 작은 목소리에 귀기울이게 하고, 그 소리를 신뢰케 만드는 것이 책의 장점이다. 진정한 삶, 음미할 줄 아는 삶을 살고, 내심이 공허한 사람이 되지 않도록 우리의 약한 삶을 보호할 줄 알며, 그 삶을 사랑하게 만드는 것이 피에르 쌍소의 힘이다.

이 책을 읽어 나가는 동안 우리는 의미 없이 번쩍거리기만 하는 싸구려 삶을 단호히 거부하고, 자기 자신에게로 돌아와 찬찬히 들여다볼 수 있는 시간을 갖게 될 것이다. 그리고 자신만의 희망적인 삶의 방법을 건져올릴 수 있을 것이다.

東文選 現代新書 113

쥐 비 알

알렉상드르 자르댕

김남주 옮김

아버지의 유산, 우리들 가슴속엔 어떤 아버지가 자리하고 있는가?

정신적 지주였던 아버지에 관한 자전적 이야기인 이 작품은, 소설보다 더 소설적인 부자(父子)의 삶을 감동적으로 담아내고 있다. 자녀들에게 쥐비알이라는 애칭으로 불렸던 그의 아버지 파스칼 자르댕은 여러 편의 소설과 1백여 편의 시나리오를 남겼다. 그 또한 자신의 아버지, 그러니까 저자의 할아버지에 대한 소설 《노란 곱추》를 발표하였으며, 이 작품 또한 수년 전 한국에 소개된 바 있다. 하지만 자유 그 자체였던 그의 존재 이유는 무엇보다도 여자를 사랑하는 일에 있었다. 그의 진정한 일은 여인을 사랑하는 것이었다, 특히 자신의 아내를.

그는 열여섯의 나이에 아버지의 여자친구인 거대한 재산 상속녀의 침대로 기운차게 뛰어들어 그녀의 정부가 되었으며, 자신들의 관계를 기념하기 위해 베르사유궁의 프티 트리아농과 똑같은 저택을 짓게 하고 파티를 열어 그의 아버지를 초대하는가 하면, 창녀를 친구로 사귀어 몇 달 동안 하루도 거르지 않고 서너 차례씩 꽃다발을 보내어 관리인으로 하여금 그녀가 혹시 공주가 아닐까 하는 착각에 빠지게끔 만들기도 하였다. 그런가 하면 자신의 어머니의 절친한 연인의 해골과 뼈를 집 안에 들여다 놓고, 그것이 저 유명한 나폴레옹 외무상이었던 탈레랑의 뼈라고 능청스레 둘러대다가 탄로나서 집 안을 발칵 뒤집히게 하는 등, 기상천외한 기행과 사랑의 모험을 한순간도 멈추지 않았다. 심지어 죽어서까지 그의 영원한 연인이자 아내였던 저자의 어머니에게 끊임없이 무덤으로부터 열렬한 사랑의 편지가 배달되게 하는가 하면, 17년이 지난 오늘날까지 그의 아내를 포함하여 그를 사랑했던 30여 명의 여인들을 해마다 그가 죽은 날을 기해 성당에 모여 눈물을 흘리게 하여, 그가 죽음으로써 안도의 숨을 내쉬었던 그녀들의 남자들을 참담하게 만들기도 하였다. 스위스의 그의 무덤에는 하루도 빠짐없이 지금까지도 제비꽃 다발이 놓이고 있다.

東文選 現代新書 129

번영의 비참
― 종교화한 시장 경제와 그 적들

파스칼 브뤼크네르 / 이창실 옮김

'2002 프랑스 BOOK OF ECONOMY賞' 수상
'2002 유러피언 BOOK OF ECONOMY賞' 특별수훈

번영의 한가운데서 더 큰 비참이 확산되고 있다면 세계화의 혜택은 무엇이란 말인가?

모든 종교와 이데올로기가 붕괴되는 와중에 그래도 버티는 게 있다면 그건 경제다. 경제는 이제 무미건조한 과학이나 이성의 냉철한 활동이기를 그치고, 발전된 세계의 마지막 영성이 되었다. 이 준엄한 종교성은 이렇다 할 고양된 감정은 없어도 제의(祭儀)에 가까운 열정을 과시한다.

이 신화로부터 새로운 반체제 운동들이 사람들의 마음을 사로잡는다. 시장의 불공평을 비난하는 이 운동들은 지상의 모든 혼란의 원인이 시장에 있다고 본다. 그러나 실상은 그렇게 하면서 시장을 계속 역사의 원동력으로 삼게 된다. 신자유주의자들이나 이들을 비방하는 자들 모두가 같은 신앙으로 결속되어 있는 만큼 그들은 한통속이라 할 수 있다.

그렇다면 우리가 벗어나야 하는 것은 자본주의가 아니라 경제만능주의이다. 사회 전체를 지배하려 드는 경제의 원칙, 우리를 근면한 햄스터로 실추시켜 단순히 생산자·소비자 혹은 주주라는 역할에 가두어두는 이 원칙을 너나없이 떠받드는 상황에서 벗어나야 한다. 일체의 시장 경제 행위를 원위치에 되돌려 놓고 시장 경제가 아닌 자리를 되찾아야 한다. 이것은 우리 삶의 의미와도 직결되는 문제이기 때문이다.

파스칼 브뤼크네르: 1948년생으로 오늘날 프랑스에서 가장 영향력 있는 에세이스트이자 소설가이기도 하다. 그는 매 2년마다 소설과 에세이를 번갈아 가며 발표하고 있다. 주요 저서로는 《순진함의 유혹》(1995 메디치상), 《아름다움을 훔친 자들》(1997 르노도상), 《영원한 황홀》 등이 있으며, 1999년에는 프랑스에서 가장 많이 팔린 작가로 뽑히기도 하였다.

東文選 現代新書 108

딸에게 들려 주는 작은 철학

롤란트 시몬 셰퍼
안상원 옮김

★독일 청소년 저작상 수상(97)
★청소년을 위한 좋은 책(99, 한국간행물윤리위원회)

작은 철학이 큰사람을 만든다. 아이들과 철학을 이야기하는 것이 요즘 유행처럼 되었다. 아이들에게 철학을 감추지 않는 것, 그것은 분명히 옳은 일이다. 세계에 대한 어른들의 질문이나 아이들의 질문들은 종종 큰 차이가 없으며, 철학은 여기에 답을 줄 수 있다. 이 작은 책은 신중하고 재미있게, 그러면서도 주도면밀하게 철학의 질문들에 대답해 준다.

이 책의 저자 시몬 셰퍼 교수는 독일의 원로 철학자이다. 그가 원숙한 나이에 철학에 대한 깊은 이해를 가지고 자신의 딸이거나 손녀로 가정되고 있는 베레니케에게 대화하듯 철학 이야기를 들려 주고 있다. 만약 그 어려운 수수께끼를 설명한다면 어떻게 할 것인가를 모형적으로 제시하고 있다.

철학은 우리의 구체적인 삶과 멀리 떨어져 있는 삶이 아니다. 우리가 사용하고 있는 말이란 무엇이며, 안다는 것은 무엇인가. 세계와 자연, 사회와 도덕적 질서, 신과 인간의 의미는 무엇인가 등 철학적 사유의 본질적 테마들로 모두 아홉 개의 장으로 나누어 이야기하고 있다. 쉽게 서술되었지만 내용은 무게를 가지고 있어서 중·고등학생뿐만 아니라 대학생과 성인들에게 철학에 대한 평이한 길라잡이가 될 것이다.

나비가 되어 날아간 한 남자의 치열하고도 아름
다운 생의 마지막 노래. 세상에서 가장 아름답고도
애절한 이야기가 비틀스의 노래와 함께 펼쳐진다.

잠수복과 나비

장 도미니크 보비 / 양영란 옮김

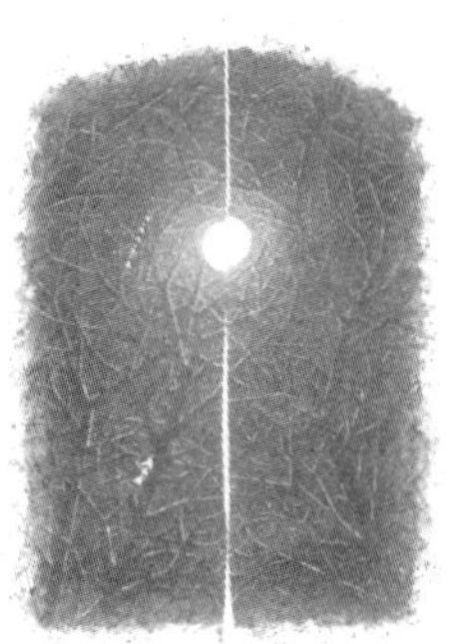

장 도미니크 보비. 프랑스《엘르》지 편집장. 저명한 저널리스트이며
두 아이를 둔 자상한 아버지. 멋진 말을 골라 쓰는 유머러스한 남자.
앞서가는 정신의 소유자로서 누구보다도 자유를 구가하던 그는 1995
년 12월 8일 금요일 오후 갑작스런 뇌졸중으로 쓰러졌다. 3주 후 의식
을 회복했으나, 그가 움직일 수 있는 것은 오직 왼쪽 눈꺼풀뿐. 그로
부터 그의 또 다른 인생, 비록 15개월 남짓에 불과한 '새로운' 인생이
시작되었다.

유일한 의사 소통 수단인 왼쪽 눈꺼풀을 20만 번 이상 깜박거려 15
개월 만에 완성한 책《잠수복과 나비》. 마지막 생명력을 쏟아부어 쓴
이 책은, 길지 않은 그의 삶에서 일어났던 일화들을 진솔하게 묘사하
고 있다.

그러나 그의 이야기는 유머와 풍자로 가득 차 있다. 슬프지만 측은
하지 않으며, 억지로 눈물과 동정을 유도할 만큼 감상적이지도 않다.
오히려 멋진 문장들로 읽는 이를 즐겁게 해준다. 그리하여 살아남은
자들에게 희망과 용기를 주며, 삶의 그 모든 것들이 얼마나 소중한가
를 새삼 일깨워 준다. 아무튼 독자들은 이제껏 경험해 보지 못한 진한
감동과 형언할 수 없는 경건함을 맛보게 될 것이다.

《잠수복과 나비》는 출간되자마자 프랑스 출판사상 그 유례가 없는
엄청난 베스트셀러가 되었으며, 보비는 자기만의 필법으로 쓴 자신의
책을 그의 소중한 한쪽 눈으로 확인한 사흘 후 옥죄던 잠수복을 벗어
던지고 나비가 되어 날아갔다. 자유로운 그만의 세계로……

국영 프랑스 TV는 그의 치열하고도 아름다운 마지막 삶을 다큐멘터
리로 2회에 걸쳐 방영하였으며, 프랑스 전국민들은 이 젊은 지식인의
죽음 앞에 최대한의 존경과 애도를 보냈다.

東文選 現代新書 96

근원적 열정

뤼스 이리가라이

박정오 옮김

  뤼스 이리가라이의 《근원적 열정》은 여성이 남성 연인을 향한 열정을 노래하는 독백 형식의 산문시로 이루어져 있다. 이 글에서는 여성이 담화의 주체로 등장하지만, 남성 중심으로 이루어진 현존하는 언어의 상징 체계와 사회 구조 안에서 여성의 열정과 그 표현은 용이하지도 자유로울 수도 없다.

  따라서 이리가라이는 연애 편지 형식을 빌려 와, 그 안에 달콤한 사랑 노래 대신 가부장제 안에서 남녀간의 진정한 결합이 왜 가능할 수 없는지를 역설적으로 보여 주려 애쓴다. 연애 편지 형식의 패러디는 기존의 남녀 관계에 의문을 제기하고 교란시키는 적절한 하나의 전략이 되고 있는 것이다.

  서구의 도덕적 코드가 성경 위에 세워지고, 신학이 확립되면서 여신 숭배와 주술은 주변으로 밀려났다. 이리가라이는 그 뒤 남성신이 홀로 그의 말과 의지대로 우주를 창조하고, 그의 아들에게 자연과 모든 피조물을 통치하게 하는 사고 체계가 형성되면서 여성성은 억압되었다고 지적한다. 또한 그녀는 남성신에서 출발한 부자 관계의 혈통처럼, 신성한 여신에게서 정체성을 발견하고 면면히 이어지는 모녀 관계의 확립이 비로소 동등한 남녀간의 사랑과 결합을 가능케 해준다고 주장한다.

  이리가라이는 정신과 육체의 이분법적인 서구 철학의 분류에서 항상 하위 개념인 몸이나 촉각이 여성적인 것과 연관되어 있다는 점을 인식하고 타자로 밀려난 몸에 일찍부터 주목해 왔다. 따라서 《근원적 열정》은 여성 문화를 확립하는 일환으로 여성의 몸이 부르는 새로운 노래를 찾아나선 여정이자, 여성적 글쓰기의 실천 공간인 것이다.

東文選 現代新書 14

사랑의 지혜

알랭 핑켈크로트

권유현 옮김

　수많은 말들 중에서 주는 행위와 받는 행위, 자비와 탐욕, 자선과 소유욕을 동시에 의미하는 낱말이 하나 있다. 사랑이라는 말이다. 그러나 누가 아직도 무사무욕을 믿고 있는가? 누가 무상의 행위를 진짜로 존재한다고 생각하는가? '근대'의 동이 터오면서부터 도덕을 논하는 모든 계파들은 어느것을 막론하고 무상은 탐욕에서, 또 숭고한 행위는 획득하고 싶은 욕망에서 유래한다는 설명을 하고 있다.

　이 책에서 묘사하는 사랑의 이야기는 타자와 나 사이의 불공평에서 출발한다. 즉 사랑이란 타자가 언제나 나보다 우위에 놓이는 것이며, 끊임없이 나에게서 도망가는 타자로부터 나는 도망가지 못하는 것이다. 그리고 사랑의 지혜란 이 알 수 없고 환원되지 않는 타자의 얼굴에 다가가기 위해 애쓰는 것이다. 저자는 이 책에서 남녀간의 사랑의 감정에서 출발하여 타자의 존재론적인 문제로, 이어서 근대사의 비극으로 그의 철학적 성찰을 이끌어 가기 때문이다. 그러나 우리가 이웃에 대한 사랑을 이상적인 영역으로 내쫓는다고 해서, 현실을 더 잘 생각한다는 법은 없다. 오히려 우리는 타인과의 원초적 관계를 이해하기 위해서, 또 그것에서 출발하여 사랑의 감정뿐 아니라 다른 사람에 대한 미움의 감정까지도 이해하기 위해서, 유행에 뒤진 이 개념, 소유의 이야기와는 또 다른 이야기를 필요로 할 수 있다.

　알랭 핑켈크로트는 엠마뉴엘 레비나스의 작품에 영향을 받아서 근대가 겪은 엄청난 집단 체험과 각 개인이 살아가면서 맺는 '타자'와의 관계에 대해서 계속해서 질문을 던진다. 이것은 철학임에 틀림없다. 그렇기는 하지만 구체적인 인물에 의해 이야기로 꾸민 철학이다. 이 책은 인간에 대한 인식의 수단으로 플로베르·제임스, 특히 프루스트를 다루며, 이들의 현존하는 문학작품에 의해 철학을 이야기로 꾸며 나간다.

이젠 다시
유혹하지 않으련다

피에르 쌍소

서민원 옮김

섬세하고 정교한 글쓰기로 표현된, 온화하지만 쓴맛이 있는 이 글의 저자는 대체 누구를 더 이상 유혹하지 않겠다고 선언하는가? 여성들, 신, 삶, 아니면 그 자신인가?

여자를 유혹하는 남자들이 점점 사라져 가고 있다. 느림의 철학자 피에르 쌍소는 유혹자로서의 자신의 경험을 소설 같은 에세이로 만들어 그 궤적을 밟는다. 물론 또 다른 조류에 몸을 맡기기 전까지 말이다. 그것은 정겨움과 관대함으로 타인을 바라보는 신비의 조류이다. 이 책은 여성과 삶을 사랑하는 작가의 매우 유려한 필치로 쓰여진, 입가에 미소가 맴돌게 하면서도 무언가 생각하게 하는 책이다. 결국 우리로 하여금 보다 잘 성찰하고, 보다 잘 느끼며 더욱 사랑하라고 속삭인다.

"40년 전에는 한 여성이 유혹에 진다는 것은 정숙함과 자신의 평판을 포기한다는 것을 의미했습니다. 오늘날의 여성은 그럴 필요를 느끼지 않으니 자신을 온전히 내주지도 않지요. 유혹이 너무 일반화되어 그 비극적인 면을 잃고 말았어요. 반대로 누군가의 마음을 사로잡는다는 것, 서로 같은 조건에서 그에게 주의를 기울인다는 것은 유혹이나 매력 같은 것보다 한 단계 위의 가치입니다."

"이 세상의 아름다움과 미소를 함께 나누는 행복을 위해서라도 마음을 사로잡는 일은 누구에게나 하나의 의무라고 봐요. 타인은 시간과 더불어 그 밀도와 신비함을 더해 가고, 그와 나의 관계에서 풍기는 수수께끼는 거의 예술작품에 가까워지지요. 당신의 존재에 겹쳐지지만 투사하지는 않는 것, 그것이 바로 완전한 유혹이 아닐까요."